绿色营销典型案例集

——云南企业的实践

徐明祥　耿尚勋　主　编

杨丽君　张　晗
代　蕾　郭煜晨　副主编

中国建材工业出版社

北　京

图书在版编目（CIP）数据

绿色营销典型案例集：云南企业的实践 / 徐明祥，耿尚勋主编 . -- 北京：中国建材工业出版社，2024.2
ISBN 978-7-5160-3956-4

Ⅰ. ①绿… Ⅱ. ①徐… ②耿… Ⅲ. ①企业管理—市场营销学—案例—汇编—云南 Ⅳ. ① F279.277.4

中国国家版本馆 CIP 数据核字（2023）第 225096 号

绿色营销典型案例集——云南企业的实践
LÜSE YINGXIAO DIANXING ANLIJI—YUNNAN QIYE DE SHIJIAN
徐明祥　耿尚勋　主　编
杨丽君　张　晗　副主编
代　蕾　郭煜晨

出版发行：中国建材工业出版社
地　　址：北京市海淀区三里河路 11 号
邮政编码：100831
经　　销：全国各地新华书店
印　　刷：北京印刷集团有限责任公司
开　　本：787mm×1092mm　1/16
印　　张：14.75
字　　数：320 千字
版　　次：2024 年 2 月第 1 版
印　　次：2024 年 2 月第 1 次
定　　价：79.00 元

本社网址：www.jccbs.com，微信公众号：zgjcgycbs
请选用正版图书，采购、销售盗版图书属违法行为
版权专有，盗版必究。本社法律顾问：北京天驰君泰律师事务所，张杰律师
举报信箱：zhangjie@tiantailaw.com　举报电话：(010) 57811389
本书如有印装质量问题，由我社事业发展中心负责调换，联系电话：(010) 57811387

序

党的十八大以来,以习近平同志为核心的党中央把生态文明建设摆在全局工作的突出位置,生态文明建设从认识到实践都发生了历史性、转折性、全局性的变化。从企业的角度看,全面加强生态文明建设意味着企业必然践行绿色营销,即企业在生产经营过程中,将企业自身利益、消费者利益和环境保护利益三者统一起来,以此为中心,对产品或服务进行构思、设计、制造(或生产)、物流与销售。

商道纵横与界面新闻联合发布的《2021 中国可持续消费报告》显示,低碳消费正在成为越来越多人的日常行动,越来越多的消费者希望未来低碳消费市场可以持续壮大,并有更多可供选择的低碳产品和服务。优居、第一财经商业数据中心(CBNData)、暨南大学生活方式研究院联合发布的《中国人的家·2021 影响中国人居生活方式趋势报告》显示,国民健康意识觉醒,绿色环保成为衡量品质家居产品新基准,绿色人居成为未来生活风向标。全国家用电器工业信息中心统计数据显示,从销售数据看,高能效低能耗的家电产品市场零售量份额扩大趋势日益明显。以白色家电冰箱、空调、洗衣机三大产品为例,2021 年 1—10 月线下市场监测数据显示,一级能效冰箱零售量份额达到 59.3%,变频一级能效空调零售量份额达到 69.3%,一级能效洗衣机零售量也达到 63.6%,绿色节能家电的普及正助力"双碳"目标加速实现。显然,绿色消费已形成庞大的市场。

当前,为推动云南产业转型升级、经济高质量发展,云南推行绿色能源、绿色食品、健康生活目的地的"三张牌"战略。"三张牌"战略的核心是实现绿色消费、绿色经营、生态文明的多元协同发展。为此,云南省政府构建了系统性的政策以推动"三张牌"战略的实施,特别是注重激励市场主体——企业的绿色绩效,如云南省"十大名品"、绿色食品"10 强企业""20 佳创新企业"。这些企业的绿色经营特别是绿色营销的实践不仅是相关企业学习的榜样,更是推动地方本科院校专业建设、学术研究、产学合作等的宝贵资源。

基于以上思考,对接云南"三张牌"战略,结合部分行业发展现状与趋势,笔者遴选部分企业的绿色营销实践,编撰成此书。本书分为 15 章,遴选了 30 余个案例,每章都包括行业现状与趋势的剖析、企业绿色营销实践典型案例、思考题。目的在于反思企业绿色营销实践,给企业自身、相关企业、专业学习等提供借鉴或启发。

本书作为"教育部供需对接就业育人项目'基于校企合作的数字营销人才的培养模式研究'"(20230114654);"云南省第二批省级一流课程'消费者行为学'"

（SJYLKC131）；"云南省教育厅科学研究基金项目'云南绿色食品牌战略下儿童食育绘本的创编与推广——以野生菌为例'"（2023J1059）；"楚雄师范学院第十二批校级专业建设项目'市场营销应用型人才培养示范专业建设项目'"（ZYJS202102）；"楚雄师范学院2023年课程思政教改项目'消费者行为学''三维一体'的课程思政教学模式研究"（SZJG2335）；"楚雄师范学院2023年课程思政教学资源库建设项目'基于绿色消费的《消费者行为学》课程思政教学资源库建设'"（SZZYK2313）；"楚雄师范学院2023年课程思政示范课程建设项目'消费者行为学'"（SZSFK2315）的成果之一。李贵平教授审定了本书的总体策划方案。在本书撰写过程中，还得到了蔡晓丽书记、顾拯忠副书记、副院长彭红丽教授等的大力支持和帮助。

本书是20位教师集体智慧的结晶。各个案例由以下教师编撰：徐明祥（第1章）（楚雄师范学院），郭煜晨（第2章、第3章）（西南大学在读博士），王艳梅、徐明祥（第4章）（楚雄师范学院），张晗（第5章）（楚雄师范学院），代蕾（第6章）（楚雄师范学院），李翔宇（第7章"行业现状""昆明德和罐头食品有限责任公司"案例）（楚雄师范学院），李兴奇（第7章"'老浦家火腿'的食德"案例）（楚雄师范学院），殷琦（第8章）（楚雄师范学院），杨颖（第9章）（楚雄师范学院），李兴奇、白霞、陈根（合编第10章）（楚雄师范学院），杨丽君、张婷、赵丽园、章琴（合编第11章）（楚雄师范学院），陈通、陈瑞（合编第12章）（楚雄师范学院），耿尚勋（第13章）（楚雄师范学院），普忠鸿（第14章）（楚雄师范学院），涂秋月（第15章）（楚雄师范学院）。本书由徐明祥、耿尚勋撰写大纲、修改、审定，郭煜晨负责第2章、第3章、第4章统稿、修改等工作，杨丽君负责第10章统稿、修改等工作，张晗负责第5章、第15章统稿、修改等工作，代蕾负责第6章、第12章统稿、修改等工作。本书在撰写的过程中，参阅并引用了众多学者学术成果，还得到部分企业家的诚挚帮助。在此，向各位表示衷心的感谢！感谢他们辛勤的耕耘和为绿色事业发展做出的积极贡献。

本书作为市场营销专业"产学研"深度融合、对接区域行业企业发展的探索性成果，所遴选的案例、收集的资料、文字表达、观点阐述等方面必然存在不尽全面、客观、准确的地方，且部分案例仅从某个角度或侧面进行剖析或介绍。出版本书的根本目的在于为企业家、政府管理者、研究者、学生等提供特别的观察视角，为云南乃至国内企业的绿色营销实践提供借鉴，引发读者深度思考，以期为绿色营销、绿色消费、生态文明等的建设抛砖引玉。

本书可作为高等院校特别是应用型本科院校经济管理类专业（市场营销、工商管理、旅游管理、金融学等）的辅助教材，也可作为企业家、政府管理者、研究者、学生等作为了解行业绿色商机、企业绿色营销实践等的参考资料。

由于时间仓促和编者水平有限，书中难免有错漏之处，恳请各位专家、读者批评指正。

编者

2023年1月于楚雄师范学院

目 录

第一章 生态云水 绿色饮品

一、包装饮用水市场现状 ·· 002

（一）饮用水市场空间广阔 ·· 002

（二）瓶（桶）装水依旧保持快速增长 ·· 002

（三）市场集中度偏低 ·· 003

（四）越来越多的新型包装形式出现 ·· 004

（五）水市场的细分与差异化 ·· 005

（六）天然矿泉水的势能将会得到释放 ·· 006

（七）电商平台创造新的价值更加突出 ·· 006

（八）家庭饮用水消费场景被更多提及 ·· 006

（九）包装水巨头开始关注塑料包装的可持续性 ···································· 007

（十）越来越多进口包装水进入中国市场 ·· 008

二、珍茗云生态——绿色赋能云水产业 ·· 008

（一）绿色生产基地 ·· 009

（二）绿色智能物流 ·· 010

（三）食品级包装用材 ·· 011

（四）绿色促销行动 ·· 011

第二章 有机鲜花饼

一、烘焙食品市场 ·· 016

（一）人均消费量低，市场增长空间巨大 ·· 016

（二）中国烘焙食品行业市场规模将继续增长 ·· 016

（三）中国烘焙食品行业竞争格局分散市场集中度仍有提升空间 ········ 017

（四）短保烘焙产品成为热门赛道 018
　　（五）中国烘焙食品将朝着早餐化、"一人食"方向发展 018
　　（六）中国烘焙食品消费者消费行为分析 019
　　（七）中国烘焙食品市场发展趋势 019

二、鲜花饼市场与嘉华食品 021
　　（一）有机双认证的玫瑰庄园 022
　　（二）昆明呈贡绿色产业基地 023
　　（三）高质绿色的吸塑包装 024

第三章　微藻：绿色食品产业固碳减排先锋

一、微藻产业市场 030
　　（一）市场潜力较大 031
　　（二）雨生红球藻 031
　　（三）虾青素市场 032
　　（四）微藻产业中的云南 033

二、爱尔发生物：全产业链绿色优质虾青素供应商 033
　　（一）荒山资源化利用 034
　　（二）雨生红球藻——二氧化碳的生态"捕快" 035
　　（三）水资源循环系统 035
　　（四）全方位认证共促高品质产品 036

第四章　食用菌：天然绿色保健产品

一、食用菌行业概况 044
　　（一）食用菌是绿色健康食品，未来成长空间广阔 044
　　（二）市场规模较大 045
　　（三）品种集中度较高，新产品开发地处蓝海 046
　　（四）上游供给量增价减，下游消费有力支撑 046
　　（五）产业集中度相对较高 047
　　（六）未来发展趋势 048

二、丽江中源绿色食品有限公司 ·· 048
　（一）契合"一荤一素一菇"的膳食革命 ···························· 049
　（二）抢抓航天育种助力绿色发展 ································ 050

三、永仁县野森达菌业有限公司 ·· 050

第五章　航天级标准的有机核桃食品

一、核桃产业发展现状 ·· 056
　（一）供需规模同比持续增长 ···································· 056
　（二）消费总量增加，消费群体特征明显 ·························· 056
　（三）加工日益精细化，中高端市场蓬勃发展 ······················ 056
　（四）市场价格总体下跌，优质优价特征明显 ······················ 057
　（五）成本收益呈现明显的产业结构性差异 ························ 057
　（六）绿色消费新风尚 ·· 058

二、云南核桃市场与摩尔农庄 ·· 058
　（一）绿色食品基地 ·· 059
　（二）核桃基因破译 ·· 060
　（三）打造航天级标准食品 ······································ 060
　（四）云南核桃产业技术创新战略联盟 ···························· 061
　（五）国家核桃油产业创新战略联盟 ······························ 062
　（六）核桃油系列国家标准验证联合实验室 ························ 062
　（七）与光明深度合作 ·· 063

第六章　勾勒"莓"好"蓝"图

一、水果行业概况及发展前景 ·· 068
　（一）水果行业概况 ·· 068
　（二）我国水果行业发展前景 ···································· 068

二、蓝莓市场与曲靖佳沃现代农业有限公司 ······························ 071
　（一）蓝莓市场 ·· 071

（二）曲靖佳沃现代农业有限公司 072

第七章　云腿的绿色传奇

一、中国猪肉罐头行业现状 078
　（一）行业基本情况 078
　（二）肉类罐头行业供需市场 078
　（三）国家肉类罐头的政策 078
　（四）四川遂宁猪肉罐头企业 080

二、云南肉罐头企业案例：昆明德和罐头食品有限责任公司 081
　（一）企业发展史 081
　（二）企业运营现状 083
　（三）绿色未来 085

第八章　打造绿色优质乳品牌

一、我国乳品行业发展趋势及特点 094
　（一）产品结构调整明显，低温乳品成为主导 094
　（二）电商平台成为市场新增长点 095

二、雪兰牛奶 098
　（一）绿色基地提供优质奶源 098
　（二）精进生产工艺打造绿色优质乳 099
　（三）有机品牌引领绿色发展 101
　（四）智能化"新鲜"产业链打造数字生态圈 102

第九章　有机腾冲乌龙茶

一、乌龙茶市场概况 106
二、"极边"乌龙茶的由来 107
　（一）云南腾冲极边茶业股份有限公司简介 107

（二）"极边"产品系列介绍 108

三、有机的茶青成就高品质乌龙茶 108

（一）得天独厚的自营茶园种植环境 109

（二）参照有机茶园标准进行的订单农户茶园种植管理 110

（三）极边自营及订单农户茶园的生态种植方式 110

（四）生产到仓储环节的全程有机管理 112

（五）低碳、环保的网络营销模式是极边乌龙茶的首选 114

（六）生态茶园旅游业助力极边公司进行农旅融合 114

第十章　绿色生态茶

一、茶叶市场现状 118

（一）茶叶消费量持续增长，市场规模大 118

（二）中国茶叶产量呈增长态势 118

（三）茶叶消费普及率高、低龄化趋势逐渐凸显 119

（四）新茶饮行业的兴起 119

（五）数字化变革 120

（六）亟待打造品牌 120

（七）云南茶叶的绿色化 121

二、典型案例 121

（一）案例一：云南南华半坡茶厂 121

（二）案例二：双柏县白竹山茶业有限责任公司 123

（三）案例三：勐海茶业有限责任公司 125

（四）案例四：澜沧古茶绿色产业发展 128

第十一章　云之旅　绿色游

一、健康生活目的地 134

二、健康生活目的地与旅游绿色营销 134

（一）案例一：斗南花卉——呈贡美丽的绿色名片 134

（二）案例二：洱海生态廊道——守护青山碧波　擦亮绿色名片 139

（三）案例三：松赞酒店——半山酒店探索者 143
　　（四）案例四：哈尼梯田"阿者科计划"
　　　　　　——发展绿色生态旅游，实现人与自然和谐共生 148
　　（五）案例五：云南民族村——绿色文明与民族文化的和谐共生 154

第十二章　绿色新能源

一、绿色能源市场 164

二、云南绿色能源 166

三、光伏产业 169

第十三章　绿色硅产业

一、硅产业链前后端关系解析 176
　　（一）产业链的前后端关系 177
　　（二）产品所属的行业类别 177

二、云南省硅矿、硅企、硅产业的现状 177
　　（一）硅矿石格局 178
　　（二）硅企格局 178
　　（三）硅产业发展基本情况 178

三、云南省硅产业 SWOT 分析 185
　　（一）硅产业发展优势分析（Strength） 185
　　（二）硅产业发展劣势分析（Weakness） 187
　　（三）硅产业发展机遇分析（Opportunity） 187
　　（四）硅产业发展挑战分析（Threats） 189

四、云南省硅光伏、硅电子、硅化工和碳化硅产业建设思路 190
　　（一）理论依据 191
　　（二）硅产业发展思路 191

第十四章　绿色社区

一、案例一：非典型古村落的衰落与绿色复兴之路 202
　（一）案例简介 202
　（二）金龟社区的"衰落"与发展困境 203
　（三）金龟社区的绿色复兴之路 203
　（四）绿色金龟的发展成效 208

二、案例二：桃米村乡土生态建设的典范 209
　（一）桃米村概况 209
　（二）桃米村的发展之路 209
　（三）桃米村的发展经验 210

第十五章　绿色治理之路

一、有色金属行业及其"双碳"目标 212

二、云南有色金属行业和驰宏锌锗 213
　（一）驰宏锌锗的绿色治理之路 213
　（二）驰宏锌锗的绿色治理能力 217

第一章

生态云水　绿色饮品

一、包装饮用水市场现状

饮用水是一种缺乏弹性的典型产品。随着气候变化不确定性加大、生态环境恶化、人们对安全与健康的关注等因素的交织影响，人对水的需求越来越大、对水的安全与环境要求越来越高。就中国而言，不仅在以北京、上海、广州等为代表的经济社会比较发达的城市，购买包装饮用水已经成为一种非常普遍的消费行为。而且在以楚雄、黑河等为代表的经济社会稍显落后的城市，甚至在乡村，购买瓶（桶）装水已成为人们的日常消费习惯。

（一）饮用水市场空间广阔

欧睿数据显示，2014—2021年，中国瓶（桶）装水行业年复合增长率为7.3%，其中高端天然水、天然矿泉水年复合增速分别为29.1%、19.0%。同时，从人均瓶（桶）装水消费量来看，2021年，中国人均瓶（桶）装水消费量已到36升，但与发达国家[如美国、英国、日本人均瓶（桶）装水消费量分别为133.6升、49.9升、36.9升]相比人均瓶（桶）装水消费量仍偏低，但这也说明未来市场增长空间十分巨大。在未来的10年，中国瓶（桶）装水市场将会迎来更大的发展机遇：其一，联合国政府间气候变化专门委员会调查发现，适应气候变化的融资额与需求额之间的缺口将不断扩大。气候变化正系统性改变全球的水资源，"干者越干，湿者越湿"是水资源变化的显著特点。在淡水资源极度不均衡、生态问题频发、健康与安全需求日趋旺盛等的背景下，瓶（桶）装水市场将会进一步转型升级。其二，随着居民生活水平的提高，国民更加关注饮水健康，"天然、营养、无公害、绿色"的瓶（桶）装水迎合了这种消费趋势，瓶（桶）装水的需求增长将快于其他含糖软饮料。

（二）瓶（桶）装水依旧保持快速增长

从可口可乐、百事可乐等碳酸饮料巨头的利润看，碳酸饮料近10年的市场需求一直呈下跌态势，可口可乐、百事可乐不得不从瓶（桶）装水、茶类、咖啡和维生素类等非碳酸饮料的开拓来弥补碳酸饮料造成的疲软态势。中研普华研究调研数据显示，在饮料品类方面，2022年中国饮料消费者经常喝的饮料品类较多，主要为包装饮用水（62.7%）、碳酸饮料（55.0%）、奶制品（54.0%）和气泡水（42.0%）。中国消费者购买碳酸饮料的频次为每周1—2次的，占54.5%；每周3—4次的，占24.4%。中国消费者平均每月购买碳酸饮料的金额为50—100元的，占46.4%；50元以下的，占36.5%。相较于包装饮用水，中国消费者对于碳酸饮料的消费需求偏低。随着整个现代社会工作、生活节奏的加快，生活水平的提高，消费者更加注重生活品质和生活满足感的提升，对食品消费健康的重视程度会越来越高，人们对瓶（桶）装水的消费量也将在未来几年持续稳定地增长。同时，随着人们健康消费意识的升级，由于部分碳酸饮料含有防腐剂苯甲酸钠，会破坏人体线粒体DNA中的一个重要区域。且除糖类能给人体补充能量外，充气的碳酸饮料中几乎不含营养素，还会导致人体细胞受损，人们更加青睐于果汁饮料、茶饮料等健康饮品，使碳酸饮料市场呈现增长缓慢局面。加之瓶（桶）装水能够通过便利店、超市、专卖店、自动贩卖机等多元化零售终端进行售卖，其卫生、安全、便利、个性化满足等优点让终端持续下沉，深度满足消费者的需求，从而进一步刺激瓶（桶）装水的扩张与深耕。近年来，我国包装饮用水行业快速发展，市场规模不断扩大，2019年已经突破2000亿元，2014—2019年年复合增长率达到11%。预计未来10年，中国瓶（桶）装水市场规模将以8%~9%的速度增长，2025年市场规模有望突破3000亿元。

（三）市场集中度偏低

我国瓶（桶）装水市场竞争格局较分散。截至2019年[①]，我国瓶（桶）装水行业市场占有率CR5（Concentration Rate 5，业务规模前五名的公司所占的市场份额）仅36.6%，分别为：农夫山泉占10.5%、怡宝占8.6%、百岁山占8.3%、达能中国占5.8%、康师傅占3.4%；CR10仅达45.6%，对比2010年，CR5、CR10分别下滑1.3%、1.6%。从发达国家市场演化来看，包装饮用水CR5均在50%以上，如2019年美国、日本包装饮用水市场占有率CR5分别为50.5%、57.4%。可见，我国（桶）装水市场集中度必然进一步提升。

从市场占有率的演变态势来看，2015—2018年，瓶（桶）装水前三强农夫山泉、怡宝和百岁山的市场占有率稳步提升，其成功的秘诀是持续开发与深耕中高档产品和天然矿泉水市场。而身处中低端市场的康师傅、冰露和娃哈哈的市场占有率则出现了不同程度的下滑，说明低端瓶（桶）装水的市场正处于下降的态势。具体而言，瓶（桶）装水中的1元水将逐步退出市场，2元及以上的水将持续提质增效。从具体品类来看，中低端瓶（桶）装水的市场集中度已超过50%，已呈现出垄断竞争的市场态势，而高端瓶（桶）装水的市场竞争空间仍然很大。从全球排名前两位的包装水生产商达能和雀巢看，均把高端饮用水作为中国瓶（桶）装水市场的战略发展方向。2020年，达能迅速清仓旗下经营了30余年的益力饮用水业务（品牌及工厂），仅保留依云（Evian）、富维克（Volvic）等高端饮用水品牌。2020年8月，雀巢则决定出售在华的雀巢优活、云南山泉两个本土品牌的包装水业务，并引入旗下高端饮用水品牌普娜，加码中国高端饮用水市场。原因很简单，高端瓶（桶）装水的利润是低端瓶（桶）装水的六至七倍。中国专业的产业研究机构华经产业数据分析显示：2014—2019年我国高端饮用水零售量从76.1万吨增至146.4万吨，高端消费量占全部消费量的比例从0.97%增至1.50%。高端饮用水市场潜力巨大。

[①] 市场信息解决方案领先者Euromonitor（欧睿）统计分析：2020年农夫山泉及华润怡宝的市场占有率分别为11.4%、8.4%。显然，受疫情（指新型冠状病毒感染疫情，下文统称为疫情）影响，市场占有率稍有下降，但市场格局并未受影响。

（四）越来越多的新型包装形式出现

随着消费者的环保意识不断提升，越来越多国家推行绿色包装制度与持续构建绿色贸易壁垒，瓶（桶）装水的包装形式也在围绕消费者的环保节能、便捷和健康等需求推陈出新，从而打造符合低碳绿色理念、持续优化消费体验新的饮用水产品，最终构筑竞争优势。新型包装包括可折叠软桶包装、一次性桶包装、BIB包装、纸质包装、铝罐包装等。

1. 可折叠软桶包装

为确保产品的高度安全，西藏卓玛泉每批次瓶（桶）装水在销售前都必须经过三道严格程序：西藏高原天然水有限公司自检、西藏出入境检验检疫局检验、中国检验检疫科学院检验。西藏卓玛泉依据工程力学，采用PET（聚对苯二甲酸乙二醇酯，俗称"涤纶树脂"）超轻量环保包装。在用水过程中桶身会随着水的放出自然折叠，水用完后桶身自动压缩成一个薄薄的"饼状"。这一过程有效避免与空气、浮尘接触而造成的二次污染，减少细菌滋生。同时，桶身在水排空后自然彻底压缩，不可再次使用，彻底消除消费者对于传统PC（聚碳酸酯）周转桶的顾虑。当前公司主要生产和销售"卓玛泉"12升桶装水、"易捷·卓玛泉"瓶装水，后者通过中国石化2.4万家易捷便利店进行销售。

2. 一次性桶包装

一次性桶装水的包装采用超轻环保的PET材料，摒弃了传统的PC塑料水桶。当前，众多头部企业入局，推波助澜：百岁山推出一款4.5升一次性小包装桶装水（家庭场景）、中粮悦活推出4.8升一次性桶装水、怡宝推出大包装水新成员6升和12.8升、农夫山泉推出15升一次性桶装水、景田推出12升一次性桶装水、恒大推出15升一次性桶装水、娃哈哈推出10~15升一次性桶装水、云南淡定人生推出15升一次性桶装水等，在这些饮用水企业的带领下一次性桶装水已成为桶装水的新趋势。

3. BIB包装

部分瓶（桶）装水企业借鉴葡萄酒行业的"盒中袋"（Bag-in-box，BIB）包装推出BIB包装水。盒中袋由纸盒、多层复合薄膜制成的柔韧内袋和密封龙头开关构成，被广泛用于包装葡萄酒、医用试剂、果汁饮料等。内袋采用无毒塑料制成，高温成型，辐射灭菌，具有耐酸、耐碱等显著特点。BIB包装可折叠，质量较轻，便于储存、搬运、运输，减少了材料存储及运输包装成本，也减少了碳排放。它环保卫生，便于回收，只需将纸盒和内袋分开，即可多次循环使用。此种包装非常方便老人、儿童使用。如珠峰冰川的盒中袋包装水、大秦之水BIB天然矿泉水、英国高端水品牌Harrogte与包装公司DS Smith合作推出盒中袋10升装规格水。

4. 纸质包装

2015年，利乐公司开发了一种新型纸包装，其有望直接替代塑料包装，从根本上解决瓶（桶）装水包装的环保及健康问题。2021年，可口可乐公司推出2000个原型纸瓶AdeZ植物饮料，加拿大天然苏打水Flow Water盒装水也采用了该包装。新型纸包装可减少单个包装的占用空间，降解性更好，回收率更高，在产品的整个生命周期碳排放量更低。

5. 铝罐包装

圣培露在 2021 年推出铝罐时尚便携装水，Pathwater 仅生产铝罐装饮用水，英国 Re: water pure still water 推出 100% 再生的铝矿泉水瓶，挪威 Lofoten Arctic Water 推出一款来自罗弗敦群岛可回收铝瓶的天然优质水。

（五）水市场的细分与差异化

随着多样化、个性化的细分市场不断裂变、迭代，瓶（桶）装水企业必须持续进行市场细分、市场选择、精准定位方能将市场机会转化为企业机会，进而优先构建市场壁垒与取得相对竞争优势。

细分、聚焦儿童和母婴市场是当前大多数瓶（桶）装水企业的不二选择。雀巢推出了以"优活喝出趣，疯狂动物城"为主题的雀巢优活水儿童装。该系列产品结合迪士尼动画电影《疯狂动物城》中的 8 个古灵精怪、个性鲜明的卡通形象（包括棉尾兔朱迪、赤狐尼克、树懒闪电、狮市长、绵羊副市长、猎豹本杰明警官、耳廓狐芬尼克、大明星瞪羚夏奇羊）进行设计，设计目的是让儿童体验到喝水是一件有趣、自主、快乐的事情，从而培养饮水的良好习惯和良好健康的生活方式。除了雀巢，农夫山泉、恒大冰泉、依云、可优比、27000 饮用天然矿泉水、HBay 纽湾等以含偏硅酸、弱碱性、低钠、淡矿等微量成分为营销卖点，推出了自有品牌的宝宝水。如农夫山泉与恒大冰泉以低钠为卖点推出的婴儿水。

同时，品牌开始强调水源地的差异化。卓玛泉强调水源地为念青西藏唐古拉山脉海拔 3700 米的史前冰川，百衲冰泉强调泉眼"九龙泉"位于长白山露水河国家森林公园内，农夫山泉强调取水于长白山莫涯泉。农夫山泉的推荐语为：莫涯泉地处长白山北麓，周围森林属于针阔混交林，森林中繁衍生息 1500 多种动物和 2800 多种植物。莫涯泉为泉群，由多个泉眼组成，距离天池主峰约 60 千米。莫涯泉属于极其珍贵的低钠淡矿泉。类似的还有：康师傅取水于涵养泉；中粮可口可乐取水于俄罗斯堪察加冰川带；云南珍茗取水于云南屏边大围山，主推火山泉。

企业推出越来越多限量版产品。限量版可以为企业的营销起到直接促进作用，推出一些限量版的产品可以更好地宣传品牌，也可以让品牌看起来更加时尚。但是鉴于限量版规模有限、收益受限，限量版的营销策略仅能作为常态化营销策略的一种补充，而不能成为主导性、常态化的营销策略。而在瓶（桶）装水行业，限量版已成为一种营销策略。例如，华润怡宝与人民日报新媒体合作推出致敬改革开放 40 年的"怡宝时光纪念 AR 限量瓶"；农夫山泉则推出故宫版贺岁瓶和 2019 金猪瓶；依云自 1995 年以来，每年均推出一款限量纪念版玻璃瓶矿泉水，如 2016 年的 750 毫升依云 Evian 矿泉水纪念水瓶（蓝色和粉色两款），其设计独特、精美绝伦的玻璃瓶，得到全球时尚爱好者的追捧。

（六）天然矿泉水的势能将会得到释放

根据工艺处理方法分类，瓶（桶）装水可分为天然矿泉水、天然水、纯净水等。天然矿泉水是指在特定地质条件下形成，并赋存在特定地质构造岩层中的地下矿水，其含有特殊的化学成分或具有特殊的物理性质。[①]《饮用天然矿泉水》（GB 8537—2008）国家标准中增加了溴酸盐（小于 0.01mg/L，2B 级潜在致癌物）以及锑、锰、镍等 3 种金属物质的限量指标。随着新国标的实施，天然矿泉水生产质量管理、检验要求更加严格，更加符合"天然、营养、无公害、绿色"的消费趋势，天然矿泉水已逐渐成为瓶（桶）装水市场的主导、热门产品。从市场数据看，天然水、天然矿泉水增长较快，其中天然矿泉水是瓶（桶）装水行业特别看好的、增长潜力非常大的业务板块。据咨询机构弗若斯特沙利文调查，2015—2019 年矿泉水品类复合年均增长率达 14.2%，在包装水大类中增速仅次于天然水，预计 2020—2024 年的复合年均增长率 18.4%。中国食品产业分析师朱丹蓬预测，随着中国消费者的环保意识、健康意识等显著提升，以及更加严格国标的施行和国际绿色贸易壁垒的显性化，处于头部的瓶（桶）装水企业之间的竞争将会更加激烈，需求将会更加旺盛。

2018 年 12 月 14 日，伊利股份投资 7.43 亿元新建伊利长白山天然矿泉水饮品项目，进军矿泉水行业。伊利股份将从单一业务进入多元业务，实施"内生＋外延"并举的发展战略。

（七）电商平台创造新的价值更加突出

疫情下，受限的线下消费活动转为更自由的线上消费活动。同时，随着新零售、社交电商、社区电商等的兴起，电商在市场营销终端越来越精准、越来越个性化。当前，瓶（桶）装水企业均通过不同电商平台进行营销，营销战略、策略组合变化多端、精准出击。营销专家韩志辉博士指出，中国的瓶（桶）装水市场已经进入移动互联网下半场。互联网上半场的关键词是搭平台、抢入口、夺流量，消除结构洞，桥接一切；下半场的关键词在于做大平台、嫁接资源、细分内容、创新服务、创造价值。其核心就是以用户为中心、发挥品牌对平台价值的引领作用，给予用户"留下来、用起来的理由"，实现与用户的深度黏合。企业不仅要做价值，还要做"效率"。

（八）家庭饮用水消费场景被更多提及

从消费者行为学的视域看，家庭作为一个购买决策消费单位在消费者市场占据越来越重要的市场份额。长期专注于消费品市场零售研究的北京中怡康时代市场研究有限公司（CMM）调查显示：在后疫情时代，用户对家庭不同用水场景的关注持续增加，97% 的用户关注自来水水质与身体健康的关系，46% 的用户关注自来水水质可能

[①] 天然矿泉水 [EB/OL].[2023-01-05].https://baike.baidu.com/item/%E5%A4%A9%E7%84%B6%E7%9F%BF%E6%B3%89%E6%B0%B4/5422784?fr=aladdin.

会引发皮肤疾病。同时对直接饮用水、厨房用水（洗菜、淘米、煮饭、煲汤等）、洗澡用水、泡茶或咖啡用水、洗脸刷牙用水、洗衣服用水、宝宝泡奶或洗澡用水的关注度分别为93%、85%、38%、35%、30%、21%、7%。用户对健康的认知持续转型、升级，使净化、清洁、杀菌消毒等净水技术的健康类产品迎来新的市场发展机会，如净水器滤芯过滤精度必须在纳米级。同时，由单一产品向全屋家庭用水需求转变，即由净水器或热水器单一产品带来的用水体验，向满足多场景下的全屋家庭用水需求转变，全屋用水解决方案为市场主赛道。奥维云网商业洞察与咨询部总经理李效先认为："全屋用水解决方案涵盖热水、采暖、净水三大行业多个产品，场景下的产品组合、能源混配，正在重构全屋用水生态。"从单品向套系化及场景化升级已是必然趋势。万和热水热能产品运营中心总经理李光斌则认为："系统的小型化、集成化、场景化是未来热水发展的三个很主要的方向。"海尔智家水联网营销总监印权指出："解决用户场景化的需求，是未来比较大的趋势。"典型供应商主要为海尔、卡萨帝、芬尼。

以怡宝、农夫山泉为代表的瓶（桶）装水行业巨头陆续推出大包装以满足家庭场景的水需求。典型企业如下：百岁山力推4.5升装矿泉水瞄准家庭生活消费端，主打泡茶、煲汤等多元化饮用场景；农夫山泉推出4升武夷山泡茶山泉水；怡宝推出新品大包装水6升、12.8升；中粮悦活推出4.8升大桶装天然矿泉水；元气森林推5升、9升家庭有矿矿泉水；东鹏饮料推出750毫升东鹏大瓶水，锁定泡茶场景；英国高端水品牌Harrogte与包装公司DS Smith合作推出盒中袋10升装规格，营销诉求为"满足几世同堂的家庭的需求，同时致力于保护环境"。此外，百事可乐通过收购家用苏打水机制造商SodaStream，以开辟家庭场景的饮料市场；雀巢通过与京东联手推出智能音箱，谋求通过家用智能设备接入家庭场景；达能则采取投资德国家饮水设备公司Mitte，Mitte成功开发了通过蒸馏净化水的操作水系统，从而为家庭提供富含矿物质的饮用水。显然，不管是通过开发产品，还是通过收购或投资关联企业，家庭场景已成为瓶（桶）装水企业逐鹿市场的重点市场。

（九）包装水巨头开始关注塑料包装的可持续性

以美国、日本、英国、丹麦等代表的发达国家制定与实施了越来越严苛的绿色包装制度，如丹麦规定所有进口的矿泉水、软饮料等必须使用可再装的容器，英国规定包装废弃物的50%~75%必须重新使用，等等。绿色包装制度，一方面使环境与资源成本内生化，推高了产品成本，降低了利润空间；另一方面则保护了人类的环境资源，满足了消费者的环境诉求与消费偏好，为企业创造了更多的市场机会与进入市场的壁垒。瓶（桶）装水企业为抓住市场机会、落实绿色包装制度，基于全产业链构建绿色或可持续的供销链，即水源地的保护、容器的材料使用、包装物的回收与再次利用等。在整个产业链中包装塑料瓶的环保问题最为严重。包装的可持续性或可再生使用情况，正逐渐成为瓶（桶）装水企业塑造企业形象和社会影响力的重要因素。据Innova对消费者的调研，"希望企业能够投资可持续发展"的全球消费者占比从2018年的68%上升至2019年的87%。[①] 越来越多的企业采取了行动，典型企业如下：JUST Water的纸瓶包装水，其包装中的纸［通过森林管理委员会（Forest Stewardship Council）认证］、植物基塑料、防护塑料薄膜、铝的比例分别为54%、28%、15%、3%，整个瓶子的可再生原材料比例为82%。英国Choose Water公司开发了环保瓶装水纸瓶，外壳使用回收纸张制作，内胆则是植物型防水内胆。CanO矿泉水采用智能可封存拉环的铝罐，6周就可让重新制成的铝罐回到零售终端。可口可乐公司推出HybridBottle包装瓶，由植物基可再生塑料（比重超过50%）和可乐瓶环保布（Recycled PET Fabric）混合制成。可口可乐（中国）公司以饮料智能零售和包装环保回收的整合解决方案研发了首台兼容饮料售卖和包装回收的概念设备——"左右未来"。2009年以来，百事可乐旗下Naked Juice（冷榨果蔬汁及果昔品牌）、LIFEWTR（高端水品牌）均使用100%可乐瓶环保布包装。

（十）越来越多进口包装水进入中国市场

随着改革开放的进一步深化，国内市场国际化、国际市场国内化是必然的。为此，瓶（桶）装水企业必然面临国内外企业的激烈竞争，并呈现出梯度态势。根据定位差异大致可分为四个梯队：第一梯队以依云、雀巢、巴黎水、西藏5100、昆仑山等为代表的进口和国产的高端天然矿泉水，单瓶均价在5元以上，典型特征为市场规模迅速扩张、利润较高，未来市场潜力发展较大。第二梯队以景田百岁山等为代表的大众天然矿泉水品牌，单瓶均价为3~5元，典型特征为迅速拓展国际国内市场。第三梯队以怡宝、农夫山泉等为典型代表，单瓶均价为2~4元，典型特征为深耕国内中高端市场，特别是母婴市场。第四梯队以康师傅、娃哈哈等为典型代表，单瓶均价为2~4元，主打矿物质水，典型特征为持续深耕中低端市场，特别是中老年人市场。随着低端市场的饱和，中高端市场的竞争将会更加激烈，不同梯队之间的竞争将会出现交叉竞争，特别是新型饮品、环保主题等将会是竞争最为激烈也是最有价值的领域。

二、珍茗云生态——绿色赋能云水产业

1995年昆明珍茗食品有限责任公司创立于云南昆明，自1997年国家实行质量监督抽检以来，连续19年通过质量监督抽检，并连续16年获得"云南名牌"称号，2018年被云南省人民政府食品安全委员会办公室命名为"2017年度云南省食品安全示范单位"，成为云南瓶（桶）装水行业的引领者。

2020年，珍茗由"第八届中国食品健康七星奖年度新秀奖"晋升为"年度七星奖"。2021年，珍茗因"一桶一码"食品安全全程追踪系统获得行业和消费者的一致

---

① 36氪．"用纸瓶装水"的JUST WATER登陆中国，这位"环保卫士"能在中国吃香么？[EB/OL]．（2019-11-19）[2023-01-05].https://baijiahao.baidu.com/s?id=1650591942907808948&wfr=spider&for=pc.

认可和赞赏，再度蝉联"年度七星奖"。中国食品健康七星奖被誉为中国食品界的"奥斯卡奖"，也是国内食品行业权威奖项之一。中国食品健康七星奖由第一财经与艺康集团[①]共同发起，由中国食品科学技术学会担任技术支持，中国连锁经营协会担任行业合作伙伴。旨在整合政府、企业、协会、媒体和公众的共同力量，达到社会共治和行业自治，以推动食品行业的全面进步。评价维度为新七星公约体系，具体内容如下。

组织完备。以管理体系建设为核心，拥有健全的食品安全与质量管理机制，以及完善的企业组织架构、组织分工和内部沟通制度作为支撑。

供应链管控。以供应商、原材料及分销渠道管理为核心，拥有完善的供应商管理、原材料管控、产品溯源、销售渠道风险管控、物流及"最后一公里"配送管控。

工艺严格。以生产经营过程管理为核心，生产经营过程的食品安全管理符合国家相关法规和标准，借鉴HACCP[②]原则和先进的食品安全管理理念和方法。

诚信担当。以客户沟通和文化建设为核心，具有良好的客户服务机制，客户满意度高，有公开透明的分享沟通渠道，较高的企业食品安全文化建设水平，并积极参与食品相关行业学会或协会活动，拥有行业影响力。

健康倡导。以健康理念和实践为核心，在《"健康中国2030"规划纲要》[③]指导下，以科学严谨的方式提出食品健康理念或标准，并加以实践应用，将食品健康理念体现在产品和服务中。

创新引领。以技术和管理创新为核心，推动食品安全领域的技术和管理创新，推出围绕消费者体验的创新产品和服务。

可持续发展。以环境保护和资源的有效利用为核心，在生态环境保护、可持续发展方面进行投入并实践应用，包括食品相关产品的设计和选用、废气废水固废处置以及能源的有效利用。

（一）绿色生产基地

水源地是瓶（桶）装水溢价的主要因素。随着自然资源或自然资本越来越稀缺，能够规模化开发和工业化的矿泉水资源相对稀缺，瓶（桶）装水品牌也在通过对水源地资源的获取和营销，以提高自身的品质和市场定位。珍茗成立发展至今，逐一布局昆明茨坝、呈贡、嵩明、红河屏边四大生产基地，形成以昆明为中枢，向周边地州乃至东南亚

---

① 艺康公司是全球最大的专业从事商用领域食品安全、预防感染和公众健康领域的领导者，美国《财富》杂志五百强公司之一。

② HACCP（Hazard Analysis and Critical Control Point）是危害分析的临界控制点的英文缩写，是一种控制食品安全危害的预防性体系，用来使食品安全危害风险降到最低或可接受的水平，预测和防止在食品生产过程中出现影响食品安全的危害，防患于未然，降低产品损耗。2002年12月中国认证机构国家认可委员会正式启动对HACCP体系认证机构的认可试点工作，2011年正式开展HACCP体系认证工作。

③ 《"健康中国2030"规划纲要》是今后15年推进健康中国建设的行动纲领。要坚持以人民为中心的发展思想，牢固树立和贯彻落实创新、协调、绿色、开放、共享的新发展理念。

地区辐射的产业集群。

珍茗·茨坝生产基地为昆明核心水脉,水源来自盘龙江。盘龙江发源于云南昆明市嵩明县境内的梁王山北麓葛勒山的喳啦箐,而后由北向南纵穿昆明城而过,最终在昆明南郊汇入滇池。盘龙江是昆明市较为稀缺的优质水域之一。珍茗·呈贡生产基地,水源为优质的低钠偏硅酸型矿泉水。工厂的全封闭式自动生产流水线通过了欧盟 CE(Conformite Europeenne)认证,工艺流程全部采用电脑智控化。珍茗·嵩明生产基地与海拔 4233 米的轿子雪山直线距离 60 千米,水源属于珍稀的偏硅酸型天然自涌泉水。该基地占地约 25 公顷,是西南较大的饮用水生产基地。珍茗·屏边生产基地坐落于云南屏边大围山国家级自然保护区,水源取自云南屏边大围山国家公园凹嘎河右岸千年古泉,泉水属于富含偏硅酸、低钠、低矿化度的珍稀火山岩矿泉水。水厂按照苗族民居进行设计,为西南独特的环保生态水厂。珍茗各生产基地都分别安装了先进的监控设备和环境监测系统,对水源周边区域的生态环境进行定期监测,确保水源品质。同时在水源周边方圆 10 千米内,与当地居民、政府合作,禁止所有畜牧、开采、使用化肥或破坏植被的行为,实施生态保护计划、退耕还林还草。公司品保部门定期对水源地土壤、降水等情况进行监测,以确保产品来自优质的水源及优质的生态环境。珍茗在云南省水质年检中连续 12 年名列榜首。

(二)绿色智能物流

智能物流是珍茗在环保与安全方面的重要组成部分。2017 年 8 月 28 日,珍茗正式启动"让云南的天更蓝·绿色智能物流"战略发展计划,核心计划为物流体系的环保升级和智能化改造,包括智能装载、环保配送、云端大数据调度三大组成部分,总投资 5000 万元。通过智能装载系统改造、供应链全渠道纯电动叉车升级、云端大数据智能调度系统的应用,珍茗的智能物流体系最大限度地减少了产品与人工的接触,保证了产品更卫生、更安全、更低碳。绿色物流每年减少二氧化碳(CO_2)排放 1300 吨。绿色新能源智能送水车为纯电动厢式货车,充电一次可行驶 200 多千米,货车上装备了专用货架、蓝牙电话、倒车雷达、GPS 定位、智能调度系统。此外,货车上还配备了水机清洗包等增值服务套装,驾驶车辆的送水员都要经过严格筛选和上岗培训,每辆车均配备珍茗公司编制的《纯电动送水车使用规程和安全驾驶提示》。公司首批次 100 台纯电动厢式货车已投入使用,远期计划投入 500 台。珍茗的带板运输技术已趋于成熟,该技术优势非常明显,因为供应链各方企业不但能够节省托盘的购置成本、人力成本,也能大大提升交易时装卸、盘点效率。在 400 多个网点采用纯电动叉车,保证产品更安全、更卫生、更绿色。智能装载系统是绿色智能物流的重要组成部分,同时,依托云平台大数据,在智能调度派单、订单处理、应急供水、增值服务等环节,珍茗可以更加快速和精准地实时响应客户需求和风险控制。珍茗打造的智能物流体系,实现了从工厂、物流、配送到入户的全面闭环、绿色闭环、智能闭环。

(三)食品级包装用材

珍茗桶装水生产材料(PC桶[①]、连体盖、包装等),均达到国家QS(企业生产许可,Qiyechanpin Shengchanxuke)认证,100%的食品级材料真空环保软瓶、一次性PET超轻量环保包装、多层封口防护包装能有效隔绝空气、浮尘等造成的污染。空瓶采用先进的两段式排列清洗消毒的方式,确保水桶的绝对清洁与安全。在回收环节杜绝回收劣质水桶。同时采用"三个一"管理体系。一是"一桶一码"。每一瓶桶装水的桶身都印有防伪二维码,每个桶身二维码和其瓶盖刻印的安全码进行加密绑定,桶盖关联彻底实现产品封装的数字化闭环锁定。而二维码管控体系采用256位防伪加密技术,结合瓶盖安全码验证技术,防伪级别堪比金融系统。二是"一证一码"。用户通过扫描珍茗服务人员服务证上的二维码,便可获得该服务人员"照片、服务证、档案、工作服和账号"信息,以此来实现流通领域的"五合一"。三是"一店一码"。对已授权门店的信息进行分析,并为每家门店加密生成独一无二的二维码,用户通过扫描门店的二维码便可验证该门店是否为官方授权门店,并获得专有的门店形象展示、详细地址、负责人等信息。

(四)绿色促销行动

为传递绿色健康生活理念,珍茗开展了10年节水公益活动,即"你节水·我买单"节水活动。若用户本月或者单个计费周期水费低于40元,或比上期减少,即有机会获得节水奖励(一般为2张电子水票)。自2012年开始,珍茗金龙水通过"你节水·我买单"节水公益活动,共计为10万户节水家庭提供了总价值超过380万元的节水奖励。若按照每户节水家庭每月节约2吨水计算,通过珍茗金龙水"你节水·我买单"节水活动的激励,过去10年直接节约的家庭用水量就超过900万吨,相当于一个大中型水库的蓄水量。

2021年10月11—15日,《生物多样性公约》第十五次缔约方大会(COP15)在云南昆明召开,珍茗作为会议相关执行方,做出"放心消费在昆明"的经营承诺,为酒店、会场等提供安全绿色饮水服务,并开展"珍茗绿色生活季"活动。活动包括"地铁四号线——珍茗绿色专列""开启盲盒惊喜"。"地铁四号线——珍茗绿色专列"共分为5个篇章,分别是生态昆明、喜迎盛会、多彩生命、呵护自然、和谐共生等。通过展现"昆明蓝、湖泊清、春城绿、四季花"的美丽图景,向世界系统展示昆明生态文明建设和生物多样性保护成果,充分展示生态昆明、春城花都的美好形象。通过利用地铁高传达性、高频重复性的特点,超大面积海报+灯箱宣传组合,呈现环保创意类宣传信息,将生态保护理念浸入市民的工作生活中,以此呼吁人们共建"生态城"。同时,以AR(Augmented Reality,增强现实)技术将中国高校数字交互艺术大赛"彩焕南云"金奖

---

① 严格意义上的PC桶,是指用全新的食品级聚碳酸酯为原料生产的容器,主要用于罐装饮用纯水,最早由中富集团于20世纪90年代初引入中国。

《云·花喃》AR 动态海报元素高黎贡山八大名花设计融入地铁，增强了生态保护的科学性、趣味性与互动性。"开启盲盒惊喜"则通过普及生态保护、生态多样性等知识，参与者可以抽奖获得桶装电子水票、山茶种子等特别礼物。

【参考文献】

[1] 五谷财经.天然矿泉水强势崛起，导致农夫山泉 2020 年收入萎缩！[EB/OL].[2021-11-19]. https://baijiahao.baidu.com/s?id=1696559920002641795&wfr=spider&for=pc.

[2] 食事健康观察.瓶装水行业市场分析：产品高端化是趋势 [EB/OL].[2021-11-19].https://www.sohu.com/a/429862702_375758.

[3] 搜狐.继农夫山泉、依云、雀巢之后，又一品牌入局儿童水市场 [EB/OL].[2021-11-19]. https://www.sohu.com/a/238019878_261013.

【思考题】

1. 云南省包装饮用水产业呈现小散弱、整合发展不够等特点，具体表现为：一是政策配套不够，扶持力度较差；二是整体规模不大，云南省包装饮用水产量产值只有四川的 1/4、贵州的 1/2；三是产品低端化，无论是桶装水还是瓶装水，售价都偏低，品牌知名度不高，均为地域性品牌等。如何从保护生态、打造绿色产品、倡导生态消费、推行绿色营销等角度解决上述问题？

2. 珍茗发布"云水战略"，即"让绿色赋能，打造生态型可持续发展业态；让云水赋能，立足云南，做足云南味；让科技赋能，品牌+技术双引擎协同发展"，您认为此战略是否可行？若可行，应在哪些方面细化施行？

【深度链接】

案例一：云南天外天——致力健康饮水研究　打造推动大健康产业升级的云水典范

云南天外天天然饮料有限责任公司是一家集生产、销售和售后服务为一体的饮用天然矿泉水企业，主要产品为"石林天外天"牌瓶装天然矿泉水和桶装天然矿泉水。"石林天外天"牌矿泉水水源地位于海拔 2523 米的长江流域和珠江流域分水岭——呈贡七甸。30 平方公里水源保护区内无村落、无工业、无人为破坏地面现象，幽静原始的自然地貌保持良好。公司坚持在保护中开发，在开发中保护，建立了严格的管理制度。2001 年 12 月获国家环保总局水源地绿色环保认证；2007 年至今水源地被中国矿业联合会矿泉水专业委员、《饮用天然矿泉水水源质级评价标准》执行委员会、中国天然矿泉水产业联盟评定为 AAAAA 级天然矿泉水水源地，是云南省唯一获此殊荣的矿泉水生产企业。"石林天外天"牌碱性饮用天然矿泉水获生态原产地产品保护证书，其水质硬度适中，口味甘甜，富含偏硅酸、钾、钠、锌等20多种对人体有益的微量元素，属于弱碱性天然矿泉水。

2019年，云南天外天天然饮料有限责任公司与昆明理工大学农业与食品学院蔡圣宝博士团队合作，开展"纯水和碱性水对维甲酸诱导的大鼠骨质疏松影响的比较研究"。研究结果表明：喂养pH9.3石林天外天碱性天然矿泉水组的大鼠Ct-Th（皮质骨）显著好于纯净水组，皮质骨厚度相差了8.6%，具有统计学差异（$p < 0.05$）；喂养"石林天外天"碱性天然矿泉水组的大鼠破骨细胞数量明显少于纯净水组，相差20.36%，具有显著的统计学差异（$p < 0.05$）。

2020年，云南天外天天然饮料有限责任公司联合中国计量大学等开展"碱性矿泉水对氧嗪酸钾诱导的小鼠高尿酸血症的治疗作用"项目研究。研究结果显示：在不同pH的碱性矿泉水中，pH为9.3的碱性矿泉水对高尿酸血症导致的肾脏病变具的逆转作用更为明显，有利于预防和治疗高尿酸血症，更为适合长期饮用。本研究为动物研究，其给高尿酸血症的治疗提供了新的途径和思路。为此，公司推出一系列的"石林天外天"瓶装天然碱性矿泉水（4.7升，pH：9.3 ± 0.6；4.5升，pH：8.15 ± 0.85；360毫升，pH：8.5 ± 0.5）。

为此，公司发展目标为：用翔实的研究数据和严谨的科学态度，坚持对碱性天然矿泉水更多方面实用功能的探索及研究，向公众普及健康饮水知识，以云南本土标杆矿泉水企业的初心坚持，打造推动大健康产业升级的云水典范，致力于打造可持续发展的业务模式。

【参考文献】

[1] 云南信息报.云南天外天董事长王忠：致力健康饮水研究 打造云水典范[EB/OL].（2021-10-29）[2021-11-19].https://baijiahao.baidu.com/s?id=1714947285630150855&wfr=spider&for=pc.

[2] 新生活说说.瓶装饮用水如何选？"石林天外天"弱碱性矿泉水给出答案[EB/OL].（2021-03-26）[2021-11-19].https://baijiahao.baidu.com/s?id=1695290614037521525&wfr=spider&for=pc.

【思考题】

大健康产业是具有巨大市场潜力的新兴产业。云南天外天天然饮料有限责任公司以碱性天然矿泉水为载体，全面对接大健康产业。请问此种市场细分策略是否可行？若可行，其营销组合策略应如何完善？

【深度链接】

案例二：以生态为舟，以云水载舟——云南山泉打造高品质"云水名片"

2020年8月28日，青岛啤酒集团购买雀巢中国大陆的水业务。此次交易包括本地品牌"大山"、"云南山泉"、雀巢位于昆明、上海和天津的三家水业务工厂。为扭转市场劣势，"云南山泉"定位为"天然软泉水[①]"，经过激烈竞争成为《生物多样性公约》缔约方大会第十五次会议（COP15）的指定产品。推出的COP15定制饮用天然软泉水，其造型典雅的玻璃瓶瓶身印有大象、孔雀等云南地标性动物，不仅体现出云南对于生物多样性保护的重视，更体现着有"森林王国""动物王国"美誉的西南明珠云南的生物多样性，与大会主题"生态文明：共建地球生命共同体"相协调。

"云南山泉"水源地位于云南呈贡区松茂村旁的古月泉，水源来自地下296~497米的玄武岩层中。2012年以来，公司使用全封闭采水，同时使用MBR技术处理污水，实现排水达到国家一级A标排放要求，实时监测好品质地下室开采，通过改进水位在线监测系统、节水改造、升级污水处理，全方位强化水资源管理，实现对周边环境"零影响"，更重视保护水流域环境，注重可持续的取水平衡，在"云南山泉"水源地，要品质，更要生态循环，保障当地居民的用水可持续。

【参考文献】

[1] 大山云南山泉.三个关键词了解"天然软泉水"，给你爱上它的理由[EB/OL].（2020-05-05）[2021-11-19].https://www.sohu.com/a/393049086_675789.

【思考题】

中国矿泉水产业联合会实地检测后发现，在当时全国发现的4800多个矿泉水水源点中，云南水质最好。云南产好水，却产不出畅销全国的好水品牌。在包装饮用水总产量方面，2000年以来，云南涌现出700多家包装饮用水企业，全省包装饮用水总产量为260万吨，总产值为20亿~30亿元，但这不过是贵州的1/2、四川的1/4，贵州天然饮用水产值为200多亿元。

1. 请对比分析"珍茗山泉""石林天外天""云南山泉"的生态营销策略。
2. "云南山泉"如何以绿色营销、生态消费等为核心再次实现快速发展，从而实现"山水名片"的梦想？

[①] 按照世界卫生组织 *Hardness in Drinking-water*（2011年）对饮用水硬度的界定，将PPM（硬度）小于60mg/L的水定义为软水。

第二章

有机鲜花饼

一、烘焙食品市场

烘焙（baking），是指用火烘干。烘焙食品的基本原料为面粉、酵母、食盐、砂糖、水等，并添加一定量的油脂、乳品、鸡蛋、添加剂（包括膨松剂、防腐剂、增稠剂、着色剂等）等，经一系列复杂的工艺（一般包括原辅料的配备、烘焙、冷却、包装等环节）制成的方便食品。烘焙食品品类繁多、营养丰富、形色俱佳，可以在饭前或饭后作为茶点，也可以作为主食，亦可以作为礼品馈赠。

古代埃及人是现代烘焙食品工业的先驱者。19世纪初，烘焙技术传到中国。欧美国家的主要农作物为小麦、大麦、黑麦、燕麦等，所以烘焙食品是欧美国家的早餐和主食。而中国的主要农作物为水稻、玉米、小米、高粱等，由此中国烘焙行业发展时间较短。烘焙食品在中国主要作为甜点零食，人均消费量与欧美等国家有较大的差距。随着中国消费者对烘焙食品的认识度不断提升，在中青年人中存在主食化的现象，由此可推测中国烘焙食品市场的未来发展空间巨大。

（一）人均消费量低，市场增长空间巨大

烘焙食品主要分为面包（如吐司、牛角面包、全麦面包等）、糕点、蛋糕（如乳沫类、面糊类等）和混合甜点四大类。一般而言，西方人主要吃烘焙类食品，而东方人特别是中国人主要吃蒸煮类食品。随着东西饮食文化的交流与融合，中国人逐渐将烘焙类食品早餐化，部分中青年人甚至主食化。从人均消费量来看，中国烘焙市场空间成长较大。据全球领先的移动互联网第三方数据挖掘与整合营销机构艾媒咨询（iiMedia Research）发布的《2021年中国烘焙食品行业竞争格局与消费行为分析报告》统计显示：2020年受疫情影响，中国人均烘焙食品消费量增速略有下滑，人均消费量为7.3千克，仅为全世界人均消费量（18.7千克）的1/3，仅为美国人均消费量（30.3千克）的1/4、法国人均消费量（63.1千克）的1/8，与饮食习惯相近的日本（18.1千克）和新加坡（9.6千克）相比，中国烘焙食品人均消费量仍有1~3倍的成长空间。同时，近年来随着中青年消费者饮食偏好受国外饮食营销的影响，以及城市家庭生活的市场化或社会化，人均消费量从2009年的4千克增长至2020年的7.3千克，中国人均烘焙食品的消费量增长率均在10%以上，复合年均增长率（Compound Annual Growth Rate，CAGR）达到7.1%，可见，中国烘焙食品行业未来成长空间巨大。

（二）中国烘焙食品行业市场规模将继续增长

从美团2021年餐饮数据统计来看[①]，就面包下单时段订单比例，早餐、午餐、下午茶、晚餐、夜宵的比例分别为7%、22%、27%、39%、4%，显然烘焙食品晚餐正餐化

---

① 专访爸爸糖手工吐司：从烘焙正餐化趋势中看清赛道发展潜力[EB/OL].[2023-01-05].https://www.foodaily.com/articles/26849.

的趋势明显，午餐正餐化的成长性较好，早餐的挖掘空间比较大。特别需要注意的是从2020年到2021年，晚餐、早餐均增长了5%左右。从产业看，鹰潭、佛山、漳州、天津、资溪等地持续推进烘焙食品产业链的培育、产业的聚集。如"中国面包之乡"江西省抚州市资溪县将烘焙食品产业作为县域战略性产业，以中央工厂模式推进产业的标准化、规模化与产业化，基本形成"大型产业链＋大型冷链＋连锁模式"发展新模式。据《资溪县面包食品产业链链长制工作方案（2021—2023年）》，2025年资溪县烘焙食品产业主营业务收入有望突破100亿元。在需求与供给的双重推动下，市场需求与行业市场规模必然进一步快速发展。从2017年至2022年，烘焙行业年均投资数量为18.66起，2021年甚至高达26起；年均投资额为20.78亿元，2021年投资额高达61.4亿元。典型投资者为IDG资本、红杉中国、青锐创投、韵达股份、同创伟业等，值得注意的是，奈雪的茶投资零蔗糖烘焙品牌鹤所、零食巨头亿滋投资奥利奥云朵蛋糕、中金资本与君川资本投资日式可颂品牌月枫堂等。显然，除了风投机构持续加持烘焙行业，新饮料企业、零售企业等不断进入烘焙食品领域。随着疫情结束，消费信心增强，烘焙食品市场将继续以10%左右的增长率快速增长，预计2023年中国烘焙食品市场规模将达3069.9亿元。

（三）中国烘焙食品行业竞争格局分散市场集中度仍有提升空间

近年来，我国烘焙行业涌现出包括鲍师傅、桃李、达利园、盼盼等一些优质本土企业。但总体来看，我国烘焙行业市场集中度仍然较低，2019年我国烘焙行业五个企业集中率（CR5）[①]为10.6%，远低于日本（43.0%）、英国（23.2%）、墨西哥（20.1%）、美国（18.3%）等国家，同时，我国烘焙行业目前的龙头企业达利园和桃李的市场占有率仅分别为3.7%和3.3%，而盼盼、奥利奥、徐福记的市场占有率仅分别为1.40%、1.30%、0.9%。冷冻烘焙作为烘焙食品行业较大的细分市场，其市场份额主要集中在龙头企业立高食品（12.4%）、千味央厨（2.4%）、南侨食品（1.5%），三者合计仅为16.3%。显然，行业竞争格局较为分散。

随着改革开放的进一步深化，以曼可顿、好丽友、面包新语、山崎面包、宾堡等为代表的外资烘焙企业或风投机构通过开设分公司或收购（投资）本土烘焙企业等方式登陆中国大陆市场，如私募投资机构殷拓（EQT）投资重庆烘焙企业沁园（持有65%的股份）、厚生投资控股多乐之日[②]（Tous Les Jours）中国业务。本土品牌鲍师傅、桃李、达利园、盼盼食品、达利食品、一鸣食品、盐津铺子等已在区域市场或全国市场深

---

① 行业集中率(Concentration Ratio)又称行业集中度或市场集中度（Market Concentration Rate），是指某行业的相关市场内前N家最大的企业所占市场份额（产值、产量、销售额、销售量、职工人数、资产总额等）的总和，是对整个行业的市场结构集中程度的测量指标，用来衡量企业的数目和相对规模的差异，是市场实力的重要量化指标。

② 多乐之日是韩国最大的食品公司CJ集团旗下的知名烘焙品牌，其以"手工精制、健康美味、值得信赖、经典欧式风格"为品牌核心，主要在我国北京、天津、成都等地布局。

耕，市场占有率与毛利持续增加。据桃李面包 2021 年年度报告数据显示，公司实现营业收入 63.35 亿元，同比增长 6.24%；2022 年上半年营业收入约 32.06 亿元，同比增加 9.06%。据达利食品 2021 年年度报告数据显示，公司实现营收高达 222.94 亿元，同比增长 6.4%；2022 年上半年营收 103.18 亿元，同比增加 1.5%。

（四）短保烘焙产品成为热门赛道

烘焙行业按照产品保质期长短分为短保（5~10 天）、中保（30~90 天）、长保（180 天以上）三大类。在食品领域，消费者对产品质量的感知与产品属性呈正相关，口感与新鲜程度是影响产品质量感知的最重要因素，国人对新鲜的或刚出炉的食品尤其偏好。在烘焙食品中，消费者更偏好短保食品，烘焙企业由此纷纷推出短保烘焙产品。

2022 年麦肯锡调查数据显示[①]，中国人已成为全球最关注健康的国家，60% 以上的中国消费者视健康为工作生活中的首要大事，而在美国、日本、德国，这个比例分别是 37%、14%、8%。同时，疫情让 28% 的中国消费者认为健康更重要了，而在美国、日本、德国，这个比例的均值仅为 9%。调查还发现，87% 的中国消费者更愿意接受天然、无污染的绿色健康产品，而在美国、英国，这一比例分别为 50%、57%。随着人们对健康的关注，短保烘焙食品更加符合健康化食品消费升级趋势，各大烘焙消费品牌也纷纷推出短保烘焙产品。短保烘焙食品凭借新鲜健康优势已部分替代中长保烘焙食品，2023 年短保烘焙食品市场规模预计达 250 亿元，年均增长率为 10% 左右，短保 CR3 已达 55%。目前，在短保食品市场，以桃李面包、达利园、宾堡、曼可顿等老品牌为主的市场格局初步形成，更有以渠道制胜的小白心里软（线上与每日优鲜、盒马鲜生等合作，线下与永辉超市、沃尔玛、盒马鲜生、便利蜂、711、全家等深度合作）、沉浸式体验的代表奈雪的茶（"看戏喝茶吃点心"的茶饮场景）、喜茶（中式灵感体验）等为代表的新消费品牌。

（五）中国烘焙食品将朝着早餐化、"一人食"方向发展

据《中国统计年鉴（2021）》的统计数据，全国共有家庭户 49416 万户，其中"一人户"有 12549.0007 万户，占比超过 1/4。民政部统计数据显示[②]，2018 年中国单身成年人高达 2.4 亿人，其中独居者超过 7700 万人；2021 年独居者数量上升到 9200 万人，预计到 2023 年独居者将超过 1 亿人。另据艾媒咨询[③]发布的《2021 中国单身群体消费

---

① 中国人全球最养生？解码麦肯锡健康消费图鉴 [EB/OL]. [2021-01-05]https://view.inews.qq.com/a/20220402A04RGK00.

② 2.4 亿人单身，城市独居率飙升，"单身经济"规模有万亿需求？[EB/OL]. [2023-01-06].https://baijiahao.baidu.com/s?id=1682879136513395515&wfr=spider&for=pc.

③ "一人户"超 1.25 亿，单身经济背后的"孤独消费" [EB/OL]. [2023-01-06].https://baijiahao.baidu.com/s?id=1721937960726547832&wfr=spider&for=pc.

行为调查及单身经济趋势分析报告》显示，随着单身人口与独居人口的持续增加，"一人居""一人食""一人游""一人嗨"市场迅猛发展。从单身群体消费主要领域看，服饰美容、休闲娱乐、房租房贷、日常生活、餐饮美食的比例分别为11.1%、13.4%、16.4%、19.3%、25.9%。可见餐饮美食在单身群体消费比例较高。与单身经济相宜的是懒人经济。当前，懒人经济已从效率懒转型升级为品质懒。而选择烘焙食品特别是短保烘焙食品已成为"一人户"的主要选择。"一人户"一般将烘焙食品作为早餐甚至是午餐。另据前瞻产业研究院数据，随着工作的高节奏，当前我国超过11%的人选择面包作为早餐，仅低于选用包子消费者比例（18%），这说明烘焙产品在早餐市场上的欢迎度非常高。综上可见，烘焙产品将朝着早餐化、"一人食"方向发展。

（六）中国烘焙食品消费者消费行为分析

在中国烘焙食品细分品类中，面包、蛋糕、糕点的消费量分别为24%、18%、58%，显然，糕点已经成为烘焙食品占比最大的细分品类。

艾媒咨询调研数据显示，烘焙食品消费者画像为：女性用户占比为60.1%、男性用户占比为39.9%；年龄在22~40岁的比例为78%，其中31~40岁用户的比例为45.2%；42.3%的用户分布于一线城市，21.8%的用户分布于二线城市；32.0%的用户地处华东区域，华南、华北、西南区域用户占比均在10%以上；每天、每周购买烘焙食品的消费者比例分别为12.8%、85.8%；在价格方面，单次消费20~40元的占比最高，高达35.8%。从以上数据可以看出，一线城市处于成熟期早期，二线城市处于快速成长期，东部发展比中西部好，大多数消费者已形成每周消费烘焙食品的消费偏好，单次消费金额均超过10元。可见，未来市场消费水平、消费量将持续扩容。

（七）中国烘焙食品市场发展趋势

艾媒咨询调研数据显示，烘焙食品行业消费者的痛点为安全卫生、产品质量、食品添加剂、脂肪含量、新鲜、营养价值，其比例分别为55.4%、52.3%、48.5%、48.2%、39.9%、35.4%。以上数据说明，烘焙食品的安全、产品质量、对身体健康的影响已成为消费者最为关注的问题。

总体而言，中国烘焙食品市场将出现六大发展趋势

1. 年轻化成为主流

随着国潮国货热、健康营养意识提升、烘焙食品日常化，新中式糕点、营养轻食、短保烘焙已成为烘焙食品的核心赛道。而精致妈妈、小镇青年、95后新人、新锐白领、资深中产、都市蓝领等"Z世代"[①]群体成为烘焙糕点购买的主力军。其教育水平较高、收入水平较高、富有冒险或尝鲜精神，多元化、个性化，喜欢轻食，悦己自享是核心消

[①] Z世代，是指1995年至2009年出生的一代人，一出生就与网络信息时代无缝对接，消费受数字信息技术、即时通信设备、智能手机产品等影响比较大。

费场景。总之，消费年轻化，新中式、轻食引领新趋势。

2. 品牌化、高档化趋势

消费者的品牌消费意识日渐成熟，国品新潮、绿色低碳、用户共创、轻养健康潮等成为品牌发展新趋势。随着品牌强国工程、资本入局、烘焙企业持续创新，烘焙食品行业品牌化将进一步增强。同时，"蛋糕界的爱马仕"Lady M关店背后并不意味着退出中国市场，以及烘焙行业高端化失败，而是高端化策略的放缓或策略调整。

3. 安全化趋势

面包新语沙门氏菌阳性事件、"港荣"蒸奶香蛋糕菌落总数超标、唐家丽儿糕点食品添加剂严重超标……说明烘焙食品安全事件频发，甚至危及消费者的生命安全。而烘焙食品安全、产品质量一直是消费者最关注与担心的头等大事。随着消费者对食品安全知识、健康意识的提升，以及政府、非政府组织等对食品安全的严厉监管，烘焙企业严格按照《食品安全国家标准　糕点、面包》（GB 7099—2015）进行规范操作，持续打造安全、健康的烘焙食品已成为企业发展的前提与基础。

4. 健康化、功能化趋势

据《中国居民营养与慢性病状况报告（2020年）》统计数据显示，中国城乡各年龄组居民超重率、肥胖率持续上升，6岁以下、6~17岁、18岁及以上的超重率和肥胖率分别为6.8%和3.6%、11.1%和7.9%、34.3%和16.4%。北京、河北、新疆、天津居民的肥胖率均超过20%；黑龙江、内蒙古、山东、山西、河南等16个省（区、市）居民的肥胖率均超过10%。《柳叶刀》以195个国家和地区的膳食和疾病状况调查比较发现：中国膳食中盐、精制谷物摄入太多。《中国居民膳食指南（2022）》指出，20世纪90年代以后，国人膳食结构逐渐从以植物性食物为主向动物性食品为主转变，从环境保护与健康的角度看，国人应回归以植物性食物为主的膳食结构。为此，烘焙食品必须从高糖、高脂肪、高热量向清淡、营养平衡的方向发展，如低脂、脂肪代用品、低糖、非糖甜味剂部分替代蔗糖，增加产品营养、健康元素，促进烘焙企业的转型升级。

5. 时尚化、多元化趋势

基于时尚、个性化需求创造产品满足消费者的需求是企业成功的不二法门。混搭创新、互动式体验、时尚艺术元素、社交场景等已成为时尚烘焙产品的新潮流。

6. 文化、个性化趋势

以廣蓮申、詹记、墨茉点心局、泸溪河、龙门局、虎头局为代表的新中式烘焙持续推出"茶韵肉香"江南风面包、咸口软泡芙、雪影叉烧包、椰蓉酥条、蝴蝶酥等国民小点心，由此国潮风①吹到了烘焙行业。同时，与咖啡、糖果、冰淇淋、小吃等混搭，融入鲜花、水果等自然、健康食材，纸型（纸和纸板为基材）包装……烘焙产品日益个性化。显然，中西合璧，以文化、个性为载体的烘焙食品已成为新的趋势。

---

① 国潮风就是以中华传统文化和元素为基础，集时尚、流行等元素于一身的设计，是传统和现代的时尚碰撞，将东方美和西方美结合在一起的一种风格。

二、鲜花饼市场与嘉华食品

云南十八怪"四季鲜花开不败""鲜花当作蔬菜卖",是对花卉大省——云南的生动描绘。云南的立体气候与坝子造就了云南花卉的多样性与日常性。全国各地的鲜切花、观赏花95%产自云南。鲜花饼是一款以云南特有的食用玫瑰花入料的酥饼。食用玫瑰花含有黄酮类化合物(清除DPPH自由基)、酚类化合物(含丰富的维生素E、维生素C)、萜类化合物(含胡萝卜素)、多糖类化合物(抗肿瘤)等成分,具有药用、美容、经济等价值。明清时期,云南"红玫瑰糖粑粑"就被进京赶考的秀才们作为"干粮"和送京官的"见面礼"。相关统计数据显示:2012—2021年云南鲜花饼产业年均增速在30%左右。仅昆明日均消费鲜花饼20余万个,年平均增速300%以上。目前,云南鲜花饼市场中,70%的销售额来源于游客/省外市场的贡献,形成了嘉华食品独占鳌头,潘祥记持续扩张,16州市全力打造本土品牌的市场格局。

1988年,云南嘉华食品有公司成立于云南昆明,是一家集面点研发、生产、销售、服务为一体的专业烘焙企业。目前拥有300家直营连锁门店以及近千个代销网点,在岗员工5000余人,是西南三省规模最大的烘焙企业。旗下拥有大型连锁烘焙品牌"嘉华饼屋"、知名伴手礼品牌"嘉华鲜花饼"、高端烘焙连锁品牌"JUST HOT"。2013年起,嘉华开始入驻天猫、京东两大电商平台,辐射、占位全国市场。2023年上线"嘉华饼屋"App。2016年嘉华电商销售突破亿元大关。嘉华鲜花饼销量连续3年在天猫位列该品类第一名。公司于2010年在昆明呈贡七甸绿色产业基地内,建起了占地面积近13公顷、中央工厂近15000平方米的现代化绿色花园式工厂,投资总额达到1.5亿元。规模化、标准化的生产能力可以直供400多家店面的产品需求。嘉华食品连续6年被评选为云南省绿色食品"10强企业"。

古往今来,礼物已成为表达情感、增强关系的桥梁。在网状的社会里,中国礼品市场全球名列第一位,规模达15000亿元。亲朋好友是送礼最多的对象,国民人均送礼次数为5次,年均礼金达2357.6元。持续深耕礼品市场,打造精品伴手礼是企业发展的有效路径。云南嘉华食品有限公司进入礼品市场以来,打造了知名伴手礼品牌——"嘉华鲜花饼"。1994年嘉华食品率先提出鲜花饼制饼标准:"三朵玫瑰一个饼"。"嘉华鲜花饼"在多年发展中,持续进行产品创新,原料选自嘉华双有机认证玫瑰园产出的高品质新鲜玫瑰,以行业内高标准进行原料的甄选和生产制作。凭借出色的产品品质和口碑深受国内外游客的喜爱,现已成为来云南旅游必备的伴手礼。

嘉华食品始终注重产品的创新,打造了先进的研发中心,拥有滇式月饼大师李伟伦、中国台湾制饼大师林仟祥等大师级的研发人员,推出了一系列经典的绿色食品,特别是与云南国际咖啡交易中心、普洱爱伲庄园咖啡有限公司合作推出普洱·咖啡海盐曲奇、普洱·小粒咖啡饼干。"普洱咖啡"已入选中欧地理标志协定首批保护名录,成为国家地理标志保护产品。

（一）有机双认证的玫瑰庄园

嘉华食品严格遵循绿色、健康、环保的有机食品原则，按照国家标准《有机产品 第1部分：生产》（GB/T 19630.1）进行规范操作，建成双认证有机玫瑰园。于2014年获得南京国环有机产品认证中心[①]国家有机认证，2018年再获欧盟有机认证，在国内、国际的有机双认证把关下，保证了每一朵玫瑰花的品质，最终确保了"嘉华鲜花饼"绿色、安全的品质。

嘉华双认证有机玫瑰园有两个基地。基地一位于云南曲靖马龙旧县街道，海拔约为1890米，年均气温15℃，日照时间长达13小时，周边植被覆盖良好、没有任何"三废"（废气、废水、废渣）污染，是云南省有机农业示范区。200公顷的马龙嘉华有机玫瑰园是云南也是全国目前最大的食用玫瑰种植基地。基地年产食用玫瑰500吨左右，可供嘉华食品做成6000多万个鲜花饼。基地二位于云南楚雄禄丰市土官镇老鸦关社区，海拔1870米，年平均气温16.5℃，年降水量692.5毫米。该基地占地约66.7公顷，年产鲜花240余吨。

为种植出品质优良的食用玫瑰，嘉华食品在环境质量标准、生产操作规程、产品标准、包装标准等均按照AA级绿色食品管理规范进行，全面采用先进的种植管理技术，引进世界最先进的以色列耐特菲姆滴灌施肥及监测系统[②]，以定植移栽时灌足定根水后根据土壤水分情况进行补水灌溉，所需水、肥直接到达作物根部，满足食用玫瑰生长过程中所需的水分，同时达到节约用水的目的。保证及时供应玫瑰花生长所需水分及肥料，绿色病虫害防治，杜绝一切化学肥料和农药。通常情况下，嘉华在每年4月开展中耕除草工作，其主要目的在于疏松土壤，增强土壤通透性，保持土壤中的水分。为了保证食用玫瑰的绿色、健康，基地全面采用人工和机械除草，不使用任何除草剂、增效剂、土壤改良剂；施肥则视食用玫瑰的长势情况进行追肥，追肥以速效氮肥为主，所有肥料均通过滴灌系统直接送到作物根部，在满足作物需要的同时达到节能减排要求。在整个生产过程中，底肥和追肥均不使用硝态氮肥[③]和激素类肥料。同时，基地在防治病虫害的过程中也主要以农业防治、生物防治和物理防治等绿色治理办法，来避免在病虫害防治过程中产生污染。农业防治就是选用抗逆性较强的品种，通过合理密植，减少病虫害的发生，同时加强田间管理，清除杂草，消灭病虫害的栖息地。生物防治就是"以

---

① 南京国环有机产品认证中心（原国家环境保护总局有机食品发展中心检查认证部，简称OFDC），是经国家认证认可监督管理委员会（CNCA）批准、中国合格评定国家认可委员会（CNAS）和国际有机农业运动联盟（IFOAM）认可机构（IOAS）认可的专业从事有机产品和良好农业规范（GAP）认证的认证机构。目前OFDC可开展认证的项目有：中国有机产品认证、美国NOP、日本JAS、欧盟EEC2092/91有机认证和中国良好农业规范（CHINAGAP）认证等。

② 传统滴灌一般都在平坦土地上进行，以色列耐特菲姆滴灌施肥及监测系统采用"压力补偿"技术几乎可以在所有起伏不平的地方滴灌。水肥沿着滴头排出，精确且等量，实现均匀灌溉。

③ 硝酸盐在人体转化过程中会转化为亚硝酸盐，从而造成致癌等疾病风险。同时，硝态氮肥仅被农作物部分吸收，会造成地下水亚硝酸盐超标，从而破坏与污染生态环境。

虫治虫",即保护和充分利用草蛉、瓢虫、捕食螨等有益生物,以此消灭害虫。物理防治就是利用害虫的趋性,进行灯光诱杀、色板诱杀或异性诱杀。因此,产出的食用玫瑰,花瓣质量上乘、色泽鲜亮、香气浓郁。

(二)昆明呈贡绿色产业基地

昆明呈贡绿色产业基地是云南省40个重点工业园区之一,位于昆明市东南郊七甸,是全省范围内综合实力强、产业聚集度高、基础设施完善、行政审批高效、服务环境优异、发展潜力巨大的新型绿色产业园区。2019年进入500亿园区行列,先后获得"国家级绿色园区""省级生物产业示范基地""省级和谐园区"等称号。2022年被评为第一批云南省绿色低碳示范产业园区。园区依据《云南绿色低碳示范产业园区三年行动计划》,从能源利用、资源利用、设施配套、产业发展、运营管理、园区环境6个绿色低碳化指标进行系统建设。园区充分发展自身产业优势,延伸产业链条,做大做强造食品加工产业,重点打造嘉华食品、信威食品、一条龙等知名食品企业,培育一批国际国内知名度高的食品品牌。重点发展绿色有机食品、健康食品和特色饮品,形成生产、加工、科研、销售于一体的完善的产业体系。

园区采取了绿色发展的战略与举措,具体如下。

一是完善绿色发展规划,促进园区健康发展。积极完善绿色发展规划,严格要求园区内的企业内部实行清洁生产(Cleaner Production)[①]、减少废物源,同时强调企业之间的联系、合作和参与,通过物质、能量、信息等交流形成各企业相互受益的网络,使园区对外界的废物排放趋于零,从而实现生产者、消费者、社会三方利益的均衡与最大化,进而实现经济、社会和环境的协调共进,形成整体性强、联系紧密、生态宜居的园区。

二是打造绿色金融体系,充实园区绿色发展动力。建立设立呈贡工业园区绿色发展的专项基金,由财政拨款,支持重点企业在重大项目、技术研发、绿色发展等基础设施建设方面的投入。以科技银行为依托,积极引导和推动,逐步打造绿色发展投融资平台,支持园区绿化、增加碳汇、建筑节能等项目。加大对园区金融机构的园区绿色创建宣传和重大项目引导,组织多种形式的投融资对接会议,解决绿色制造技术及其产业化发展的融资障碍;完善支持绿色金融的政策体系,制订有关环境等级划分的评定标准,建立"绿色信贷"目录指引银行相关业务发展;鼓励金融机构创新探索发展相关金融衍生产品和服务。

三是建立绿色发展诚信制度,提升园区发展生态友好性。园区相关主管部门根据企业节能、减排、循环发展以及环境保护等行为信息,按照规定的指标、方法和程序,对

---

① 依据《中国21世纪议程》,对生产过程而言,清洁生产包括节约原材料与能源,尽可能不用有毒原材料并在生产过程中就减少它们的数量和毒性;对产品而言,则是从原材料获取到产品最终处置过程中,尽可能将对环境的影响减少到最低。

企业进行绿色发展诚信评价，确定其信用等级，并客观、全面、及时地向社会公开，供公众监督和有关部门、金融等机构应用的环境管理手段。同时，加强与金融部门的联系沟通，发挥企业绿色发展诚信评价体系的引导作用。

（三）高质绿色的吸塑包装

纸板、塑料、玻璃和金属是包装的四大主要材料。塑料包装具有耐酸碱、易成型、透明性好、加工成本低等优点，故在包装中使用比较普遍。《纽约时报》调查数据显示，来自8个国家志愿者的粪便中均发现了微塑料颗粒；全球83%的水龙头样本中被检测出微塑料；超过90%的食盐品牌均已被微塑料污染。2022年，《聚合物》研究发现：母乳中存在微塑料颗粒。这些数据与发现使消费者对食品包装材料要求更高，使用高技术的健康安全包装材料已成为消费者、政府、非政府组织等的普遍要求与诉求。2018年以来，美国、欧盟、中国、日本等实施"限塑令"。如欧盟颁布的《包装和包装废弃物指令》（PPWD），到2030年欧盟市场上所有塑料包装中要含有至少30%的可回收成分，到2040年这一比例提升为65%。

吸塑包装是一种新型的包装形式，一般是将不规则物体（如玩具、文具、工具、日用品等）通过使用PVC或PET泡壳对其加以密封防护，再将泡壳与纸卡黏合在一起，形成完整、规则、透明的包装形式。其有如下优点：外形整齐，储运方便；一目了然，便于销售；阻隔保护，不被污染；能够最大限度地减少塑料的应用。据测算，吸塑包装可以节省1/3的塑料包装用量，甚至更多，因此它可以更好地取代塑料包装。

嘉华食品一直使用昆明环华塑料制品有限公司的吸塑包装以取代塑料包装。同时，不断采用纸板包装。高质绿色的包装不仅保护了环境，而且提高了烘焙食品的安全性和保护了消费者的身体健康。

【参考文献】

[1] 艾媒咨询.2021年中国烘焙食品行业竞争格局与消费行为分析报告[EB/OL].（2021-09-16）[2021-11-19].https://www.ebrun.com/20210916/452840.shtml.

[2] 青山资本.消费品品类速览：烘焙食品市场什么样？[EB/OL].（2020-06-08）[2021-11-19].https://www.sohu.com/a/400512144_116132.

[3] 浆纸技术.高质高效绿色包装新产品：吸塑纸板开发技术交流[EB/OL].（2018-12-03）[2021-11-19]. https://www.sohu.com/a/279365863_808156.

【思考题】

1.嘉华食品认为云南烘焙食品市场基本饱和，"走出去"是必然选择。为此制订"云饼战略"的五年计划，实施中心开发、由近及远的全国市场布局。在烘焙市场、云南旅游市场不断扩容升级的情境下,你认为"走出去"战略是否可行?为什么?

2.请收集嘉华食品相关信息,你认为嘉华如何在市场终端塑造绿色食品或有机食品的品牌形象?

【深度链接】

达利食品的绿色之梦

达利食品集团是集休闲食品和饮料生产于一体的民营企业。集团旗下有"达利园"糕点、"好吃点"饼干、"可比克"薯片等食品产品,以及"和其正"凉茶、"乐虎"功能性饮料、"豆本豆"豆奶、"优先乳"、"又一餐"八宝粥、青梅绿茶、花生牛奶等饮料产品。其中"达利园"蛋黄派、"好吃点"饼干获中国名牌产品称号,"达利"商标、"可比克"商标获中国驰名商标称号。云南达利食品有限公司是达利食品集团在西南地区重要的生产和营销基地。云南达利食品有限公司2018年、2022年先后被评为云南绿色食品"10强企业"。

达利食品集团2021年财报显示,旗下美焙辰、豆本豆、乐虎三大品牌业绩表现优异。美焙辰面包是集团2018年10月推出的短保面包全新品牌,以"新鲜、美味、多样"为品牌理念,通过开发5个系列产品满足消费者对早餐、对面包不同消费情境下的多样化需求。2021年美焙辰面包依靠强大的跨区域运营能力,单店盈利能力和市场份额快速提升,实现销售收入13.90亿元,同比增长33.5%。豆本豆豆奶,以"专注植物营养"为定位,以天然不添加为理念,打造"优质植物蛋白、零胆固醇、零添加(零添加香精、零添加防腐剂)"的植物营养产品。2021年豆本豆豆奶依托品类创新和市场教育普及推动,实现销售收入22.45亿元,同比增长16.8%,继续引领着行业的升级与发展。乐虎为保健功能饮料,以满足"提神醒脑、补充体力"的需求。2021年,乐虎通过释放渠道活力,实现16.3%的同比增长,销售收入达到32.22亿元。

(一)绿色低碳产业园区

云南达利食品有限公司位于云南玉溪高新区。玉溪高新区先后获"国家火炬玉溪高新区生物医药特色产业基地""国家级绿色园区""国家中小企业双创示范基地""国家模范劳动关系和谐园区""云南省新型工业化产业示范基地""云南省服务外包示范园区""省级知识产权示范园区"等称号。为推动高新区绿色低碳发展,编制了《玉溪高新区绿色发展五年行动方案(2021—2025年)》。当前,正积极创建与申报2022年云南省绿色低碳示范产业园区。

云南达利食品有限公司作为玉溪高新区入驻企业,构建"集团—公司—车间"三级一体的品控团队,围绕供应链健全绿色食品"链式"监管机制,实现从供应商评估、原产地考察到售后跟踪服务、建立召回机制的全程跟踪,确保食品生产的绿色化和健康化。

（二）布局与深耕植物蛋白市场

植物蛋白是人类膳食蛋白质的重要来源。与动物蛋白相仿，易被人体消化吸收，具有多种生理保健功能。2021年全球植物蛋白质食品市场销售额达到23亿美元，预计2028年将达到49亿美元，年复合增长率为11.3%。植物酸奶是植物蛋白中较为成熟的产品种类，达能、Chobani、通用磨坊等欧美知名品牌都推出了植物酸奶产品。在国内，植物酸奶却是非常具有前瞻性的产品类型。直到2019年，国内才出现了第一款低温型植物酸奶。英敏特数据显示，亚太地区的植物酸奶新品仅占所有植物基产品的5%，这是世界所有地区中最低的。欧睿数据显示，2020年全球植物酸奶市场规模达到20.2亿美元，预计到2027年，全球植物酸奶市场份额将达到64.6亿美元。在此背景下，谁能率先推出有良好竞争力的植物酸奶产品，谁就抢占了品类争夺战的"先机"[①]。2017年，达利食品发布豆本豆品牌。2021年，发布首款新品豆本豆常温植物酸奶——Flogurt植优家。2021年，达利食品围绕创新研发、可持续发展、员工激励三大关键词，提升公司整体竞争力。

首先，以创新研发为战略重点。在内部设置创新委员会的基础上，达利食品通过搭建高水平科研平台、打造高精专研发团队，利用"数字化"赋能研发工作，在产品工艺、设计、成分和配方上不断取得突破。2021年1月，达利豆本豆品牌推出第一款常温植物酸奶，在核心菌种原料、核心工艺、核心风味技术等方面均将现代科技融入创新的生产过程，市场反响良好。2021年12月，豆本豆进一步升级产品加工工艺，创新应用了包括整豆灭酶、膳食纤维微米化处理等技术在内的"全豆工艺"，推出豆本豆有机全豆奶。全豆奶在不去豆皮和胚芽的状态下，进行全豆灭酶、全豆研磨，不仅全面锁住了膳食纤维等多种原生营养，还保留了大豆原有的豆香味，进一步推动了植物蛋白行业的升级与发展。

其次，打造共赢产业链，推动可持续发展。在豆本豆的原料供应上，达利食品一方面精选有机农场推广专业豆类种植和培育技术，构建循环发展的上游农场生态；另一方面鼓励生产部门创新改革，降低碳排放量，提升"三废"管理，以此来推动整体业务的可持续发展。

最后，实行多层次、精细化的员工激励与福利政策。2021年，达利食品推出核心骨干员工股权激励计划，即公司向受托人提供不超过10亿港元资金购股，购股上限为24752.5万股，占发行股份的1081%，实现了股东与核心员工的利益捆绑。同时针对前线销售人员，也提高了薪资水平和业绩激励力度。

[①] 2019年，农夫山泉推出活菌型植物基酸奶，主打"零胆固醇、零乳糖、低饱和脂肪"；2019年11月，三元食品与复星联合收购的法国圣悠活（St Hubert）推出五款植物酸奶；2019年年底，六个核桃推出首款杀菌型常温发酵核桃乳。此外，维维、美仁食品、养元食品亦纷纷关注植物酸奶赛道，推出相应的新品。

【参考文献】

[1] 腾讯新闻. 达利食品发布 2021 年财报：年营收 222.94 亿元 同比增长 6.4%[EB/OL]. （2022-04-07）[2022-10-19].https://new.qq.com/rain/a/20220407A032TL00.

[2] 达利食品集团. 豆本豆——专注植物营养 [EB/OL].[2022-10-19]. http://www.dali-group.com/Pr_index_gci_14.html.

【思考题】

国内植物酸奶市场主要存在以下三个痛点：消费者对口味不适应、需求没有被充分挖掘、消费者对"宣传点"不买账。请问应如何解决？

第三章

微藻：绿色食品产业固碳减排先锋

一、微藻产业市场

藻类是原生生物界（Protist）一类真核生物。体型差异较大，既有长度小于1微米的鞭毛藻（Dinoflagellate），又有长度大于60米（最大的达65米）的大型褐藻（Phaeophyta）。小于1微米、通过显微镜方能辨别的藻类称为微藻。微藻分属于4个藻门：蓝藻门、绿藻门、金藻门、红藻门。微藻中含有蛋白质、脂类、藻多糖、β-胡萝卜素、多种无机元素（如铜、铁、硒、锰、锌等）等高价值的营养成分和化工原料。微藻所含的维生素A、维生素E、维生素C、硫氨素、核黄素、吡多醇、维生素B_{12}、生物素、肌醇、叶酸、泛酸钙、烟酸等增加了其作为单细胞蛋白质（Single-Cell Protein，SCP）的价值。微藻的蛋白质含量高达60%，是单细胞蛋白的重要来源之一。藻中类胡萝卜素（均为全反式β-胡萝卜素）含量高达14%。β-胡萝卜素主要有4种形式：全反式、9-顺式、13-顺式、15-顺式。全反式β-胡萝卜素热稳定性及化学稳定性优于其他3种顺式。在营养价值上，9-顺式、13-顺式的va活性[①]仅为全反式的38%、53%，同时，全反式生物利用率也高于其他3种顺式异构体。显然，将β-胡萝卜素尽可能制备为全反式β-胡萝卜素是维持生物效用的关键路径。β-胡萝卜素可从胡萝卜、盐藻、沙棘等植物中提取。β-胡萝卜素在预防白内障、癌症、心血管疾病等具有显著功效，并能预防因老化和衰老引发的退化性疾病（如骨质增生、骨性关节炎、腰椎间盘突出症等）。藻细胞中甘油含量（$C_3H_8O_3$）较高，甘油在医学、涂料、食品、塑化、防冻等方面具有广泛用途，特别是食用级甘油具有保润、防干裂、抗氧化、促醇化等功效。可从微藻中提取藻多糖（Spriulina polysacchrides），藻多糖对腹水型肝癌细胞（防治抑制率高达91%）和自由基氧化反应的抑制具有显著功效，对电离辐射损伤具有明显的减轻效果。

20世纪50年代末60年代初微藻进行开发应用，经过60多年的发展，逐渐形成以螺旋藻、雨生红球藻等为代表的微藻产业。据欧洲藻类物质协会统计，全球有2000家多家企业从事微藻生产或加工，中国有70余家，养殖年产量超过9000吨，占全球市场的2/3以上。在我国已从单一的螺旋藻产业，逐渐发展为集螺旋藻、小球藻和雨生红球藻"三驾马车"并驾齐驱的发展趋势，同时其他多种微藻（如绿虫藻产业[②]）逐渐出现，呈现多元化发展的格局。微藻产品已被列入我国新资源食品[③]和普通食品目录。当前，随着新型冠状病毒的长期化与持续变异、癌症频发、老年化社会深化、健康保健意识提升等原因，人们对健康与免疫由柔性需求转变成刚性需求，由此必将加速微藻在功能食

[①] VA缺乏会导致VA缺乏症（vitamin A deficiency），其是WHO公布的全球四大营养缺乏病（缺铁性贫血、维生素A缺乏病、缺钙、蛋白质能量不足）之一。尤其是发展中国家不同人群中患病率为6%~50%。VA缺乏会导致失明。在我国VA摄入量均低于供给量标准，尤其在绿色蔬菜缺乏的冬春季节。

[②] 绿虫藻通过叶绿素在有光的条件下利用光能进行光合作用，把二氧化碳和水合成糖类。其富含植物才有的维生素、矿物质、氨基酸、不饱和脂肪酸、叶绿素等，又有动物体内含的DHA（二十二碳六烯酸，其为人体所需的不饱和脂肪酸）、EPA（二十碳五烯酸，属于ω-3不饱和脂肪酸）等共59种营养素。

[③] 藻类产品属于《新资源食品目录2022》中的第一类"在我国无食用习惯的动物、植物和微生物"。

品、营养补充剂及生物医药等方面的应用。

（一）市场潜力较大

近年来，藻类产品因其功能强、用途广、生产效率高等优点，越来越被消费者、政府、企业等关注、扶持和开拓。根据 Credence Research 公司统计数据发现，2022 年全球藻类产品市场价值 428 亿美元，2018—2022 年的年复合增长率为 6.0%，预计到 2027 年藻类产品市场价值将达到 565 亿美元。其中，藻类蛋白市场发展潜力巨大。藻类蛋白在减肥、缓解疲劳与焦虑，预防糖尿病、心脏病等有积极疗效。同时据《2020 植物蛋白饮料创新趋势》统计数据显示，植物蛋白市场持续加温，2020 年植物蛋白饮料市场高速发展，市场增速高达 800%，消费者人数增加 900%，植物蛋白饮料贡献了饮料市场 15.5% 的增长率。另外，随着生态恶化、动物蛋白生产过程中产生了较多的二氧化碳排放与影响生物多样性，推动了植物蛋白需求的快速增长。藻类蛋白是"完整的蛋白质"、优良蛋白质来源之一。研究可食用的藻类含有人体必需的赖氨酸、苯丙氨酸、蛋氨酸、苏氨酸、异亮氨酸、亮氨酸、缬氨酸、色氨酸 8 种氨基酸，组成比较合理，并能辅助治疗癌症、高血压、糖尿病等多种疾病，在功能食品领域市场潜力较大，如 Suja 果饮推出一款添加"小球藻""螺旋藻"的有机果蔬汁；植物性饮料公司 Plantsy 推出一款藻类蛋白饮料，有大黄姜味、血橙葡萄柚味两种口味；旭能生物计划推出含有蛋白核小球藻粉、裸藻粉的微藻奶茶；云南爱尔发生物技术有限公司推出虾青素固体饮料。

（二）雨生红球藻

雨生红球藻，亦称红球藻。因雨生红球藻孢子富含虾青素，继而成为螺旋藻、小球藻之后的另一种富含营养价值和药用价值的经济藻类。国内外研究发现，虾青素是酮式类胡萝卜素、断链抗氧化剂，可以高效清除二氧化氮（NO_2）、硫化物（包括氢硫化物、正盐、多硫化物）、二硫化物 [含有二硫键（-S-S-）的有机硫化合物] 等，也可降低或抑制脂质（多不饱和脂肪酸与脂质）过氧化作用。同时，有抑制肿瘤发生、抗衰老、防治糖尿病引起的眼病等多方面的生理作用，在水产养殖、保健品、医药、化妆品、食品添加剂等领域具有广阔的市场前景。吴晓娟、刘海燕等（2015）[①] 研究认为，雨生红球藻是天然虾青素含量最高（1.5%~10.0%）的一种微藻，其对水产动物着色、存活、生长、繁殖和发育等起着重要的积极作用，是较好的饲料添加剂。雨生红球藻作为国家卫生健康委员会批准的"新资源食品"，具有延缓衰老、维护皮肤、保护眼睛、维持心血管系统健康、维护关节和缔结组织健康、抑制肿瘤等功效。当前，国内含雨生红球藻的保健食品共获批 16 款，其中国产保健食品占比为 93.75%（15 款）。20 世纪 90 年代，雨生红球藻规模化培养在我国开始。经过 20 多年的发展，雨生红球藻养殖业已发展为我国重要的微藻产业，雨生红球藻养殖企业已超过 20 多家，总养殖面积超过 100 万平

---

① 吴晓娟，刘海燕，顾继锐，等. 雨生红球藻在水产养殖中的应用 [J]. 中国饲料，2015（19）：27-29.

方米，年均产雨生红球藻粉 800 多吨，年均产值 10 亿多元。雨生红球藻养殖加工企业主要聚集于云南，生产规模占全国总体生产规模的 75%。云南云彩金可生物技术有限公司（国内植物提取药生产大型企业北京绿色金可生物技术股份有限公司设立）、云南爱尔发生物技术股份有限公司、云南绿 A 生物工程有限公司、昆明白鸥微藻技术有限公司等都是云南雨生红球藻生产加工的重要企业。

（三）虾青素市场

当前，可通过 3 种来源获取虾青素。一是化学合成虾青素；二是通过红法夫酵母（Phaffia Rhodozyma）生物合成虾青素；三是通过雨生红球藻生物合成虾青素。化学合成虾青素可采取全合成法与半合成法，前者以化工原料为原材料，采用 $C9 + C6 \to C15$、$2C15 + C10 \to C40$ 路线进行合成，代表企业是霍夫曼罗氏公司、巴斯夫公司；后者以角黄质、叶黄素、玉米黄质等类胡萝卜素为原料进行制备。化学合成的虾青素纯度比较高，但产品大多数为顺式结构，不能在动物体内转化成天然的反式结构。因此，如果是动物食用化学合成的虾青素生物不但利用度较低，而且着色能力较低，并存在诸多安全隐患。由此，化学合成虾青素仅能作为工业染料，不能在食品、医药领域中使用。红法夫酵母与雨生红球藻是规模化生产天然虾青素的主要途径。红法夫酵母生物合成虾青素在提取加工过程中存在污染物的残留、浓缩等系列问题，故通过雨生红球藻生物合成虾青素不但产量高，而且能较好解决污染物的残留、浓缩等系列问题。

与德国、法国、以色列等发达国家相比，我国虾青素市场成熟较晚。德丰利达虾青素项目（山东威海利达生物科技有限公司承担）对中国虾青素市场的带动非常明显，市场需求被快速带动起来。山东威海利达生物科技有限公司已成功开发"红法夫酵母"、虾青素饲料添加剂、"利达虾青素"虾青素保健食品等产品。2022 年中国虾青素行业市场规模为 1525.60 亿元，年复合增长率 9% 左右。据新思界发布的《2019—2023 年中国虾青素产品市场分析可行性研究报告》数据显示，全球虾青素市场集中度非常高，2018 年，荷兰皇家帝斯曼集团[①]（Royal DSM）、山东威海利达生物科技有限公司、日本 KLChemical 公司的虾青素总产量占全球市场份额的 82.51%。其中，中国威海利达生物科技的虾青素（采用红发夫酵母）产品市场份额从 2017 年的 0 跃升为 2018 年的 52%，虾青素市场的领导者日本 KI Chemical 公司的市场份额则从 2017 年的 43% 迅速降到 2018 年的 20%。随着云南爱尔发生物技术股份有限公司的进入，虾青素市场再次发生剧烈变动。现云南爱尔发生物技术股份有限公司已成为全球优质虾青素供应商。全球雨生红球藻粉年均产量为 1000 吨左右，主要市场为健康食品、宠物市场、水产养殖市场（占 10%）。云南爱尔发生物技术股份有限公司每年雨生红球藻粉的产量为 300 吨以上，

---

① 荷兰皇家帝斯曼集团是一家国际性的营养保健品、化工原料和医药集团，其致力于通过创新产品与服务帮助人们提高生活质量，为营造更加健康愉悦、具有可持续性的生活和工作方式做出积极贡献；通过"3P"原则：People（人）、Planet（地球）和 Profit（利润）推动可持续发展。

约占全球雨生红球藻粉产量的30%。

随着膳食结构的高端化与居民消费水平的提高，我国水产养殖业2022年的产量为5630万吨，年复合增长率达2.18%，预计市场将进一步增长。根据联合国粮农组织（FAO）的数据显示，1959—2020年，亚洲水产养殖产量比重从80%增至90%以上。将虾青素添加到水产饲料中，不但能增加水产动物的色泽，而且能提高水产动物的繁殖力、免疫力与存活率。虾青素作为家禽饲料添加剂，不但能提高母鸡健康水平、加深蛋黄的颜色，而且能提高产蛋量和孵化率、防止沙门氏杆菌的感染、延长蛋品货架期。云南爱尔发生物技术股份有限公司科研团队合作研究的"雨生红球藻制品在水产饲料中的应用技术转让和研发项目"，已突破雨生红球藻及其制品在虾、蟹、三文鱼饲料上利用的技术瓶颈，有望实现雨生红球藻及其制品在水产养殖市场的产业化大规模应用。

（四）微藻产业中的云南

通过30多年的共同努力，云南省以螺旋藻（产业规模比重为24.5%，居全国第二位）、雨生红球藻（产业规模比重为75%，居全国之首）、小球藻为主体的微藻产业，已成为我国乃至世界范围内微藻产业的重要聚集区、云南大健康产业和世界一流"绿色食品牌"的一张亮丽名片与高原特色现代农业创新发展的华美篇章。云南依托丽江程海湖独特的碱性水资源条件，聚集了绿A、程海保尔等一批螺旋藻领军龙头企业，螺旋藻粉及其制品年产量接近3000吨。当前，我国雨生红球藻养殖企业超过20家，总养殖面积超过100万平方米，年产雨生红球藻粉800吨，年产值超过10亿元，产地主要集中在云南省滇中地区，生产规模占全国75%以上。小球藻产业分布较为分散，主要集中在我国华东的江西省及台湾地区，分别占43.1%和21.6%，初步形成以江西、内蒙古、广东、福建、山东等省（区）为主的分布格局。近年来，以云南保山藻业科技健康科技公司为代表的公司也相继开展了小球藻产业化开发应用，逐步形成后来居上的发展态势。

二、爱尔发生物：全产业链绿色优质虾青素供应商

雨生红球藻对虾青素的积累量最高可达到细胞干重的4%，是所有藻类中最高的。红发夫酵母、雨生红球藻中的虾青素含量分别为0.15%、3.0%，显然后者远高于前者。雨生红球藻中的虾青素含量是鲑鱼肉中的1000~4000倍，而且雨生红球藻所含虾青素及其酯类的配比（单酯、双酯、游离虾青素比例分别为70%、25%、5%）与水产养殖动物自身配比非常接近，这是通过化学合成、利用红发夫酵母等提取的虾青素难以达到的。当前，雨生红球藻被公认为自然界中提取天然虾青素的最好生物。

2007年，云南爱尔发生物技术股份有限公司（以下简称"爱尔发生物"）创建于云南，是一家致力于人类健康产业发展，从事雨生红球藻细胞工程培养、加工、销售为一体的高新技术企业和省级重点龙头农业企业。2015年11月，爱尔发生物在新三板成功挂牌上市。爱尔发生物是全球少有的掌握两种技术（跑道式培养池、管道式生物反应

器）生产雨生红球藻的水产行业百强企业，在国内首创利用荒山资源产业化生产雨生红球藻的新型模式。先后与中国科学院海洋研究所、上海海洋大学、澳大利亚联邦科学与工业组织等科研院所开展联合研发，形成了一支由院士、教授、博士和企业技术骨干组成的联合研究团队；先后建成红球藻种质培育与虾青素制品开发国家地方联合工程研究中心、侯保荣院士工作站、云南省雨生红球藻工程研究中心、云南省企业技术中心4个创新型平台。从而使公司从原料制造延伸到高附加值的终端品制造，形成一个完整的产业链。产品已远销到欧盟、美国、澳大利亚、新西兰等20多个发达国家与地区。自云南制订"努力成为生态文明建设排头兵"的战略定位，提出打造世界一流绿色能源、绿色食品、健康生活目的地"三张牌"战略以来，爱尔发生物已连续4年获云南省绿色食品"20佳创新企业"称号。

（一）荒山资源化利用

中国人均耕地面积为0.097公顷（约1.5亩），世界人均耕地面积为0.206公顷（约3.1亩），中国人均耕地面积仅为世界人均耕地面积的40%，中国人均耕地面积在195个国家中排名第118名。显然，虽然有960多万平方千米的领土，中国人均可耕地面积却非常少。据《全国土地利用总体规划纲要（2006—2020年）》，其核心是确保18亿亩（0.12亿公顷）耕地红线。第三次全国国土调查结果显示，当前我国耕地总面积为19.18亿亩（0.128亿公顷），总体上实现《全国土地利用总体规划纲要（2006—2020年）》的核心目标。

据《云南省高标准农田建设规划（2021—2030年）》相关数据核算，云南人均耕地面积为1.72亩（0.115亿公顷），其中高标准农田面积仅为2453万亩（164万公顷）（占耕地面积的30.31%），人均高标准农田面积仅为0.52亩（0.347公顷），全国排名第14名；同时，从耕地类型看，旱地、水田、水浇地的面积分别为6338.12万亩（423万公顷）（占78.31%）、1487.11万亩（99.1万公顷）（占18.38%）、268.09万亩（17.9万公顷）（占3.31%）；从耕地分布情况看，曲靖市、文山州、红河州、昭通市、普洱市5个州（市）的耕地面积占全省耕地面积的54%；从坡度等级看，25°以下、25°以上的耕地面积分别为6584.4万亩（439万公顷）（占81.36%）、1508.92万亩（101万公顷）（占18.64%），其中坡度6°以下的耕地面积仅为1864.81万亩（124万公顷）（占23.04%）。显然，云南人均耕地面积较低，以旱地为主，耕地分布不均衡，平地及缓坡耕地面积较少。

与许多企业采取租用或征用耕地建设生产基地的方式不同，爱尔发生物目前1000多亩（超过66.67公顷）的雨生红球藻生产基地是利用楚雄市子午镇法邑村委会的荒山资源建设而成，这一前瞻性的发展理念，让这块荒山成为发展高科技生物产业的宝地。爱尔发生物选择的荒山面积为400多亩（超过26.67公顷），该地地质为不能进行农业耕作的羊肝石土壤，土壤呈褐红色，只有非常稀疏的草本和小灌木生长，晴天土层颗粒细小、干燥，风起扬尘严重，雨后土壤颗粒吸水膨胀化成泥土，并因雨水冲刷造成严重的水土流失，长期作用导致地表沟壑纵横，为典型的荒山野岭。通过工程措施将荒山野岭改造成多级梯度平台，在山谷低位建水井，并将水提升到山顶建造的储水池中，完成培养液配制和消毒处理后，利用不同类型和大小的生物反应器培养微藻，微藻培养后的水体排放到山谷围建的蓄水池塘中，蓄水池塘同时回收降雨回补井水。利用长期水土流失严重、非传统农业耕作、不能发展林业的荒山野岭等荒芜土地资源，同时构建水循环利用的生态栽培模式，创建了微藻资源开发新产业，开展规模化细胞工程培养单细胞微藻，生产人类社会大量需要的生物能源、生物蛋白和高附加值的生物活性物质等产品。2013年10月，爱尔发生物申请的"利用荒山资源培养微藻的方法"发明专利获国家知识产权局授权。2015年3月，爱尔发生物申请的"利用荒山资源培养微藻及产业化推广"项目获"楚雄州人民政府科学技术进步奖"。

（二）雨生红球藻——二氧化碳的生态"捕快"

雨生红球藻（Haematococcus Pluvialis）作为一种古老的低等植物，可通过光合作用吸收二氧化碳（CO_2）[1]。陈佳妮、林丽春、徐年军（2016）[2]等实证研究表明：两种不同CO_2浓度对雨生红球藻生长和相关生理生化指标有影响：在雨生红球藻的绿色营养阶段，CO_2高浓度下培养的藻细胞密度是CO_2低浓度下的3.08倍。与CO_2低浓度组相比，CO_2高浓度组培养藻的叶绿素和类胡萝卜素含量、胞外碳酸酐酶（CA）活性降低，非光化学淬灭（NPQ）显著升高，最大光能转化效率（Fv/Fm）、实际光化学量子效率（$\Phi PSII$）多显著升高，而光化学淬灭（qP）、核酮糖-1，5-二磷酸羧化酶/加氧酶（Rubisco）活性基本无显著差异。在雨生红球藻的红色孢子阶段，CO_2高浓度培养下的藻细胞密度显著降低，但虾青素含量提高了20.23%。超微结构研究表明较高的CO_2浓度能促进雨生红球藻的蛋白核发育，但包裹蛋白核的淀粉鞘结构会变得更薄。据统计，每培养1吨雨生红球藻液可消耗二氧化碳约2吨，碳减排作用及其明显。雨生红球藻产业不仅具有较大的经济效益，还有较强的生态效益。2021年，爱尔发生物年消耗液态二氧化碳1000吨。到2025年，预计每年可消耗液态二氧化碳2500吨。

（三）水资源循环系统

当前，工业用水需求量日益增加，而工业废水排放造成的生态问题日趋严峻。推进

---

[1] 食品级二氧化碳的国家标准是《食品安全国家标准 食品添加剂 二氧化碳》（GB 1886.288—2016）。该标准规定了食品级二氧化碳的名称、分类、性状、质量指标、包装、标签等方面的要求。食品级二氧化碳的纯度要求在99.9%以上，微生物限量标准为每立方米不得超过10个单位，重金属限量标准为：铅不得超过0.5mg/kg，砷不得超过3mg/kg，汞不得超过1mg/kg，镉不得超过1mg/kg。食品级二氧化碳主要用于饮料领域、烟丝膨化、超临界萃取、蔬菜食品保鲜、电子工业等领域。爱尔发生物使用的是食品级液体二氧化碳。

[2] 陈佳妮，林丽春，徐年军，等.CO_2浓度对雨生红球藻生理生化指标的影响[J].生物技术通报，2018（1）：239-246.

循环用水（Circulating Wateruse），不但能破解工业用水短缺与工业废水排放造成的生态污染，而且还能实现经济社会的可持续发展。《工业废水循环利用实施方案》[①]明确提出：到2025年规模以上工业（年主营业务收入在2000万元以上的）用水重复利用率达到94%左右，万元工业增加值用水量较2020年下降16%。这是工业企业挖潜降耗、降本增效的机会，但也是一个世界性的难题。循环用水是由工厂、车间或工段的给水、排水系统组成的闭路循环的用水系统。爱尔发生物选择在相邻山的中间即山谷位置，地势最低的区域建坝，形成一个蓄水池塘，储水量维持在1000~1500吨。建立起水处理设施，对生产废水进行处理后用泵将水输送到在地势最高的山顶5个人工储水池中。在储水池下方15米处，建造雨生红球藻藻种培养车间，使处理过的水直接借助重力自然流到使用部门。换言之，企业整个雨生红球藻养殖生产系统有效地利用了荒山的自然坡度，利用水往低处流的自然规律，让培养液体根据生产过程的需要通过管道自然流淌到下一级工序，进行生产或收获培养藻细胞，降低了生产过程对泵体和电力的依赖；利用荒山的自然坡度建立的光生物反应器采用并联与地面平行方式不但可以实现2~3组共用一台动力泵来为藻液循环提供动力，还有利于生物反应器通风降温减少了夏秋季降温喷淋水的使用，降低了生产过程对泵体和电力的依赖；光生物反应器通过在线自动清洗技术的应用来达到藻液在循环过程中自动进行清洗的目的，从而使整个光生物反应器清洗过程中不消耗任何动力。通过上述节能措施的实施，公司的能耗降低到其他公司的60%，不但节约了生产用水，实现了废水零排放的要求，而且节约了电力。

（四）全方位认证共促高品质产品

随着绿色消费或生态消费市场的形成、环境或生态成本的内在化要求，以及国际贸易的竞争加剧，构建绿色贸易壁垒已成为各国谋求经济社会利益与发展的重要策略与制胜武器。发达国家基于自身先进的生产能力与技术优势，以保护生态环境与人类及动植物安全为借口，通过立法手段制定了严格的技术标准，以限制达不到技术标准的国外产品进入本国市场。鉴于我国多数企业在产品的生产与加工的方法、包装储运、组成成分及性能等存在诸多不利于生态保护的因素，绿色贸易壁垒对我国农产品与食品企业的对外贸易产生了诸多不利影响。为打开国际市场，塑造产品知名度，爱尔发生物紧盯美国、以色列、欧盟等发达国家或地区市场，持续提高产品的技术水平与企业管理水平，先后申请通过具有较高含金量的国际和国内认证。

1. ISO9001国际质量管理体系认证

ISO9001是国际标准化组织（ISO）颁布的在全世界范围内通用的质量管理体系，是企业成长与发展的根本。2004年，国际标准化组织调查认为：ISO9001、ISO14001已经与世界经济"完全融合"。在通过认证的国家中，中国通过认证的企业数量位居全

---

① 工信部：到2025年力争规模以上工业用水重复利用率达到94%左右[EB/OL].（2023-01-11）[2023-03-12]http://www.chinapower.com.cn/jnhb/zhxw/20230111/183451.html.

球第一，中国已成为真正的质量管理体系认证大国[①]。爱尔发生物在2010年8月11日通过ISO9001国际质量管理体系认证。通过认证不但强化和进一步稳定了企业产品质量与技术水平，而且规避了对外贸易中的技术壁垒，提高了产品核心竞争力。

2. ISO22000食品安全管理体系认证

ISO22000是国际标准化组织发布的一种食品安全管理体系。申请ISO22000认证需要内审、第二方审核、第三方审核。ISO22000通过引入"从农场到餐桌"的全程控制理念，以"GMP即良好操作规范"为基础，以"危害分析和关键控制点HACCP体系"为核心内容，融入"PDCA循环"的持续改进模式的基本思路，通过"预控方式"，实现"洁净的环境、卫生的操作方式"，获得清洁卫生食品，确保食品安全。爱尔发生物在2015年7月20日通过ISO22000食品安全管理体系认证。

3. 美国国家卫生基金会膳食补充剂cGMP认证

美国国家卫生基金会（National Sanitation Foundation，NSF）的膳食补充剂cGMP（动态药品生产管理规范，Current Good Manufacture Practices）认证是NSF开发的美国唯一的膳食补充剂标准——NSF/ANSI 173，以此标准为基础的NSF膳食补充剂认证，通过美国食品药品监督管理局（Food and Drug Administration，FDA）的cGMP符合性审核和严格的产品测试，为消费者和公共卫生从业人员提供了辨识可靠及高品质产品的方法。膳食补充剂cGMP认证是贯穿产品生产全过程（种植、采摘、生产、加工、包装、物流和营销）的食品质量保证体系，确保工厂按要求始终如一地生产质量合格的产品。由FDA制定，受到美、欧、日政府与行业的共同认可，帮助企业打开新市场。爱尔发生物在2016年12月29日通过NSF膳食补充剂cGMP认证。

4. 美国国家有机项目有机食品认证

美国农业部（USDA）国家有机计划（National Organic Program，NOP）负责制定在美国国内生产或出口到美国的有机农产品相关法规。《有机食品生产法》（*Organic Foods Production Act*, OFPA）于2002年实施。《有机食品生产法》认证的产品范围包括：①农作物（Crops）。种植后可收获作为食物、牲畜饲料、纤维或用于增加田地营养的植物。申请认证主体是农场、蔬菜种植园等。②牲畜（Livestock）。可供食用或用于生产食物、纤维或饲料的动物。申请认证主体是畜牧场、家禽养殖场等。③加工产品（Processed products）。经过处理和包装的物品（如苹果）或组合、加工和包装的物品（如汤）。申请认证的主体是各种食品制造厂、食品加工厂等。④野生作物（Wild crops）。来自非耕种的生长地的植物，如野生菌、野花等。根据《有机食品生产法》的标准要求，企业必须将文化、生物和机械实践结合起来，促进资源循环，促进生态平衡，保护生物多样性。爱尔发生物在2016年8月15日通过NOP有机食品认证。

---

① 截至2022年12月1日，中国管理体系证书保有量为1790317张，其中质量管理体系为813976张，环境管理体系为412388张，职业健康安全管理体系为365819张，食品农产品管理体系为49592张，信息安全、信息技术服务管理体系分别为33600张、17036张，产品认证证书保有量为1493463张，服务认证证书保有量为59963张。

5. 清真洁食认证

全球80多亿人口中，有近1/4的穆斯林人口，由此形成了一个庞大的清真产品市场。清真饮食要求善待动物、保护环境、禁止不正当商业行为等。清真对食品的要求，逐渐演化为一种有益于身心健康的生活方式。据估计，清真食品每年以15%的速度增长。清真洁食认证（Halal），是指按照伊斯兰教规对医药、精细化工、食品、辅料、添加剂等进行认证，通过此项认证的条件是生产操作过程要完全符合穆斯林信奉的教义。清真洁食认证是产品销往伊斯兰国家或穆斯林居住地区的必备认证之一。爱尔发生物在2014年1月31日通过清真洁食认证。

6. 犹太洁食认证

犹太洁食认证（Kasher）是指按照犹太教规对食品及配料、食品添加剂、食品包装、精细化工、药品、机械生产企业等进行认证。《膳食法令》是犹太教饮食文化的具体要求。依据该法令，饮食必须遵守"五不食""一遵从""一禁止"。"五不食"是指动物血液、自死动物、牛羊后部的某些筋腱，以及猪、兔、马、驼、龟、蛇、虾、贝、有翅且四足爬行的昆虫、跳鼠、凶禽猛兽等不能吃。同时，一顿饭中肉品、奶品不能同时食用。"一遵从"是指烹调必须遵从"特里法"，即食材通过犹太洁食的认证。"一禁止"是指犹太教安息日期间不可以生火做饭。犹太食品市场中，严守饮食法规的犹太人、穆斯林或者"安息日"信徒仅占45%，其他消费者为55%。在美国市场，超过2/3的犹太食品消费者不是犹太人。犹太食品市场以每年15%的速度增长，市场规模已达1500亿美元。犹太洁食认证已成为进入美国、欧盟以及部分东南亚国家食品市场的必备条件。在部分国家若没有通过犹太洁食认证，产品将无法得到认可，如美国市场上的柠檬酸。爱尔发生物在2017年12月15日通过犹太洁食认证。

7. 国家生态原产地保护产品认证

绿色环境标志是指依据有关的环境法律或标志，由政府或政府授权的认证机构检测、确认，并颁发认证标志与证书，表明该产品不但符合质量标准，而且在生产、处理、使用过程中符合环保要求，对生态环境和人类健康及动植物没有伤害。绿色环境标志由联邦德国1978年率先使用，并推出"蓝色天使"生态标签计划。当前有50多个国家或地区实行了绿色环境标志制度，认证的产品范围越来越广。普华永道调查表明，产品一旦被贴上绿色标志，消费者购买倾向将更加显著。受访者表示，若巧克力、牛奶、鸡胸肉、咖啡为"有机"或"绿色"产品，其愿意承担高出"无绿色标签同类产品"价格的60%、56%、52%、38%。当前，绿色环境标志已成为击破绿色贸易壁垒、提高产品技术标准、构建生态友好产品品牌形象的有效制度的制胜法宝。当前，我国绿色或有机食品市场规模已超过1000亿元，并以每年8.53%的速度增长。

生态原产地保护产品（Protected Eco-origin Product by China，PEOP）是我国绿色环境标志制度之一，是由国家市场监督管理总局发起的一项产品保护项目，旨在通过完善的保护机制和原产地溯源管理制度，培育符合绿色环保、低碳节能、资源节约要求并具有原产地特征和特性的良好生态型产品。生态原产地产品保护制度是国家大力推进生态文明建设的具体体现,是全面落实"五位一体"(经济建设、政治建设、文化建设、社会建设和生态文明建设)总体布局的具体措施。爱尔发生物在 2015 年 1 月 26 日通过国家生态原产地保护产品认证。

8. 欧盟 Novel Food 认证

非传统性/新颖性食品(Non-traditional/Novel Food)是指属于欧洲外特定民族食用的传统食品或利用新技术发现、推广或新制成的食品。在我国称为新资源食品。在欧盟市场必须通过 Novel Food 认证方可上市。在我国必须依据《新资源食品管理办法》,获得国家卫生健康委员会许可方可上市销售。当前,大溪地诺丽饮料有限公司是取得欧盟 Novel Food 认证最多的公司,如大溪地 noni 果浆、大溪地 noni 浓缩果汁等。爱尔发生物雨生红球藻,2010 年通过国家卫生健康委员会(原卫生部)新资源食品的批准,2019 年通过欧盟 Novel Food 认证。

【参考文献】

[1] 陈佳妮. 不同 CO_2 浓度对雨生红球藻生理生化、转录和代谢水平的影响 [D]. 宁波:宁波大学,2016.

[2] 边向阳. 2018 年全球虾青素市场格局发生巨变 [EB/OL].(2019-05-31)[2021-12-19].http://www.newsijie.com/chanye/huagong/jujiao/2019/0531/11248194.html.

[3] 爱尔发藻源虾青素. 不与农民争地争水!云南爱尔发公司助力国家严守耕地红线受好评 [EB/OL].(2020-11-06)[2021-12-19].https://baijiahao.baidu.com/s?id=1682570799768038107&wfr=spider&for=pc.

【思考题】

1. 当前,爱尔发生物市场主要为 B(business, 企业用户商家)端(水产饲料),下一步向 C(consumer, 终端用户或消费者)端(面膜、食品等)发展,请问其面临最大的挑战是什么?应如何应对?

2. 爱尔发生物如何在终端塑造绿色或有机食品的卓越形象?

【深度链接】

可持续发展的绿 A

云南绿 A 生物工程有限公司(以下简称"绿 A")是一家专业从事生物健康品研发、生产、销售为一体的高科技企业(中外合资)。其秉承"以民众的健康为己任"的企业理念,坚持"创新、契约、发展"的企业文化,经过 15 年的发展,绿 A 已成为中国微藻的垂范企业，并与日本富士化工株式会社和美国Cyanotech（西亚诺泰克）并称世界螺旋藻"三巨头"。在绿色发展理念与实践不断深化的时代，绿A继续绿色、创新发展，继2018年获评云南省绿色食品牌"20佳创新企业"之后，2022年再获云南省"十大名品"荣誉。

全球3万个湖泊中，只有墨西哥的Texcoco湖、非洲的乍得湖，亚洲的程海湖能生长天然螺旋藻。中国云南丽江程海湖位于东经100.8°、北纬26.71°，其为"黄金分割点"区域的湖水为重碳酸钠镁型水，矿化度9.1，pH 9~9.3，浮游动植物十分丰富，为富营养型区域。每年清明节令前后，"黄金分割点"区域会由清澈而变成蓝绿，并散发出特殊的香味，俗称"香水面"，这是天然螺旋藻类一种特殊的聚生，名为"水华"。经过中国科学院武汉水生生物研究所科学测试证实：东经100.8°、北纬26.71°附近的程海区域更适合生产优质的钝顶螺旋藻。绿A基地位于云南丽江程海湖，面积约45公顷，是目前国内较大的天然螺旋藻基地，总投资4.8亿元。其碱性水质和方圆200千米无重工业的自然生态环境为绿色、高纯品质的螺旋藻培育营造了坚实的基础。

绿A基地采用生物技术及水处理工艺，建立了螺旋藻大规模工厂化生产的洁净生产系统，使螺旋藻养殖培养基能够再生循环使用，废水封闭循环使用、零排放。

2012年绿A新建1000平方米螺旋藻检测中心，该检测中心成为国家重点实验室，也是亚洲较大的螺旋藻检测中心。为提供全球优质、安全的天然螺旋藻保驾护航。

绿A采用产学研模式，与武汉植物研究所李夜光教授等深度合作，先后进入国家科委"七五""八五"科技攻关项目和"火炬计划"项目，至今绿A的藻种库有上百种优质藻种净株。绿A生物产业园以"全球较大微藻生产基地"为目标定位，已建成为丽江螺旋藻产业的技术示范和环保示范产业园区。同时，绿A原料基地、深加工厂均通过GMP认证。

2011年2月绿A获有机转换产品认证，绿A天然螺旋藻精片认证为有机食品，证书编号为OGA1151100007R00M。2011年4月绿A高端产品红A通过国家181项激素检测，证明产品不含任何国家及国际要求禁止的违禁成分，也就是不含有任何激素。2020年绿A被农业农村部评为"最美绿色食品企业"。

同时，以绿A"微藻透明工厂"、保尔生物科技公司微藻养殖基地和程海微藻康养小镇为载体，丽江程海湖区正在成为云南省大滇西旅游环线上的生物产业特色旅游景区。

【参考文献】

[1] 云南绿A生物工程有限公司.螺旋藻产业从这里起步[EB/OL].[2022-10-19].http://www.greena.com.cn/list/front.article.articleList/30/44/1490.html.

【思考题】

随着国家政策、行业法规、标准建设等逐步出台与落地，保健品行业的监管日趋严格。同时，医保个人账户的萎缩以及支付限制，进一步降低消费者在药店渠道购买保健品的频次，部分地区还出现限制非药品类上架等情况，药店终端保健品市场规模呈现逐年下滑的态势。疫情进一步激发了网购热潮，保健品线上销售的增速十分可观。请问以线下药店渠道为主的绿A，如何进行绿色营销？

第四章

食用菌：天然绿色保健产品

一、食用菌行业概况

著名农业专家包建中研究员提出了绿色农业、白色农业、蓝色农业的"三色农业"。以水、土为基础的植物种植业为绿色农业;蓝色海洋的水生农业为蓝色农业;白色农业则指微生物资源产业化的工业型新农业,包括高科技生物工程的"发酵工程""酶工程"。从生产方式看,绿色农业生产方式为向"光"(阳光)要粮、向地要粮,白色农业生产方式则是向"草"(秸秆)要粮、向废弃物要粮。从价值看,白色农业将绿色农业的"人畜共粮"调适为"人畜分粮",缓解了白色农业中的人畜争粮矛盾,实现了资源的循环综合利用,确保了环保低碳的生态型发展。

白色农业主要为微生物饲料(蛋白饲料、秸秆饲料等)、微生物肥料(光合细菌肥料、微生物生长调节剂等)、微生物食品(食用菌、酸奶、酸泡菜、豆腐乳等)、微生物农药(真菌、昆虫病毒等构成的杀虫剂、杀菌剂等)、微生物能源(沼气)、微生物环境保护剂(微生物除臭剂)。食用菌[①]则属于白色农业中的微生物食品。

食用菌行业,狭义是指食用菌采集、培育、种植业。广义上包括以食用菌为生产对象的食用菌种植业、食用菌加工业、食用菌流通贸易等系列产业。

真菌(Fungi)是一种有真核的、产孢的、无叶绿体的真核生物。蕈菌是有菌丝、子实体、孢子的可供动物食用的大型真菌。顶部的菌伞(包括角质层、菌肉和菌褶)、中部的菌柄(常有菌环和菌托)和基部的菌丝体(分为初生、二生和三生菌丝三个发育阶段)共同组成蕈菌的子实体。据统计,全球已发现超过 25 万种的真菌,其中大型真菌 1 万多种,可食用的有 2000 多种(中国有 1500 种)。可食用的大型真菌天已鉴定的食用菌有 981 种,其中已经驯化 92 种,70 多种已人工栽培成功,能大面积人工栽培的仅有 40~50 种。香菇、平菇、木耳、银耳、猴头菇、竹荪、松茸、灵芝、虫草、松露、百灵、牛肝菌、羊肚菌、马鞍菌等是常见食用菌。

(一)食用菌是绿色健康食品,未来成长空间广阔

食用菌是继植物性食品、动物性食品之后发现与驯化的第三类食物。食用菌的典型特征为高蛋白(平均达 4%)、低脂肪(仅占干品质量的 0.2%~7.1%)、低糖、低盐、低热量,并含有人体必需的 8 种氨基酸、14 种维生素、糖类、脂类、矿物质元素(包括钾、磷、钠、钙、镁、锰、硒等)等营养成分。食用菌 B 族维生素含量高于肉类,蛋白质和氨基酸含量是一般水果蔬菜的几倍到几十倍,脂肪含量较低,且其中 74%~83%

---

① 中国工程院院士、全国脱贫攻坚楷模李玉认为,食用菌产业具有不与人争粮、不与粮争地、不与地争肥、不与农争时、不与其他产业争资源的"五不争"特性,下一步将在乡村振兴过程中发挥更大作用。发展食用菌产业可总结为三句话:一是实现农业废弃物的资源化;二是推进循环经济发展;三是支撑国家粮食(食物)安全。

是对人体健康有益的不饱和脂肪酸[①]。科学研究表明，食用菌中的糖类具有可抗氧化、抑制癌细胞繁殖、降血压、健胃保肝、调节人体免疫等功效。

世界卫生组织与世界粮农组织将食用菌类列为健康饮食必不可少的成分，认为"一荤一素一菌"是人类最佳饮食结构。我国既是全球食用菌生产大国，又是食用菌消费大国。据中国食用菌协会统计，2021年、2022年我国食用菌总产量分别为4160.55万吨、4432.5万吨。随着人们健康饮食意识的不断提升，食用菌工厂化比例（2021年为10.32%，但发达国家工厂化比例高达90%）不断提高，食用菌的产量将继续快速增长。2021年，国内每人食用菌日均消费量约100克（湿品）左右，与营养学家建议的250克仍有较大差距。可以预计在科学饮食、健康消费的趋势下，我国食用菌行业未来发展空间将十分广阔。

（二）市场规模较大

生态恶化、肉制品带来的系列病痛等越来越受人们关注，全球逐渐兴起一个庞大的素食市场。据调查，美国"Z世代"65%的消费者实行"偏向素食"的饮食结构，44%的消费者认为素食是更新颖或新潮的消费行为。在中国，近五年素食市场年均增长率高达17%，消费人群达1.7亿，这一趋势仍在继续。以印度、以色列等为代表的国家，素食人口比例分别高达38%、13%，全球近8亿人口为素食消费者。而食用菌占素食市场比例最大。《纽约时报》按照"高度共享"原则将蘑菇命名为2022年美国"年度食材"。MSNBC[②]（微软全国广播）将蘑菇命名为2022年的"健康食品"。自2018年以来，食用菌已连续四年被"国际食品行业趋势观察者"评为顶级趋势。知名欧美美食食谱网将食用菌评为"2022年最值得关注的12种趋势之一"。据统计，2022年全球食用菌市场规模为551.8亿美元，预计从2022年到2030年食用菌市场规模的年复合增长率为9.7%。食用菌不但可以作为日常食材，还可以深加工为菌菇调味粉、植物肉、功能性产品等新颖产品。显然，食用菌逐渐成为全球性的趋势食品。

中国是食用菌消费量最大的国家，98%的食用菌均被国内消费，一方面，因为中国人多，自古以来就有采食菌菇的饮食习惯。浙江余姚河姆渡遗址发掘出菌类遗存物（距今6000多年）。据说商朝已采食猴头菇（距今3000多年）。《列子》中记载："朽壤之上有菌芝者。"《齐民要术·素食篇》中提到烹制菌类菜的方法。清代皇家郡主德龄所著的《御香飘缈录》详细记述了炖、炒猴头菇的烹制方法。另一方面，1978年以后，随着农村人口向城市转移，主要以从西部、北部向东部、东南部迁移，人们的饮食习惯

---

① 除饱和脂肪酸以外的脂肪酸（不含双键的脂肪酸称为饱和脂肪酸，所有的动物油的主要脂肪酸都是饱和脂肪酸，鱼油除外）就是不饱和脂肪酸。不饱和脂肪酸是构成体内脂肪的一种脂肪酸，是人体不可缺少的。

② MSNBC由美国全国广播公司（NBC）和微软公司联合开办，使得受众既可以在家通过电视机收看有线电视的MSNBC节目，也可以通过电脑上网获取在线MSNBC的信息。

随之迁移，同时，饮食文化的大交融使得人们的饮食消费习惯逐渐改变。如火锅，原本是四川、重庆等带有地域特征的饮食方式，现在已经全国普及，成为现代人一种方便快捷的饮食习惯，而金针菇等食用菌则是火锅食材的重要组成部分。

（三）品种集中度较高，新产品开发地处蓝海

食用菌行业产品集中度较高，香菇、平菇、黑木耳三大品种占年产总量的60%左右，香菇、平菇、黑木耳、金针菇、双孢菇、毛木耳、杏鲍菇七大品种占年总产量的84%左右，年产量均超过100万吨。近年来双孢菇、毛木耳增速较高，香菇、平菇、黑木耳、杏鲍菇产量稳中有增。从5家A股上市的食用菌企业来看，产品主要集中在前七大品种，如天水众兴菌业科技股份有限公司主要生产双孢菇、金针菇等，上海雪榕生物科技股份有限公司主要生产金针菇、蟹味菇、白玉菇、海鲜菇、杏鲍菇等，武汉如意情生物科技股份有限公司主要生产金针菇、鹿茸菇等，江苏华绿生物科技股份有限公司主要生产金针菇、茶树菇、海鲜菇等，福建万辰生物科技股份有限公司主要生产金针菇、蟹味菇、白玉菇、海鲜菇等。在未来3~5年内有希望上市的食用菌企业品种主要还是集中在金针菇、蟹味菇、海鲜菇等工厂化生产成熟的品种，代表企业如福建神农菇业股份有限公司、江苏裕灌现代农业科技有限公司、山东七河生物科技股份有限公司等。

除主要品种外的新产品开发地处蓝海，行业有望迎来新的增长点。可食用的大型真菌中已鉴定的食用菌有981种，其中已经驯化92种，70多种已人工栽培成功，但能大面积人工栽培的仅有40~50种，商品化成功的仅10余种。显然，新产品开发的空间较大。特别是随着消费市场的转型升级，种类细分、口味细分、年龄细分等不断细化，小众化消费将成为食用菌行业新的增长点。如"菌类之冠"的鸡枞[①]、"菌中皇后"的竹荪、"菌中钻石"的猪拱菌（松露）。

（四）上游供给量增价减，下游消费有力支撑

食用菌作为白色农业，产业链上游为农作物种植业，主要以阔叶树木屑、玉米轴、米糠、玉米芯、麸皮、秸秆、棉秆、牛马粪、鸡粪等作为原材料。金针菇主要原材料为米糠、玉米芯等，平菇、香菇以棉籽壳、阔叶树木屑、玉米轴、麸皮、米糠为主要原料，鸡枞的主要原材料为木屑（75%）、石膏（1.5%）、麦麸（20%）等。原材料在食用菌种植成本中所占的比例较高，一般为35%~50%。农作物、林业生产等的废弃物再次利用不但实现了农作物资源的循环利用，还有利于生态保护。食用菌下游行业为餐饮业，消费者市场与组织市场是需求端的有力支撑。食用菌产品主要由酒店、饭店、食堂、餐馆等销售给消费者，以及通过农贸市场、便利店、超市等销往千家万户，少部分则经深加工（如猴头菇饼干、松露酒、松露月饼等）后出售给各类消费者。

---

① 中国科学院西双版纳热带植物园文平博士已掌握了白蚁与鸡枞菌共生巢的种苗培育技术和出菇管理技术，实现了鸡枞菌大规模全野生种植，已在云南楚雄州南华县雨露乡进行规模化种植。

食用菌行业需求的驱动因素主要有两点。

第一，餐饮业将持续增长。据中国连锁经营协会发布的《2022年中国连锁餐饮行业报告》报告显示，中国餐饮市场年复合增长率达10.1%，市场规模从2014年的2.9万亿元增长至2019年的4.7万亿元。2020—2021年受疫情影响，餐饮市场规模下滑为4.0万亿元。随着疫情防控常态化，消费出现报复性增长，2023年市场规模已恢复至4.7万亿元。随着疫情全面解封，经济全面复活，预计2025年中国餐饮行业规模有望增至7.6万亿元，并还将持续上涨。

第二，绿色消费升级支持需求增长。《促进绿色消费实施方案》（发改就业〔2022〕107号）提出，通过重点领域绿色转型、推广应用先进绿色低碳技术、推动产供销全链条衔接畅通、闲置资源与废旧物资的共享与循环利用、健全绿色消费制度保障体系与消费激励约束政策等措施促进绿色消费。主要目标为：到2025年，绿色低碳产品市场占有率显著提升，以农产品、衣着、住房、交通、旅游、电力等重点领域绿色转型取得显著成效；到2030年，绿色低碳产品市场占有率达到60%以上，绿色消费与生活方式成为大众自觉选择，以农产品、衣着、住房、交通、旅游、电力等重点领域消费绿色低碳发展模式基本形成。食用菌作绿色有机食品、农产品必将获得迅猛发展。

同时，绿色健康生活呈现普及化趋势，消费者不但关注产品质量，而且关注产品是否环保、节能，逐渐形成消费者、企业、社会共赢的绿色生活方式。2020年生态环境部环境与经济政策研究中心发布的《公民生态环境行为调查报告》数据显示：93.3%的受访者认为践行绿色消费对生态环境、经济社会发展是非常重要的，逐渐形式多层次、多元化、个性化的绿色消费需求。江苏、云南等推行绿色节能家电消费补贴（符合标准直接让价10%）、北京增发6批次绿色节能消费券……京东、天猫等电商平台搭建"绿色会场"。需求拉动、政府激励、厂商推动，系统性推动了绿色消费、绿色供给、绿色激励。令人欣慰的是，绿色消费向二、三线城市，甚至农村进行渗透。

（五）产业集中度相对较高

据中国食用菌协会统计数据，从食用菌产量看，2020年全国食用菌产量排序如下：河南省（561.85万吨、占比13.83%）、福建省（52.5万吨、占比11.14%）、山东省（332.53万吨、占比8.19%）、黑龙江省（331.77万吨、占比8.16%）、河北省（326.57万吨、占比8.03%）、吉林省（237.75万吨、占比5.85%）、四川省（230.44万吨、占比5.67%）、江苏省（225.02万吨、占比5.53%）、湖北省（140.18万吨、占比3.45%）、贵州省（138.58万吨、占比3.41%），这10个省份占比约为72.63%。从产值看，2020年食用菌产值排序如下：河南省（401.63亿元、占比11.59%）、云南省（281.26亿元、占比8.12%）、河北省（229.12亿元、占比7.077%）、福建省（229.12亿元、占比7.077%）、四川省（226.1亿元、占比6.53%）、山东省（204.73亿元、占比5.91%）、黑龙江省（202.63亿元、占比5.84%）、吉林省（199.83亿元、占比5.76%）、江苏省（175.03亿元、占比5.05%）、贵州省（174.72亿元、占比5.04%），排名前十的省份比重高达67.53%。值得注意的是排名前十五的省份，产值均超过百亿元，其中河南食用菌产量与产值均居全国首位；云南省食用菌产量较低（74.68万吨），但野生食用菌产值较高，总产值达281.26亿元；山东工厂化企业比例高达59%，自动化、智能化应用领先全国；黑龙江黑木耳栽培规模与产量均居全国首位。

（六）未来发展趋势

1. 食用菌产品需求持续扩大，精深加工成趋势

当前，90%~95%的食用菌产品为生鲜、粗加工等初级产品，粗加工大多为干品、罐头、酱菜、面点等，技术水平较低、产品单一、同质化严重，从而导致食用菌产业市场竞争力偏低、产值低。同时，深加工占比仅为6%，与发达国家的75%相比，差距甚大。精深加工产品主要集中在保健食品行业，产品质量、品牌形象等参差不齐，市场拓展不容乐观。突破食用菌产业发展困境与瓶颈的最佳途径就是推进食用菌精加工、深加工，健全食用菌产业链，从种植环节向精深加工的保健食品（如健康饮料、药品等）、普通食品（酒、醋、酱油等）等延伸，从而提高食用菌的附加值，进而提高产品竞争力与塑造品牌形象。如江中猴菇饼干基于"传统食疗+现代工艺"进行品类创新，竹海高科与五粮液集团联合推出"菌香型"白酒——"珍感觉"竹荪酒，济南德馨斋食品有限公司推出蘑菇黄豆酱油。

2. 食用菌工厂化生产是重要的发展方向

食用菌工厂化生产是集模拟生态环境、自动化机械作业、智能化控制于一体的生产方式。当前，食用菌生产模式主要有三种：传统农户型、企业+农户型、工厂化生产。前两种生产模式因产品品质难以控制、不能进行规模化生产，难以适应市场需求；工厂化市场则可以实现标准化、电气化、智能化"恒温、恒湿、恒氧"立体规模化种植。当前，我国食用菌工厂化生产量占总产量比例仅为25%~30%，提升空间非常大。在食用菌产能过剩的背景下，大型公司将成为工厂化生产的主导力量，中型公司紧随其后，小微型公司则生存困难。

3. 营销模式与时俱进，"互联网+"成热点

随着云计算、大数据、人工智能、物联网等新技术的系统化应用，营销已从数据化逐渐向数智化转型。在此情境下，新时代消费特征为个性化、场景化、实时化、互动化。食用菌产品必须借助数字化、数智化的趋势进行创新。除京东、天猫等平台外，政府正整合力量，打造食用菌产销对接平台，如湖北推出"一站式"线上食用菌采购平台、古田推出"十方田"农产品公共销售平台、易菇网等。

二、丽江中源绿色食品有限公司

2004年2月，丽江中源绿色食品有限公司（以下简称"中源绿色"）在云南丽江成立。中源绿色现为云南省省级重点农业产业化及林业产业化龙头企业。2019年11月25

日，中源绿色入选第四批国家林业重点龙头企业名单，是云南入选的3家企业之一。中源绿色是一家以经营食用菌、特色蔬菜为主，以出口创汇为主体，多元化、集约化经营的企业。在产业发展纵向上形成了种植（或采摘）、加工、销售一体化的产业链；在产业发展横向上形成了立足永胜，依托丽江，面向全省的产业开发格局。内设永胜县总公司、永北工业园区工厂、中源百菌园农庄、中源酒业有限公司、丽江祥和分公司、昆明兴瑞中源食品有限公司、楚雄武定加工厂，2004年中源绿色通过ISO 9001—2000国际质量管理体系认证和HACCP卫生质量管理体系认证。2006年通过野生食用菌和朝鲜蓟①的有机产品认证，在国家工商行政管理总局注册了"中源牌"野生食用菌品牌，取得了中华人民共和国进出口企业资格证书和中华人民共和国进出口检验检疫局符合出口食品生产登记证书。

（一）契合"一荤一素一菇"的膳食革命

随着中国中产阶级队伍的逐渐壮大，健康意识不断得到提高，以"一荤一素一菇"为代表的膳食革命已成为中产阶级的一种新风尚。美国人称蘑菇为"上帝的食品"，日本人称其为"植物食品的顶峰"，因此，食用菌拥有"菜中之王""素食之冠""药中珍品"的美誉。若以年收入在5万~42万元就属于中产阶级计算，我国实际中产阶级人数为1亿~1.4亿人。这将形成一个庞大的消费群体，必将进一步推动"一荤一素一菇"的膳食革命。

以心脑血管疾病、糖尿病等为代表的慢性病已成为严重威胁居民健康的疾病，并成为影响国家经济社会发展的重大公共卫生问题。据《中国国民健康与营养大数据报告》数据显示，我国患慢性病比例高达20%，确诊人数高达2.6亿人，且发病率呈上升趋势。同时，慢性病越来越年轻化。据《中国心血管健康与疾病报告2022》统计数据显示，我国心血管疾病患病率处于持续上升阶段，推算有3.3亿现患心血管疾病，已成为第一大死亡原因。影响心血管健康的主要因素为膳食营养不合理、缺乏运动、心理问题或疾病等。在"膳食营养不合理"方面我国居民脂肪供能比呈上升趋势，而谷物和蔬菜的食用量减少，水果、菌类、蛋类、水产品、奶类、大豆类食用量仍然很低。"一荤一素一菇"的膳食结构是应对慢性病的有效方法。

食用菌（特别是野生食用菌）具有独特的食疗保健作用，被誉为"天然绿色保健食品"。随着生态意识、健康意识的日益提高，人们越来越重视科学合理的膳食结构，食用菌以其高蛋白、低脂肪、营养丰富、味道鲜美、药食两用等特性越来越受大众喜爱，成为吃出健康的首选食品。中源绿色所开发的"中源牌"野生食用菌迎合了"一荤一素

---

① 朝鲜蓟是菊科菜蓟，属多年生莲座型草本植物，营养丰富，含各种矿物质和VC，而且富含洋蓟素、绿原酸、菊粉等多种功能性成分，是一种集药、食和观赏三用于一体的植物，被誉为"肝胆的守护神""脂肪的杀手""胆固醇的调节师"。2020年，中源绿色与丽江永胜长江村镇银行合作，在永胜县光华乡大力发展朝鲜蓟种植产业，共带动140余户建档立卡贫困户种植26余公顷朝鲜蓟，产量达500多吨，产值超过150万元。

一菇"的消费转型。其在丽江、楚雄、香格里拉等野生食用菌主产区设有22个收购加工网点，并延伸到四川、西藏的部分地区。所生产的野生食用菌2006年通过了有机产品认证。2021年中源绿色的"丽江中源"食用菌被认定为云南绿色食品"十大名菜"，2022年"澜沧味"食用菌被认定为云南绿色食品"十大名菜"。

（二）抢抓航天育种助力绿色发展

随着我国航天事业的发展，航天科技助推地方经济发展已成现实。航天育种就是助推地方经济发展的关键路径。航天育种是将作物种子或诱变材料搭乘返回式卫星或高空气球送到太空，利用太空特殊的环境诱变作用，使种子产生变异，再返回地面培育作物新品种的育种新技术。通过一些试验表明，航天育种具有亩产高、抗病虫害能力强、部分有效成分变化显著。2014年起，云南省人民政府与中国载人航天工程办公室共签署了三轮框架协议，并且和多个科研企业、院校共同协作，全力推动云南省高原特色产业发展。每次飞行任务均搭载了云南省的特色高原物种，从2014年神舟九号开始，先后搭载了云南的云花、云药、野生菌、中草药等400多个品种。中源绿色多次把食用菌送上了太空。在神舟十二号上搭载的羊肚菌，经过仿野生的栽培，其品相更好，个头更大，香味更接近于野生的香味。现在种植面积达800公顷。

三、永仁县野森达菌业有限公司

2014年，永仁县野森达菌业有限公司（以下简称"野森达公司"）成立于云南楚雄，是一家集采购、加工、销售、科研于一体，主营松露、松茸、牛肝菌、谷熟菌等云南名贵野生菌及其制品的环保型、综合型食品企业。当前，野森达公司建成4条生产线，办有4套SC证（食品生产许可证），先后通过HACPP认证和ISO9001认证。经云南省科技厅批准，在野森达公司建立了张劲松（上海食用菌研究所所长）专家站、永仁松露专家站（薛文通工作站），专业从事野生菌系列产品研发。在食用菌精深加工领域，野森达公司通过联合研发，现已开发出冻干松露、松露酒、松露含片、松露罐头等高端产品。野森达系列产品先后被认定为云南名牌产品和国家生态原产地保护产品。野森达品牌被授予"云南省食用菌行业最具影响力品牌"。野森达公司也先后被认定为省级龙头企业和国家高新技术企业，2019年被评为云南省扶贫明星企业。

【参考文献】

[1] 郭志强.擦亮品牌，"云菌"产业扬帆走出"野生食用菌王国"[EB/OL].（2020-12-14）[2021-11-24].http://www.ceweekly.cn/2020/1214/324583.shtml.

[2] 5G智能商城.电商风头正盛，转型与不变？中国松露产业如何才能迈上"快车道"？[EB/OL].（2020-10-21）[2021-11-24].https://www.sohu.com/a/426253724_120466754.

[3] 智研咨询.2018年中国食用菌行业发展趋势及市场前景预测篇[EB/OL].（2018-01-05）[2021-11-24].https://www.chyxx.com/industry/201801/600465.html?from=singlemessage.

【思考题】

　　传统模式下（野生菌产业），受自然环境中温度、湿度、病虫害等因素的影响，食用菌栽培有明显的季节限制，且产品生长周期长、品质波动较大。工厂化种植受外界因素干扰较小，食用菌生长条件稳定、环境清洁，确保了产品的高品质，可实现一年四季产品均衡上市，保障了市场需求，基本克服了季节变化和不同纬度的气候对食用菌栽培的影响。以楚雄南华为例，虽然拥有了一定的产业基础和品牌效应，现状产业却主要集中在鲜野生菌商贸方面，位于产业链下游。加工业技术含量低，附加值不高，同时也缺少产业人才和技术储备，发展底子薄。请问，菌产业如何发展？

【深度链接】

雪榕生物[①]——环保至上、循环经济的典范

　　上海雪榕生物科技股份有限公司（以下简称"雪榕生物"）始创于1995年，是以现代生物技术为依托，以工厂化方式生产食用菌的现代农业企业。2016年5月4日在深圳证券交易所创业板成功挂牌上市。作为农业产业化国家重点龙头企业及中国航天事业战略合作伙伴，雪榕生物秉承"科技还原生态之美"的发展理念，专注于科学培植食用菌，引领均衡膳食之道，打造航天品质食用菌全国供应链，实力守护14亿国人健康菇篮子。历经25年的发展与创新，截至2020年12月，雪榕生物已在上海、吉林、山东、广东、四川、贵州、甘肃等省份以及泰国等国家投资建设了综合性食用菌工厂化企业，主营业务为鲜品食用菌的研发、工厂化食用菌的种植与销售。雪榕生物拥有18家智能化、标准化食用菌农厂，形成了金针菇、白玉菇、蟹味菇、海鲜菇、杏鲍菇、香菇、鹿茸菌、灰树花等多品种矩阵系列，以相对低廉的价格为消费者献上以洁净、健康、营养、新鲜、美味为标准的生态产品。

（一）循环经济　资源集约

　　工厂化食用菌生产具有"不与粮争地，不与地争肥，不与农争时，不与其他行业争资源"的独特产业优势，是符合科学发展需要的农业朝阳产业。

---

① 9家中国食用菌30强企业分别是：上海雪榕生物科技股份有限公司、上海大山合菌物科技股份有限公司、上海光明森源生物科技有限公司、江苏省盐城爱菲尔菌菇装备科技有限公司、福建同发食品集团有限公司、广东省深圳劲嘉集团股份有限公司、辽宁省福顺三友科技有限公司、湖北省裕国菇业股份有限公司、湖北森源生态科技有限公司。

雪榕生物以玉米芯、米糠、麸皮等农业边角料进行食用菌标准化、现代化、规模化栽培。原材料和包装材料的采购，公司先通过规模、所在区域、产品质量、供货稳定性等方面考核筛选出一批合格的供应商，再通过向合格供应商询价的方式确定原材料和包装材料价格，从而规范采购流程、节省采购成本。废弃菌渣再用于生产有机肥和燃料，变废为宝，实现了农业生产良性循环，2010年雪榕生物被评为上海市循环经济试点单位。

（二）模态生产　严控污染

公司是以工厂化模式进行金针菇、真姬菇、杏鲍菇等食用菌的生产，即在按照菇类生长需要设计的厂房中，利用温控、湿控、风控、光控设备创造人工模拟生态环境，利用工业化机械设备自动化操作，采取标准化工艺流程种植食用菌。较低的污染率是栽培技术和专业管理能力成熟的重要标志。食用菌工厂出现大规模污染，不但会影响食用菌的产量，也会影响食用菌产品的品质，从而影响售价。工厂化生产主要分为：菌种生产、配料搅拌、装瓶、灭菌、冷却、接种、培养、搔菌、生育、采收包装10个阶段。在上述前9个生产阶段均可能对栽培瓶造成污染。由于公司液体菌种栽培周期较短，菌丝萌发快，客观上降低了杂菌污染的风险。此外，公司还采用独特有效的空间净化设计并制订健全的污染控制体系，施行严格的质控管理，雪榕生物污染率的控制水平处于同行业领先水平。

（三）全国布局　处处领鲜

截至2021年10月，雪榕生物拥有上海、四川都江堰、吉林长春、山东德州、广东惠州、贵州毕节、甘肃临洮七大生产基地，在国外建成泰国生产基地，食用菌日产能达1325吨，位居全国之首。通过合理的全国布局，发挥自身七大生产基地创立"新鲜半径"的优势，每日捷配直供，让产品快捷直达C端消费者手中。公司通过精耕重点客户或大客户（Key Account，KA）渠道，加大对永辉超市、家家悦、中百超市、华润万家、华联超市、家乐福、沃尔玛等大型连锁超市的铺货力度，并持续进行主题推广，强化雪榕线下品牌力和渠道力。公司采用微信朋友圈、微博、抖音、直播等线上推广，提高雪榕品牌曝光度，强化雪榕线上品牌力。得益于公司近年来多渠道销售策略，公司现已入驻盒马鲜生、每日优鲜、叮咚买菜、千鲜汇、食享会、十荟团等生鲜电商头部平台，打造线上新业态。

（四）科技引擎　持续发展

经过多年的积累，雪榕生物自主研发并掌握了食用菌生产所必需的核心技术，专利等知识产权均自主申请，截至2021年10月，雪榕生物及其子公司共拥有76项专利，其中发明专利23项，实用新型专利45项，外观设计专利8项。2019年，雪榕生物

"工厂化金针菇系列新品种选育及推广应用"项目获上海市科学技术奖一等奖。公司技术领先优势体现在污染率控制、生物转化率及单瓶产量上。其中,最关键的技术指标包括污染率和生物转化率,公司在这两个指标上都体现了较强的实力。生物转化率及单瓶产量反映了工厂化食用菌企业在菌种、培养基配方、生产管理水平、技术工艺流程设计等方面的综合能力,即生物转化率越高说明投入相同质量的原材料所产出的产品越多,单瓶产量越高,也说明栽培技术水平越高,单位产出的生产成本越低。雪榕生物在此作为工厂化食用菌生产最核心的指标上处于全行业领导地位。

【参考文献】

[1] 齐鲁壹点.山东雪榕生物科技有限公司:发展绿色循环经济 建设现代农业企业[EB/OL].(2020-09-27)[2021-11-24].https://baijiahao.baidu.com/s?id=1678971445865253360&wfr=spider&for=pc.

【思考题】

日本、欧美等发达国家的工厂化食用菌占有率达90%以上,而中国台湾地区及韩国达95%以上。因此,工厂化栽培在栽培规模、工艺水平、栽培工序和栽培条件等方面具有巨大的优势,已成为食用菌行业发展的趋势,也是食用菌产业发展从大到强的必经之路。而云南食用菌产业、食用菌企业工厂化水平偏低、核心竞争力缺乏。请问,云南食用菌产业如何从循环经济、生态消费、绿色营销等方面构建自身的竞争优势?

第五章

航天级标准的有机核桃食品

一、核桃产业发展现状

核桃,又称胡桃、羌桃,胡桃科植物。是世界四大干果之一(其余3种为扁桃、腰果、榛子)。核桃富含多种蛋白质、不饱和脂肪酸、碳水化合物、维生素、叶酸等营养成分,是公认的天然绿色无公害食品。

(一)供需规模同比持续增长

根据联合国粮食及农业组织(Food and Agriculture Organization of the United Nations)数据显示:2016—2020年,全球核桃收获面积[①]与总产量稳步提升,其中,2020年全球核桃收获面积、产量同比增幅分别为8.79%、11.32%。一直以来,中国和美国是全球核桃主要的生产国,并在全球核桃交易市场中占据主导地位,2020年,中国核桃收获面积、产量在全球比重分别为31.3%、33.09%,位列全球第一。2020年,我国核桃收获面积达780万公顷,同比减少3.31%;产量达到479.59万吨,同比增长2.28%。同年,美国的核桃收获面积、产量全球排名第二,收获面积约为673万公顷,产量为428.97万吨。中国年复合增长率约为14.08%,预计2025年产量将达712.02万吨。在我国核桃种植分布范围较广,在22个省市均有种植,其中云南是核桃种植和生产第一大省。

随着人们收入水平的提升,健康消费意识的持续提高,核桃需求量将继续增加。2019年,国内核桃表观销量[②]达到383.7万吨,连续多年处于上升的态势。预计2025年中国核桃行业市场表观销量将达到727.57万吨。

(二)消费总量增加,消费群体特征明显

中国是全球最大的核桃消费国。2020年中国消费430万吨核桃,与1995年的21.42万吨相比增长了4.88倍,年均增长22.2%。随着人们生活水平的提升,国内核桃人均年消费量逐年递增,中国核桃人均消费量由2014年的1.99千克持续增长至2020年的3.05千克,每个人平均增长1.06千克,增幅为53.27%,年复合增长率约为7.38%。国内较大的信息咨询服务提供商北京智研咨询有限公司调查数据显示,随着人们健康消费观念的增强,以老年人、幼儿为主的家庭消费必然持续增长。特别值得注意的是90后、00后等新生代消费者养生观念的增强,以"六个核桃"为代表的植物蛋白品牌消费持续扩大。

(三)加工日益精细化,中高端市场蓬勃发展

2020年,我国核桃加工总量达131.4万吨,主要为初级加工与深度加工。初级加

---

① 收获面积是农作物播种面积中实际收获农产品的面积。收获面积=播种面积-因灾减产九成以上的面积-由于进行基本建设等而毁掉的面积-当年未收获产品的面积。

② 表观消费量是按照产量来计算的消费量,加上净进口和库存变化。

工以核桃干制为主；深度加工主要为包括以核桃仁为原料生产的休闲食品（核桃饮料），以核桃青皮、壳等为原料生产加工日化产品（染发剂、有机肥等），核桃油的压榨、核桃蛋白粉的制备等。据《中国林业年鉴2020》数据显示：2020年，我国从事核桃储藏加工的企业超过1000家，占全国储藏加工企业数量的3.52%，年产值千万元以上的企业仅有221家。按照2020年核桃总产量为380万吨计算，深加工比例仅为37.5%。伴随电商平台的广泛运用，作为核桃加工制品的新兴销售渠道，推动了各类以核桃为代表的坚果加工类企业的发展。据国际坚果和干果委员会（INC）数据显示，与2019—2020产季相比，2020—2021产季国际坚果产量增加15%，较10年前增加65%。以三只松鼠、恰恰食品为代表的坚果供应商，以及以山姆、Costco（好市多）、天猫等为代表的消费平台销售业绩稳步增长。同时，从坚果消费人群看，30~39岁、要求"新鲜品质＋健康配方"的中高收入人群对高品质坚果需求较为旺盛。

（四）市场价格总体下跌，优质优价特征明显

在供给过剩、需求不足的场景下，核桃成品的市场价格总体下降，价格波动因产品品质或区域显现出差异性。2015—2020年，全国核桃坚果批发均价年均跌幅6%~13%，即从每公斤30~40元跌至15~30元，5年间优质坚果批发均价跌幅为原价的1/4，一般质量的坚果批发均价跌幅为原价的1/2。据宇博智业监测数据，仅有华南的纸皮核桃（涨2.48%）、华中的纸皮核桃（涨3.17%）、西南的核桃仁（涨2.46%）呈现上涨态势，其他14种不同地区不同类型的核桃价格均呈现下跌态势，下跌最厉害的是华南地区的核桃仁（–6.67%）。新华指数市场监测团队抽样调查结果显示，2022年超六成批发商认为本产年核桃仁市场消费意向与2021年无明显变化，其他批发商反馈采购商对核桃仁品质需求有所增加。

（五）成本收益呈现明显的产业结构性差异

一般而言，核桃的回报周期为2~20年，周期较长。当前，全国核桃园中丰产园仅为33%左右，平均纯收入约为1900元/亩（28985.8元/公顷）；而高达67%的核桃园效益仅350元/亩（5247.4元/公顷）左右，且成本回收期较长。核桃初加工效益不高，较为平稳。核桃精深加工效益好，是今后产业发展的重点。从价值链看，核桃产业链包括育苗、种植、采收、初加工（去皮、剥壳、烘干）、榨油、营销等一系列环节，而榨油是使价值增值的关键环节。

我国一年消费的油超过4254.5万吨，其中食用油为3708万吨，人均消费的油超过30.1千克。具体而言，豆油、菜油、棕榈油、花生油的比例分别为44%、22%、12%、9%。由此可见，我国食用油以植物油为主，对保健食用油消费较少（如橄榄油、核桃油）。从欧盟、以色列、美国等发达国家或地区食用油消费情况看，高端食用油（如橄榄油）消费占植物油总消费量的40%左右，而中国高端食用油消费占食用油总消费量不足2%，增长空间较大。具体来看，我国橄榄油、茶油、核桃油年消费量分别为6万吨、67万吨、3万吨。从未来发展趋势看，因新生代消费者对于科学育儿的需求和婴幼儿食物品

质的追求，以孕婴特殊人群为代表的冷榨核桃油小包装产品销量增长明显，这种趋势在未来仍将持续增加。此外，与核桃相关的核桃油药物制剂及保健品、核桃油化妆品、按摩油等新兴产品增长亦非常明显。同时，根据京东《食用油线上消费趋势报告（2022）》显示，食用油的混搭特征比较明显，如"核桃油+牛油果油""核桃油+亚麻籽油"。

（六）绿色消费新风尚

随着人们生活水平的提升，对于饮食的要求也越来越高，零脂零糖零添加已成为食品饮品领域的发展趋势。据中国产业信息院统计数据，2014—2022年我国无糖饮料行业市场规模快速增长，从2014年的16.6亿元上升至2022年的226.58亿元。据估测，2027年，无糖饮料行业市场规模将达300亿元左右。各种饮品包括碳酸饮料、植物奶等都在朝着大健康的方向发展。中国疾控中心研究表明，每天补充不低于24克核桃仁，连续30天，对记忆有显著的正向作用。以"六个核桃"为代表的养元企业在产品生产中顺应了此消费理念。"六个核桃2430"每罐富含24克优质核桃仁，做到了零香精、零胆固醇、零反式脂肪、零蔗糖，契合了当前消费者的需求。

二、云南核桃市场与摩尔农庄

经过20多年的发展，截至2021年初，云南核桃种植面积、年产量、年产值分别为287万公顷、148万吨、412亿元，均居全国第一，已成为全球最大的核桃生产基地。全省129个县（市、区）中，89.92%的县（市、区）已形成核桃种植业，主要栽种品种为细香核桃、漾濞泡核桃、三台核桃等7个品系。据《云南省核桃产业高质量发展三年行动方案（2023—2025年）》，到2025年，核桃种植面积稳定在287万公顷左右，核桃干果年产量、核桃油产能、核桃全产业链产值分别为300万吨以上、10万吨以上、1000亿元以上，力争成为全国乃至全世界开发核桃产品最多的省份。

2006年，云南摩尔农庄生物科技开发有限公司（以下简称"摩尔农庄"）创立于云南楚雄。经过16年的奋斗，现已成为一家集有机食品、功能食品和民族医药研发、种植、加工、生产、销售为一体的股份制科技企业。摩尔农庄紧紧依托云南特别是楚雄特殊的地理环境（年均日照长达2200小时的核桃黄金产区），结合健康、养生市场需求，以健康、有机、绿色为发展理念，运用高端生物技术，全力打造有机、健康养生产品品牌，致力于做强做大、做深做透开发资源型特色农业产业。

摩尔农庄现已成为国家级重点农业龙头企业、国家级林业龙头企业、中国核桃产业十佳企业、国家知识产权优势企业。2018年、2019年公司连续被云南省打造世界一流"绿色食品牌"领导小组办公室组织评选为"20佳创新企业"。摩尔农庄为主导单位，联合云南省林业和草原科学院、昆明理工大学共同申报的"云南核桃全产业链关键技术创新与应用"项目获2018年"云南省科学技术进步奖特等奖"。2019年9月，摩尔农庄获"全国民族团结进步模范集体"称号。2020年、2022年，摩尔农庄分别被评为

"国家知识产权示范企业""国家知识产权示范企业"。2022年7月28日,在第十二届国际食用油产业博览会上,摩尔农庄中国、欧盟双有机核桃油获"优质健康油脂金奖"。

摩尔农庄一直致力于核桃深度加工研究,从企业管理入手建立了核桃生产加工全产业链,申请了国家专利技术133项,分别在核桃产业的技术研发和基础研究、应用研究等各个环节;正在申报的专利技术12项。

(一)绿色食品基地

云南省是核桃的起源地之一,已有3500多年的栽培历史。云南地处高原,核桃树生长的海拔是1800~2000米,按经纬度分,从北纬21°~29°,东经97°~106°的地域都有种植。主要核桃种植区域年均温度在15℃左右,年降水量为800~1200毫米。云南特殊的地理环境优势,与其他产区的核桃相比,不管是在外表、色泽及口味方面都有突出的差异,核桃果实颜色呈淡白色,油脂香味足,无明显干涩口感,质量优异。

云南摩尔农庄核桃基地依托云南楚雄紫溪山。这里绿水青山,空气中负氧离子含量较高。云南摩尔农庄核桃基地应用中医理论在"治未病""食疗""食补""食调"等方面的深刻认识和历史积淀,以核桃等坚果为切入点,积极开发养生之宝核桃、坚果之王榛子、长寿之果松子、抗癌之果杏仁、护肾之果板栗等。大力推进核桃产业与健康养生产业并轨融合,相辅相成,促进摩尔农庄核桃基地成为中国健康养生产业发展的核心地带。摩尔农庄通过对高原产区农户进行集中培训,对有机核桃从选种育种等各个环节进行监督管理,已超过267公顷的产地通过了国家有机基地的认证,333公顷通过了国家绿色食品基地的认证。未来3年公司将有机核桃基地发展到6666.7公顷。在国家级森林公园、省级风景名胜区、国家AAAA级旅游景区——紫溪山建设11.3公顷的"中国核桃种质资源圃核心园区"(包括世界核桃种质资源博物馆)及"世界核桃科普观赏种质园",具有科研、科普、观赏价值和作为育繁种苗材料价值的品种将进入"核桃种质资源圃"进行活体保存。有机核桃林地处哀牢山腹地、国家自然保护区,北纬21°29′~44°54′,海拔1800~2200米,平均气温14℃,年降水量800~1200毫米,拥有39000亩(2600公顷)pH 5.0~6.5的优质土壤。周边200千米范围无化工和重工企业,缔造了450年核桃种植史,拥有众多百岁高龄优质核桃树。原料基地周边200千米范围无化工和重工企业,种植不使用农药、化肥、生长调节剂、转基因技术,完全遵循自然规律与生态科学。

摩尔农庄通过GMP认证、ISO22000国际食品安全管理体系认证、国家有机食品认证。云南摩尔农庄植物蛋白[①]产业园一期植物蛋白超级工厂的动工兴建,是实施生态

---

① 植物蛋白是蛋白质的一种,来源于植物,营养全面,与动物蛋白相仿,易被人体消化吸收,具有多种生理保健功能。谷类一般含蛋白质6%~10%,不过其中所含必需氨基酸种类不完全。薯类含蛋白质2%~3%。某些坚果类如花生、核桃、杏仁和莲子等则含有较高的蛋白质(15%~30%)。豆科植物如某些干豆类的蛋白质含量可高达40%左右。法国知名市场调研公司ReportLinker于2021年12月17日发布了名为《植物蛋白市场2020—2025年全球展望和预测》的报告,其中指出,随着人们健康意识的提升和素食主义人群的增多,"在2020—2025年的预测期内,全球植物蛋白市场预计将以8%的年复合增长率增长"。

植物蛋白产业基地的一个重大步骤，将通过技术创新、突破传统工艺，以科技创新进一步拉长云南核桃产业链条。目前公司已获得 1 个绿色食品品牌（绿优），多个有机食品批号、保健功能产品生产许可。公司已取得国家专利技术 60 余项，其中 21 项已应用于功能性核桃饮料的生产。国际领先高科技设备，21 项专利技术运用于核桃乳生产加工，18 道监控系统全程跟踪，368 道检验严格把关。严格按照欧盟标准，绝不使用防腐剂、抗生素等对人体有害的物质。

（二）核桃基因破译

始终秉持对核桃的专注与执着，摩尔农庄联合中国科学院昆明植物所、广州基迪奥生物科技有限公司等技术力量，探寻核桃基因破译核心技术攻关，探明核桃营养保健功能的功能基因，顺利完成世界首个深纹核桃全基因组测序，完成云南核桃的基因组研究。

全基因组测序顺利组装出云南核桃基因组的 5.78 亿个碱基，基因组覆盖度达到 93.3%。核桃产业作为云南省高原特色现当代农业的拳头产业，其基因测序的完成将引领全产业链的创新发展。蛋白类功能因子发掘、云南核桃特征蛋白及其检测方式、云南核桃品种分子鉴定、云南核桃特征油脂比例、风味特征等海量数据支撑，为核桃产业链的精深开发提供方向。在产业链上游，可以破译控制核桃壳厚薄、营养物质含量、早产丰产、树形高矮、抗逆等重要的遗传密码，从而缩短核桃良种选育周期，保护云南核桃优良品种的知识产权，促进良种种植；在产业链的下游，可探明核桃营养保健功能的遗传基础，为以核桃为原材料的产品精深加工、活性物质分离鉴定、新功能性产品开发、适用人群拓展等提供营养学基础和指明方向。

研究开发核桃的营养、功能、保健成分奠定科学依据和理论基础，对于有效实现中国居民食物营养的生物强化具有非常重要的意义和广阔的发展前景。同时，通过比较不同核桃品种的基因信息，获取控制核桃壳厚薄、早熟、晚熟、树形高矮、抗逆、丰产等重要生物性状的遗传密码，结合代谢组学和表型组学，应用分子辅助育种技术，改良核桃等坚果品种，为良种选育、保护和推广提供强有力的技术支撑。摩尔农庄将充分利用研究中心平台资源，运用高新生物技术创新，开发高效、高价值的核桃全产业链产品，实现核桃全产业链产品开发，为打造全产业链集群打下了基础。

（三）打造航天级标准食品

经过近两年时间的专家审核及航天级食品全指标及安全控制检测，公司与中国航天员科研训练中心联合制定的全国首个航天级食品标准于 2016 年 5 月 18 日正式通过并执行。同时，摩尔农庄功能性饮料"聪滋"被定为国家航天员专用功能性饮料，成为全国第一个国家航天级食品。

2017 年 11 月 21 日，"载人航天边疆民族扶贫行动启动仪式暨航天级食品标准发布会"在昆明海埂会堂举行。航天英雄、中国载人航天工程办公室副主任杨利伟出席仪式。中国航天员科研训练中心副主任李庆龙发布了航天级食品标准，成为国内第一个航天级食品标准,摩尔农庄"聪滋"成为全国第一个航天级标准食品。在启动仪式上,摩尔农庄举行了1000万元的专项资金和扶贫物资捐赠仪式,并与全国最大的供应链平台怡亚通进行了产业扶贫签约仪式。标志着云南核桃产业在科技领域取得新的成果突破,以实际行动践行航天科技助力产业发展,产业发展带动精准扶贫。

2016年9月和10月,摩尔农庄培育的376克优质核桃种子和151克核桃条分别搭载天宫二号和神舟十一号进入太空,并于11月22日遨游太空33天后返回地面,搭载物于12月在北京进行公证并取得公证书,落地后在核桃种植资源种植圃进行太空种苗培育及核桃枝条嫁接。

"聪滋"系列产品是摩尔农庄推出的全国首个航天级标准食品,是航天员专业功能性饮料,也是全国唯一的健字号航天饮料。这一产品也代表了摩尔农庄技术优势向科技成果转化的重要标志。该产品的主要功能体现在:以保健功能为基础,增强对恶劣环境的抵抗力,通过航天员自体免疫力及抵抗力的提升,保证良好的身体素质应对烦琐复杂的航天工作环境。航天级食品的标准发布,是军地双方在推进太空生物科技产业发展合作的全面升级,彰显了"军民融合深度发展"国家战略在云南的落实成果,同时标志着云南核桃产业在科技领域取得新的成果突破,这对今后的食品安全也有着重大意义。

随着中国航天事业的突飞猛进,为了打造航天经济,各行各业的企业选择与航天事业加强合作,这种现象引起了社会各界的广泛关注。对于食品行业来讲,随着国内消费升级,消费者对高品质产品的需求逐渐提升,食品企业需要通过创新为消费者提供高品质的产品。而在中国消费者的认知中,航天级食品绝对是品质最优、最安全、最健康的食品。航天级食品标准要求产品必须具备航天员日常训练和执行任务过程中均衡的营养需求。航天级产品对原材料、生产过程、质量都有着极高的要求。为了丰富航天食品食材来源,更好满足航天员能量和营养的摄入,保证航天员饮食健康,在中国载人航天工程办公室的协调下,中国航天员科研训练中心联合多家单位制定了"航天级食品"标准,充分将航天科技优势转化为推动国民经济增长的现实生产力,以航天级标准和保健功能双重标准助力中国食品安全放心工程。2014年,中国航天员科研训练中心支持云南省启动航天级食品标准制定、推广工作。经过反复对首批18家企业的11个类别17种产品的生产场地实地考察、调研及对产品的严格检测,云南摩尔农庄生物科技开发有限公司的"聪滋"核桃乳通过检测,成为中国首个航天核桃乳食品,并将其制定成航天级核桃乳食品标准[①]。

(四)云南核桃产业技术创新战略联盟

经云南省科技厅批准,摩尔农庄牵头组建了云南核桃产业技术创新战略联盟,结合

---

① 航天食品的安全要求在国家保健食品的基础上,有更加严格苛刻的标准。营养要求在国家保健食品的基础上,包含足够和完善的科学营养。功能要求在国家批准辅助改善记忆功能的基础上,增强对航天环境的耐受能力,保证航天员保持旺盛的工作精力。

各成员单位的生产力、技术等方面的优势，针对核桃培育及种植、产业技术、产品质量桃核产业链延伸及优化等问题进行深入研究，实现产业链效益的最大化，为地方核桃产业发展抢占战略制高点做出积极的贡献。

云南省具有核桃种植的天然地理优势，全省核桃种植面积约 287 万公顷，是云南省种植面积最大、种植范围最广、农户受益最多的经济林木。但是该地区的核桃种植仅限于初级加工，亟须技术提升促进深度加工，通过科学的种植技艺提升核桃质量，以深度加工带动核桃产业对本地区收入的提升作用。以核桃产业提质保效带动相关科技成果的转化率和品牌产品的市场占有率仍有较大的改善空间。联盟将围绕核桃产业化、标准化、规模化解决核桃加工废料有效利用及产业化，不同核桃品种开发方向，核桃特征性蛋白的签订、检测方法，核桃乳植物蛋白饮料标准等 4 个方面的关键技术。

（五）国家核桃油产业创新战略联盟

核桃是优质木本油料，核桃油是未来云南乃至全国核桃产业的重要支撑。为了更好地促进核桃油加工产业健康发展，经国家粮食和物资储备局、中国粮油学会等部门备案、同意，公司联合中粮集团共同推动成立了国家核桃油产业创新战略联盟[4]，联盟成立大于 2018 年 12 月 5 日在北京举行，中粮集团为盟主单位，摩尔农庄是第一副理事长单位，首届国家核桃油产业创新战略联盟大会于 4 月 2 日在摩尔农庄举办，来自国家核桃油产业创新战略联盟成员单位及全国从事核桃相关产业的企业、高校、科研单位，包括中粮集团、益海嘉里集团、鲁花集团等的 200 余名代表相聚摩尔农庄，共商核桃油产业的创新发展。

（六）核桃油系列国家标准验证联合实验室

2019 年 4 月，全国粮油标准化技术委员会油料及油脂分技术委员会与摩尔农庄共同成立核桃油系列国家标准验证联合实验室，标志着全国首家核桃油系列国家标准验证联合实验室正式成立。核桃油系列国家标准验证联合实验室的成立对于国家核桃油系列标准及相关行业标准的确定与建立，对于全国核桃油行业的科技发展具有重要意义。

摩尔农庄研发检测中心拥有各种世界领先的检测设备，包括细菌培养箱、万级洁净室、美国安捷伦气相色谱仪、高效液相色谱仪、原子吸收分光光度计、超声波清洗仪等，不仅可以保障产品的质量要求，杜绝原材料中农残、添加剂、重金属等情况，还可以保证产品的科技含量。从而以优异的品质获得更多的消费者的信赖以及市场认可度。

公司除致力于质量保证体系的建立和制备先进的产品检测设备的引入之外，更加注重从有机基地的建立、原材料的采购，一直到产品的加工包装，最终的产品销售各个环节。秉持"质量无小事"的管理理念，认真按照进货检查验收制度管理原材料的加工，按食品安全要求审核供应商资质，并实现索证管理；在生产过程中，严格管控食品添加剂的使用，严格按照 GB 2760 要求，杜绝超量、超范围使用食品添加剂和非食品添加物质的行为。

员工管理方面，基层管理人员上岗之前必须接受规范的入职培训考核；一线加工工人定期进行健康检查，上岗必须持有健康证才能进行生产工作。为预防生产环节出现问题，整条生产线路安装实时监控设备，保证产品质量控制可追溯、质量责任可追究。

公司注重核桃产业全产业链的发展，通过"公司＋基地＋协会＋农户＋科技"的运作模式，依托地方有机核桃基地，发展核桃种植专业协会，通过科学种植与管理技术的运用提高地方农民的收入水平，形成全产业链发展格局。

（七）与光明深度合作

2020年9月14日，摩尔农庄与光明福瑞①在楚雄签订战略合作协议，依托摩尔农庄产业基础，在核桃产业、植物蛋白领域实现更加广泛的深度合作。云南摩尔农庄植物蛋白产业园充分利用沪滇对口帮扶、沪滇产业深度融合、企业互动发展契机，推进云南核桃产业高质量发展。

【参考文献】

[1] 坚果果干网.我国核桃市场与产业调查分析报告[EB/OL].（2020-10-21）[2022-01-19]. http://www.csnc.cn/hangyedongtai/20201012102345.html.

[2] 人民网.世界首个深纹核桃全基因组成功破译[EB/OL].（2016-02-02）[2022-01-19]. https://www.cas.cn/cm/201602/t20160202_4529511.shtml?from=timeline.

[3] 云南省特色农产品流通行业协会.航天级食品标准发布，摩尔农庄助力中国食品安全放心工程[EB/OL].（2017-11-22）[2022-01-19].https://www.sohu.com/a/206039195_100017435.

[4] 国家林业局.云南成立核桃产业技术创新战略联盟[EB/OL].（2015-05-15）[2022-01-19]. http://finance.china.com.cn/roll/20150515/3117917.shtml.

【思考题】

1. 结合案例解释什么是"航天级食品"。

2. 请收集摩尔农庄相关信息，你认为摩尔农庄是如何确定绿色有机食品的市场定位的？

---

① 光明福瑞投资管理（上海）有限公司是光明食品（集团）有限公司直接投资的私募股权基金管理公司，重点布局光明国际食品产业基金、光明国际金融控股有限公司和光明食品科技投资三个业务板块，依托光明食品集团的现代农业、食品加工制造、食品分销产业资源和光明国际的海外投融资资源，具有强大的股权投资、产业运作、资本运作实力和经验。

【深度链接】

养元"六个核桃"领跑绿色健康

近日,在由中国食品工业协会、中国副食流通协会、中国保护消费者基金会和中国食品报社等权威机构主办的第六届中国食品企业社会责任年会暨企业家精神论坛上,养元"六个核桃"凭借20多年来对产品品质的匠心坚守,从众多企业中脱颖而出,成功斩获"食品安全示范企业"奖。

据了解,这是养元"六个核桃"继在第十八届中国食品安全大会上获得三项食品安全相关奖项一个月内的再度获奖,充分说明了养元饮品不仅具备过硬的生产制造实力,更具备强大的品牌影响力,彰显了其作为中国植物蛋白领军品牌在食品安全质量领域的使命感与责任感。在场的权威专家纷纷表示,作为一家食品安全"细节控"企业,养元"六个核桃"不仅将食品安全内容融入生产的各个链条上,更将其注入企业文化内涵中,这样的做法非常值得借鉴和学习。

(一)"细节"严控舌尖安全"生命线"

2019年中共中央办公厅、国务院办公厅发布《地方党政领导干部食品安全责任制规定》,将护航"舌尖上的安全"定义为最大的民生和政治责任。而"舌尖上的安全"是一个系统工程,需要从产地、加工、流通、销售等诸多环节确保安全。

植物蛋白领域领导品牌养元"六个核桃",自成立起便将食品安全作为企业发展的第一生命线,从原料到加工,从运输到销售,全面将产品品质安全牢牢掌控。

原料是保障食品安全的第一道防线。在原料选择上,养元饮品不惜驻派工程师深入国内20多个省市的核桃产地,对上百个核桃品种的口感和营养进行了30000多次数据比对、6000多次口感盲测和大量的基础性研究及数据分析,才最终确定新疆、云南和太行山三大黄金产区作为"六个核桃"的原料基地,而这三大黄金产区的核桃无论在品质上还是营养上都是全国公认的。

对于高品质原料的采购标准,养元饮品更是一丝不苟。通过制定行业最高标准——"3·6·36"选料标准,黄金产区的优质核桃还要进行包括水分、色泽、口感、饱满度、粒度、杂质在内的六大检测指标和36项理化指标检测,确保每粒核桃都能达到安全、营养的品质标准。

在生产流程上,养元饮品也早已构建"从源头到消费者"的全方位质量控制体系。不仅导入实施欧盟BRC(British Retail Consortium)体系,引进世界领先的粒径分析仪、静态稳定分析仪、液相色谱仪等,完善风险指标检测,还全面导入"诚信管理体系",从原料到成品实行全程跟踪、实时监测,形成从原料采购、生产工艺、人员卫生、厂房环境、设施设备到成品品质管理及贮存运输等各环节的严格控制。企业发展20多年来,养元"六个核桃"不断获得食品安全领域的权威认证,成为植物蛋白行业乃至整个健康饮品行业的食品安全排头先锋。

（二）"使命"召唤践行企业"大责任"

作为植物蛋白行业的领军品牌，养元"六个核桃"始终饱含家国情怀，以"使命"为召唤，无论是脱贫攻坚还是齐心抗疫，一直冲在第一线。

在脱贫攻坚上，养元"六个核桃"通过"思想重塑、技术指导、产业优化、就业帮扶"四位一体的"养元集团+地方加工企业+基地核桃种植户"模式，改变了云南、新疆、太行山三大核桃黄金产区贫困种植户丰产不丰收、收入得不到保障的状况，在提升了核桃品质的同时，也解决了诸多种植户的就业难题。

数据显示，新疆地区出仁率从2015年以前的42%提升到2022年的55%，太行山从2015年以前的35%提升到2022年的48%。产量上，云南亩产量从100千克提升至150千克，新疆从120千克提升至240千克，太行山由80千克提升至140千克。同时，"六个核桃"还帮助种植户每亩收入增加了1500多元，扶贫车间人均月收入更提升了2000多元，60个贫困县10万种植户实现增收致富。

在2020年初的疫情阻击战中，养元饮品也一马当先。在得知湖北疫情之初，便紧急调集1000万元产品加入疫情驰援。同时，更为疫情下一线人员研发出添加免疫因子β葡聚糖和葡萄糖酸锌的核桃乳饮品"智汇健"，让企业的责任与关怀陪伴着奋战在一线的人们，收获了疫区人民的感激与感动。

对于养元来说，企业自诞生起还肩负着一个更大的"使命"，就是助力国人提升人生智慧和幸福指数。正因如此，养元"六个核桃"一直坚持把"关注国民脑健康"放在首位，通过不断提升工艺，让国人获得更多脑健康补给。

从解决核桃营养浪费问题的"5·3·28"工艺，到将核桃及其种皮中的蛋白质、脂肪等营养成分利用率提升至97%以上的全核桃CET冷萃工艺，再到如今让核桃乳研磨颗粒平均直径达到纳米级别、保证核桃营养完整性和更好吸收的"五重细化研磨"工艺……不断精进的工艺，也让"六个核桃"在健脑饮品领域的产品创新中更加游刃有余。

2020年"六个核桃"严格按照中国疾控中心的研究成果"每天24克核桃 30天提升记忆力"，推出了饮品界首款严格落地学术成果的产品——"六个核桃2430"。据了解，其每罐含有24克优质核桃，采用零香精、零胆固醇、零反式脂肪、零糖的无负担配方，同时，六个核桃还推出"一天一罐 三十天提升记忆力"的健脑解决方案，让科学养脑成为人人可轻松享受的一种生活方式。

从"细节控"到"使命"坚守，不仅让养元"六个核桃"不断发展壮大，更让其成为当之无愧的国民健脑饮品第一品牌。未来，"六个核桃"定将继续用"细节"保障食品安全的"天"大责任，用"使命"让更多国人享受核桃健脑科研的红利，为智慧中国梦助力。

【参考文献】

[1] 养元官网.养元饮品荣获食品安全示范企业奖 六个核桃担纲社会责任受认可[EB/OL].（2021-10-26）[2022-10-26].https://www.hbyangyuan.com/pingzhi.html.

【思考题】

在绿色健康消费的大环境下，植物蛋白饮品行业正在不断发展，养元"六个核桃"推出高端产品"六个核桃2430"。请问这种市场细分策略是否可行？

第六章

勾勒"莓"好"蓝"图

一、水果行业概况及发展前景

（一）水果行业概况

水果是人们日常生活中一个非常重要的营养来源，它不仅可以解渴，对于人们的身体健康也十分有益。水果中含有人体所需的多种维生素和矿物质，可以起到增强抵抗力、延缓衰老、降低血压、美容养颜、减肥瘦身等保健作用。水果种类多样，按照水果的食用方法，可以分为新鲜水果、冻干水果和鲜榨果汁等产品。

我国历史悠久，地大物博，地跨寒、温、热三带，适合各种不同品种水果的种植。我国地形、气候类型多样，为种植各类水果提供了有利条件，是世界上水果资源较为丰富的国家之一。我国果园种植面积和总产量一直稳居全球首位，种植面积达1200万公顷，水果产业市场规模巨大，带来了数千亿元的鲜果零售市场，对国内生产总值（GDP）的贡献率日益增长，作为劳动密集型产业，已经成为继粮食、蔬菜之后的第三大农业种植产业，在我国经济和社会发展中发挥了巨大的作用。如今，水果产业是国内外市场前景广阔且具有较强国际竞争力的优势农业产业，在农民生产生活中发挥着非常重要的作用，也是许多地方经济发展和农民收入的重要来源之一。

（二）我国水果行业发展前景

我国在世界水果市场上占据重要的地位，是全球第一大水果生产国和消费国，很多水果的种植面积和产量都排在世界前列，但在水果全产业链环节中，仍然存在着一些问题，例如，水果产量地区分布不平衡、品牌影响力不足、水果品质不高、加工技术落后等。尽管存在这些问题，对于水果行业及从业者来说仍具有以下七大发展前景。

1. 国家产业政策支持力度大

近年来，国家相继推出多项农业产业政策大力支持农业产业的发展。《中共中央 国务院关于落实发展新理念加快农业现代化 实现全面小康目标的若干意见》特别强调："坚持以农户家庭经营为基础，支持新型农业经营主体和新型农业服务主体成为建设现代农业的骨干力量，充分发挥多种形式适度规模经营在农业机械和科技成果应用、绿色发展、市场开拓等方面的引领功能。"《中共中央 国务院关于抓好"三农"领域重点工作确保如期实现全面小康的意见》要求："继续调整优化农业结构，加强绿色食品、有机农产品、地理标志农产品认证和管理，打造地方知名农产品品牌，增加优质绿色农产品供给。"《国务院关于印发"十四五"推进农业农村现代化规划的通知》提出："注重地域特色，推进农业绿色发展""加快发展西南地区丘陵山地特色农业，积极发展高原绿色生态农业""加强国家农业绿色发展先行区建设，探索不同生态类型、不同主导品种的农业绿色发展典型模式"。这些政策为水果行业发展奠定了坚实的基础。

2. 市场潜力大

国家统计局数据显示，我国水果产量从2008年的18108.8万吨增加至2022年的

9557.80万吨，年均增长率为3.57%。随着我国消费经济发展持续向好，近年来人们的消费能力和生活质量持续提高，人们对于水果的支出将不断增加，预计未来我国水果行业市场规模仍将持续保持增长，到2025年市场规模将达到27460.1亿元左右，产量将达到2.99亿吨，消费量将达到3.03亿吨。无论是市场规模、产量和消费量都在持续扩大，未来我国水果行业供需态势同样保持持续稳定增长的良好态势。

3. 优质水果产区崛起

中国地大物博，水果的种类多种多样，其中不乏特色优质的、可以和进口水果一较高下的水果产区。随着居民消费升级和对安全、优质、绿色水果的消费量急剧提升，给国内的优质水果及其产区带来了众多机会。我国优质水果的产区如下：中国桃乡：甘肃天水秦安蜜桃之乡、山东泰安肥城桃乡、河北衡水深州蜜桃之乡、上海水蜜桃之乡。中国梨乡：河北石家庄赵县雪花梨之乡、河北邯郸魏县鸭梨之乡、山东烟台莱阳梨乡、安徽宿州砀山酥梨之乡、湖北枝江百里洲砂梨之乡。中国枣乡：河北沧州金丝小枣之乡、山东滨州沾化冬枣之乡、陕西渭南大荔冬枣之乡。中国柑柚之乡：浙江温州瓯柑之乡、浙江台州黄岩蜜橘之乡、广西玉林容县沙田柚之乡、福建漳州平和蜜柚之乡。中国樱桃之乡：河南洛阳樱桃之乡、山东烟台福山大樱桃之乡。中国杨梅之乡：浙江台州东魁杨梅、浙江宁波慈溪杨梅之乡、浙江余姚杨梅之乡、浙江舟山晚稻杨梅之乡。中国枇杷之乡：云南红河蒙自枇杷之乡。中国荔枝之乡：四川泸州合江荔枝之乡、广东广州增城荔枝之乡。

特选典型水果产区介绍如下。

赣南脐橙，江西省赣州市特产。赣南脐橙产区被认定为第一批中国特色农产品优势区。种植面积10.4万公顷，位居世界第一，产业总产值122亿元，赣南成为中国优质鲜食脐橙产业带的核心区。赣南地处中亚地带南缘，具有种植脐橙的山地资源，气候温和，雨量充沛，光照充足，无霜期长。大量的浅丘坡地为发展规模化鲜食脐橙基地提供了优越的条件。赣南得天独厚的自然条件，造就了赣南脐橙独特的外观，孕育了世界一流的内在品质，赣南脐橙果大皮薄，橙红色艳，脆嫩化渣，酸甜爽口，香气浓郁。

洛川苹果，陕西省延安市洛川县特产。洛川县海拔较高，光照充足，昼夜温差大，雨热同季，是符合苹果最适宜生产区7项气象指标要求的苹果优生区，出产的苹果具有肉质细嫩致密、汁多松脆、酸甜适口等特征。2019年1月17日，中华人民共和国农业农村部正式批准"洛川苹果"实施国家农产品地理标志登记保护。

库尔勒香梨，新疆维吾尔自治区特产。库尔勒香梨因具有色泽悦目、味甜爽滑、香气浓郁、皮薄肉细、酥脆爽口、汁多渣少、落地即碎、入口即化、耐久贮藏、营养丰富等特点，被誉为"梨中珍品""果中王子"。库尔勒香梨是中国国家地理标志产品，入选中国农业品牌目录。2023年，库尔勒市香梨种植面积达2.7万公顷，果农约7万人。2022年9月5日，经中国品牌建设促进会、中国资产评估协会、新华社民族品牌工程办公室等"依据品牌价值评价有关国家标准"综合评审，地理标志区域品牌"库尔勒香梨"的品牌强度为851，品牌价值为161.20亿元。

4. 水果深加工

水果加工业作为水果全产业链上必不可少的重要一环，长期以来得到国家和地方政府的高度重视和大力支持。通过加工手段能消除季节性和区域性差别，减少鲜果集中上市的鲜果的销售压力、延长产业链条，提高食用价值，满足了各地消费者对水果的消费要求。近年来，随着我国水果产量不断增长，鲜果可加工成果汁、果干、果胶、果酒、水果罐头、果醋和果脯蜜饯等。以鲜橙为例，鲜橙通过压榨后，可制成果汁，橙渣和橙皮烘干后可以用作饲料，或者加工成天然果胶。

5. 水果品牌化

品牌化是水果产业的一个重大机遇。对于生产端来讲，品牌可以提高品牌溢价能力；对于流通端来讲，品牌是稳定采购货源的一个重要标志；对于消费端来讲，品牌给消费者带来信任，形成品牌忠诚，满足消费者的精神需求。打造知名水果企业/产品品牌，才能在激烈的市场竞争中占得先机，提高产品市场占有率，造福全产业链。

近年来，经济快速发展，国民人均可支配收入不断提高，消费升级也成为普遍现象。在年轻一代的消费观念里，消费呈现出多元化。人们不再只是追求消费性价比，而是越发追求高档、品牌、个性化消费。据了解，目前能将水果品牌做标准化处理的企业数量不多，比如褚橙、佳农、都乐、华圣、佳沛等。这些水果售价一般较普通水果要高。在电商平台搜索，同样是100克的奇异果，市场价约4元一个，而佳沛则要8元左右；普通香蕉大概6元一斤，而都乐香蕉要12元左右。这些品牌水果售价尽管远高于市场同类产品，但依然十分畅销。

6. 多种业态并行

除了传统的批发、农贸市场，近年来水果销售渠道逐渐丰富。超市、专卖店、精品店、社区便利店、微店、电商、餐饮、特通等多种业态并存，极大地促进了水果从采摘到消费者手中的流通进程，助力将"丰产"变"丰收"。特别是"以旅兴农，农文旅互惠共赢"的乡村振兴模式值得关注与探索。

7. 生鲜电商崛起

随着冷链物流技术的进步，水果行业吸引了众多电商进入，因水果易损耗、流通时间短的特性，缩减中间流通环节、提升行业的毛利水平成为水果行业的一个重要发展方向。而且随着互联网工具的加入，水果品牌因素的展现、传播变得容易，消费者可以便捷、系统地了解水果的场地、品质、知识等。

生鲜电商的崛起是疫情期间在线新经济崛起的一个缩影。疫情期间，由于受到各项管控措施的影响，以"无接触配送""即时配送"等为特征的生鲜电商，在保障社会基本生活、避免社会恐慌等方面发挥了巨大作用，使消费者不必到人流密集的超市等场所采购，有助于提高防疫效率。生鲜电商成为生鲜产品与消费者沟通的绝佳窗口。

二、蓝莓市场与曲靖佳沃现代农业有限公司

（一）蓝莓市场

蓝莓最早兴起于美国，属于小浆果树种。美国于1906年最先开始野生选种工作，1937年将从野生种中选出的15个品种进行商业栽培，至今不到百年的栽培史。继美国之后，世界各国竞相引种栽培，各国根据自己的气候特点和资源优势开展了具有本国特色的蓝莓研究和栽培工作。

蓝莓甜酸适度、口感好，果实中富含维生素、蛋白质和矿物质等营养元素，蓝莓中独特珍贵的花青素，在众水果中的比重是非常高的。蓝莓的叶、根具有很高的药用价值，叶能够制成茶，根可入药，用途广泛。蓝莓不仅具有较高的经济价值，还具有防止脑神经老化、增强心脏功能、调理肠胃、明目、防癌抗癌、软化血管、增强人体免疫等作用。因为其具有较高的保健价值，所以风靡世界，被世界粮食及农业组织列为人类五大健康水果之一。

蓝莓是一种新兴产业，起步晚但发展较快，随着人们生活质量的提高，对水果的营养成分越来越重视。蓝莓作为新一代健康保健果品，有更多的人开始意识到蓝莓对身体健康的益处，因而蓝莓市场供不应求。蓝莓除食用鲜果外，还可以进行深加工制成果汁、酒类、乳制品、糖果、果酱、蜜饯、冰淇淋、烘焙和保健品等产品。目前，全球已经有60多个国家种植蓝莓苗木，总面积已约达13万公顷，但全球市场总体需求量仍很大。根据调查显示，以及蓝莓产业在全球内的发展规律和未来的发展预测，蓝莓的种植面积以及产量将会呈现上升趋势，市场发展潜力巨大。2017年9月10日至12日，一场以"彩云之南全球蓝莓新视界"为主题的国际蓝莓大会在云南省曲靖市举办，作为世界蓝莓行业最具影响力的盛事，这是国际蓝莓组织（IBO）首次选在中国召开。这次大会分别来自国际蓝莓组织15个成员国代表，国内外蓝莓产业的行业领袖、专家学者等共计300余人，在此次为期3天的会议中详细介绍了世界蓝莓市场的发展前景，并交流蓝莓产业升级的实践经验，探索全球蓝莓产业合作与发展，与此同时，高度认可了中国蓝莓市场的发展潜力。

近年来，中国对蓝莓的需求快速增长。2014—2019年，我国蓝莓需求量呈逐年增长态势，年均复合增速高达50%。2019年我国蓝莓需求量为23.07万吨，同比增长18.4%。预计到2026年中国蓝莓行业规模将达到296.64亿元。未来，随着中国经济的迅速发展，科技水平日益进步，居民收入也在不断提高，公众健康意识也在逐渐增强，城乡居民膳食结构趋向更营养化、合理化、科学化，对高端、营养价值高的水果消费比重将逐步提高。

云南曲靖麒麟区以"大产业+新主体+新平台"理念为引领、产业资本为纽带、打造全产业链为抓手，依托良好的自然资源和区位优势，大力发展高原特色生态农业，引进曲靖佳沃现代农业有限公司（生产示范销售平台）、云南恒隆嘉宇生态农业发展有

限公司示范种植蓝莓，带动曲靖祥麟公司、大梨树蓝莓种植专业合作社发展蓝莓产业。采取"公司＋基地＋农户"的利益链接模式，通过制订蓝莓种植技术规程，打造山地生态露地蓝莓产业带，建成标准化种植基地287公顷，现有露地蓝莓种植520公顷，建成库容量1.5万立方米的蓝莓冷链物流分拣中心，初步形成集品种研发、种苗繁育、种植示范、冷链加工、物流销售于一体的蓝莓全产业链集成服务平台。预计到2025年建成优质蓝莓高效示范区666.7公顷，实现果品销售额6亿元以上。

（二）曲靖佳沃现代农业有限公司

2014年10月，联想控股佳沃鑫荣懋集团打造的蓝莓全产业链落户云南曲靖，并成立曲靖佳沃现代农业有限公司（以下简称"曲靖佳沃"）着力发展高端蓝莓产业链集群，全力打造"中国蓝莓之都"，引领云南蓝莓产业发展的"风向标"。佳沃鑫荣懋集团是主要从事现代农业和食品领域的投资和相关业务运营的公司。佳沃鑫荣懋集团在品种、技术、全球化运营、产业整合、品牌营销和企业管理等方面拥有不可替代的优势。构建了以全产业链运营、全球化布局、全程可追溯为核心理念的现代水果业务。佳沃鑫荣懋集团是中国最大的蓝莓产业链企业，在种苗繁育、种植、加工等方面处于行业领先地位。公司在智利及中国山东、辽宁、四川、湖北等地拥有规模化种植基地，并通过了ISO9001质量管理、ISO14001环境管理、GLOBAL GAP良好农业规范、ISO22000食品安全管理等体系认证。

曲靖佳沃是佳沃鑫荣懋集团投资云南农业的分公司，是一家集蓝莓种苗研发、标准化种植、冷链加工、销售和智慧农业云平台为一体的国家级科技型农业企业。曲靖佳沃本着坚持经济、生态、社会和谐统一，可持续发展，坚持以人为本，突出农业生态，坚持因地制宜，打造高原特色精品农业示范区，坚持保护优先，提升环境，科学适度开发的项目建设原则，利用佳沃鑫荣懋集团自身优势打造全产业链集成服务平台，实现从品种、技术、设施引进，种植示范到产品分选、加工、冷链、销售的全产业链服务功能。曲靖佳沃历时5年，打造完成集"品种开发、苗木繁育、种植示范、仓储分选、物流销售"五位一体的蓝莓全产业链。

1. 绿色优质蓝莓种植基地

曲靖市是云南省第二大经济体和第二大城市，是国家食品安全创建试点城市，素有"滇东粮仓"之称。"一水滴三江、一脉隔双盘"的独特自然环境，造就了曲靖发展高原特色农业得天独厚的资源禀赋。这里平均海拔2000米，立体气候明显，年平均气温14.5℃，日照2100小时，既没有冻害，又能满足蓝莓花芽春化所需的低温条件，蓝莓上市早，果实品质好，耐贮，货架期长，种植蓝莓有着得天独厚的优势。曲靖还是珠江源头第一市，素有"滇东锁钥"之称，4条高速以及3条铁路穿境而过。借助便捷的交通，曲靖将建成集分选、贮藏、冷链于一体，能满足3万吨蓝莓鲜果的物流中心，助推蓝莓全产业链发展。

2014年以来曲靖佳沃结合当地的自然条件、区位交通、产业基础、政策环境等优势，创新开拓蓝莓产业发展的"曲靖模式"。并按照"全球化布局、全产业链运营、全程可追溯"的理念，引进美国南高丛蓝莓品种。在曲靖麒麟区和马龙区建设成立了4个蓝莓种植基地，公司采用"公司+基地+农民专业合作社+农户"的模式，无偿向农户提供种苗，提供标准化种植技术，发动农户种植蓝莓，并按市场价收购农户种植的蓝莓。基地连锁规模化、水肥管网化、滴灌智能化的建设都融入了现代农业发展的必要元素。由于曲靖麒麟区的土壤、气候、生态等为蓝莓种植提供了良好的条件，每年4—5月蓝莓即可成熟上市，弥补了全国市场季节空白的独特优势，是全球南高丛蓝莓三大优势产区的核心区。2018年、2019年、2020年曲靖佳沃生产的"佳沃"牌蓝莓连续3年入选云南省"十大名果"称号，并获绿色食品和有机产品认证。

2. 发挥智慧农业平台作用，助力蓝莓产业发展

2017年8月，曲靖佳沃采取"政企共建，联合高校院所创新发展"的公益性模式，搭建云南省蓝莓工程技术研究中心。建成云南省、曲靖市两级专家工作站，与云南省农业科学院、云南农业大学建立了产学研合作，组建了一支37人的高水平技术研发团队。蓝莓工程技术研究中心被云南省科技厅认定为"省级工程技术研究中心"，中心通过不断研发和创新，摸索出适合高原地区气候的蓝莓种植技术，找到适合高原种植区比较适应的新品种，极大地促进了曲靖蓝莓产业发展。

云南省蓝莓工程技术研究中心位于曲靖市国家经济技术开发区，中心占地1公顷，由智慧农业数据中心、农产品检验检测中心、苗木组培繁育中心3个分中心组成。中心围绕优质蓝莓新品种选育、数字农业、检验检测、病虫害防治、水肥一体化等方面开展技术研究。经过多年发展，先后起草制定云南省地方种植标准1项、企业标准29项，申请发明专利4项，申请实用新型专利10项，成功转化科技成果10多项。培养和引进大批蓝莓行业高端工程技术研究人才，打造出一支包含蓝莓种质资源创新、新品种育繁、栽培、病虫害综合防治、有机生产、采摘、贮藏与精深加工方面的工程技术研发团队，蓝莓产业工程技术综合研发能力位于省内、国内领先水平。同时，无偿服务全省蓝莓产业相关企业，为其开展土壤、有机肥、叶片、果品等检验检测服务，指导蓝莓种植相关技术，企业提质增效效果显著。云南省蓝莓工程技术研究中心依托曲靖佳沃对科技成果进行了后续试验、开发、应用、推广，形成了非常显著的效益。建成全省规模最大、标准最高的466.7公顷自有、连锁蓝莓生态种植示范基地和年产200万株优质种苗基地，示范带动全省发展蓝莓2000公顷，成为云南蓝莓产业发展示范标杆基地。相较于传统农业节约水资源约50%，化肥减施超过40%；利用病虫害预警系统，在病虫害发生早期及时进行物理防治、生物防治，农药减施超过55%。土地产出率较传统种植经济作物提高了近10倍。

3. 严把质量关，用科学手段种蓝莓

一颗小小的蓝莓，只要用手机扫一扫包装盒上的二维码，便可追溯到生长基地和品质，可以查看基地气候、光照、施肥及管护过程，为消费者提供绿色健康食品档案。这是曲靖佳沃的营销战略。

为保证蓝莓品质，曲靖佳沃从国外引进国际领先的早中熟南高丛蓝莓品种，立足于露天生态绿色高标准种植方式，以全程可追溯为主线，围绕生态农业、智慧农业、品牌农业三个着力点，从育苗、种植、研发、物流和销售的各个环节实现可控。曲靖佳沃的产品"佳沃"蓝莓具有单果重大、糖度高、硬度大、果粉好、口感风味佳、营养价值高、富含花青素等特点，在同类产品中处于国际领先地位。目前，产品远销北京、上海、广州、深圳、天津、成都等国内一线城市及国外部分地区，在国内蓝莓高端市场稳居前列，成为绿色食品中的抢手货。

一直以来，曲靖佳沃始终秉承"好产品从种植开始"的原则，倡导"农产品标准化"。第一，用科学手段种蓝莓。曲靖佳沃做到精准施药和科学用药，既能起到积极的防治效果，也能有效控制农残和保证产品质量安全。同时，建立起一个反应快速、服务高效的病虫害专业化防治服务组织，实现专业的统防统治与绿色防控相融合，生产基地采用太阳能杀虫灯、粘虫板、噪声驱鸟器等绿色防控手段，有效提升病虫害防治的绿色化、组织化和专业化程度。此外，全面实施测土配方精准施肥，推动有机肥替代无机肥。在土壤污染的防治与管控方面，公司采用松针腐殖土、锯末、有机肥等对土壤进行改良，提高土壤的有机质和疏松度，且每年每亩地还会增施1~1.5吨发酵有机肥。在日常管理中，还会灌施有益微生物，增加土壤内部有益微生物菌群，提高土壤肥力，防止土壤板结。对种植基地的垄沟，每年撒施绿肥或者三叶草等固氮植物，以此培肥地力、改善土壤环境。同时，基地的灌溉用水来自山泉水水库，水质可以达到饮用水的标准。第二，注重生产标准化。生产源头的标准化，是为了更高品质的产品。而高品质还需要强有力的溯源利器来保障，维护品牌的信誉形象。2017年8月，曲靖佳沃引进慧云信息的智慧农业监控系统，利用农业物联网、大数据等现代信息技术，在蓝莓生产各个环节建立无数数据网络，实现对园区内蓝莓生产环境数据的自动采集与监控，包括精准监测空气温湿度、光照度、降水量、风向风速以及土壤温度、水分等要素。并通过自动控制器对蓝莓大棚内的设施设备进行自动调控，如当蓝莓生长需要降温时，工作人员可以随时、随地在手机上打开降温装置，将蓝莓大棚的温度控制在正常数值，给予蓝莓最精细的呵护管理。第三，扫二维码回顾蓝莓"成长"。现在很多农产品的溯源都集中在市场端，监控农产品的市场动态，但曲靖佳沃从种植端就开始溯源，利用慧云农产品溯源系统对蓝莓的种苗选育、生长过程、环境数据、加工分选、质检流程等进行全程追溯。以往未知的生产过程全部透明化呈现在消费者面前，构建起了一个"从生产到销售，从农田到餐桌"的全程可追溯体系，为消费者提供安全、高品质的蓝莓产品。比如，每一盒即将走向市场的蓝莓包装上都印有一个溯源二维码，消费者通过扫描二维码就能查看蓝莓的"成长档案"，从种苗、开花到采果，每一项农事操作的时间均有记录，大大增强了消费者对于产品品牌的信赖度，有利于打响曲靖佳沃蓝莓品牌。

【参考文献】

[1] 前瞻网.十张图了解中国水果行业发展现状[EB/OL].（2018-11-05）[2021-10-05].https://finance.tom.com/money/201811/1925641157.html.

[2] 董朝菊.把准脉，开对方，中国水果加工业方能乘风破浪[J].中国果业信息，2019，36（6）：12-17.

[3] 李勇坚.疫情中生鲜电商的机遇、问题与对策：在线新经济视角[J].统一战线学研究，2020，4（3）：68-75.

[4] 李亚东，裴嘉博，陈丽，等.2020中国蓝莓产业年度报告[J].吉林农业大学学报，2021，43（1）：1-8.

[5] 杨旭东.崔兴国 打好蓝莓"绿色食品牌"[J].致富天地，2019（5）：32-34.

[6] 云南网.点赞曲靖发展，曲靖着力打造"绿色食品牌"[EB/OL].（2021-05-21）[2021-10-10].http://society.yunnan.cn/system/2021/05/21/031463848.shtml.

【思考题】

1. 试分析蓝莓种植怎样才能做到绿色化。
2. 请你结合案例谈谈曲靖佳沃蓝莓下一步绿色化、品牌化经营的建议。

第七章

云腿的绿色传奇

一、中国猪肉罐头行业现状

（一）行业基本情况

猪肉罐头是我国各种肉类罐头产业中的主导，在中国食品工业生产中，猪肉罐头占有举足轻重的地位。2019年，我国共有98家肉类罐头企业，当年实现全年营业总收入接近217亿元。中国海关2019年的肉类罐头出口数据显示：猪肉及杂碎罐头当年的出口数量接近2.7万吨，其中猪肉出口比重达到85%左右；牦肉和杂碎罐头年出口量达到3200余吨，占肉类出口总量的7%；鸡肉罐头出口量为2100多吨，占6.7%。来自魔镜市场2022年的数据分析结果显示，虽然受到疫情的影响，肉制品以及罐头类产品的销量仍然在千万份以上，4月，天猫平台的肉制品及罐头类产品的销售额与2021年同期相比增长了166%。

（二）肉类罐头行业供需市场

来自中研普华《2020—2025年中国肉罐头行业供需趋势及投资风险研究报告》的数据显示，2011—2020年的10年间，中国的肉类、禽类罐头产品产量有明显波动的趋势；产量在2016年出现了这10年中产量的顶峰（247.3万吨），2017年开始逐渐下滑，2019年的产量仅有2016年的七成（163万吨）；2020年的产量跌落至125.95万吨。在国际市场，2020年前三个季度，"猪肉及杂碎罐头"出口金额达7790万美元，占肉类罐头出口额的86.12%。据统计，美国是世界上对罐头食品具有较高偏好的国家，一个美国人一年的罐头消费水平在90公斤左右，西欧国家年人均罐头消费量为50公斤，日本年人均罐头消费量为23公斤，而中国仅为1公斤。2020年前三季度罐头的出口中，除猪肉罐头之外，还有鸡肉罐头（出口额6.14百万美元，占6.79%）、牛肉罐头（出口额5.85百万美元，占6.47%）以及其他家禽肉及杂碎罐头（出口额0.56百万美元，占0.62%）。这为中国罐头走向美国市场提供了机遇。

疫情为罐头行业带来了短期迅速的刺激，后疫情时代的罐头商彻底撕掉不健康、没营养、不新鲜等负面标签，改进风味口感，商家开始着眼"宅"市场，把目标落实在由于疫情无法自由外出的消费群体，抓住"宅经济""一人经济""懒人经济"的机遇，推出与之相匹配的单人食谱、家庭食谱、家庭预制菜等形式的产品，不断开辟和延伸全新的消费场景，在这类应对突发事件的必要消费需求外获得新的消费增长点。

（三）国家肉类罐头的政策

《中国肉类产业"十四五"专项规划》提出，到"十四五"的收官之年，猪肉的自给自足率要提升至95%，羊肉则提升至85%；肉类产品的合格率必须达到99%以上。在未来的5~15年，中国肉类的综合环境会得到较大幅度的改善和提升，提高肉类产品自我供给能力，使牛羊禽肉市场占比不断加大，肉类食品安全应当与产量相匹配，以保障肉类供应的质量，促进肉类工业的高质量发展。为满足这一巨大的消费需求，必须加大肉类产业投资，主动融入国内大循环和国内国际双循环相互促进的新发展格局中。未来的中国肉业在政策支持的情况下，应该做到如下方面。

（1）为了提升肉类产业供给体系的韧性和适应国内需求，需要以创新驱动和高质量供给引领，同时创造新的需求；为了不断推进创新、创业和创造活动的纵深发展，需要加强企业创新主体地位，促进各类创新要素聚集到企业中，建立起以企业为主体、市场为导向、产学研用深度融合的技术创新体系。

（2）对全国生猪、家禽及肉牛、肉羊的产业布局进行细化。继续提升重点发展区规模化和产业化水平，引导优化发展区建立规模养殖，提高自给率，同时加强发展区的加工能力和冷链物流体系建设。继续加强重点发展区的规模化和产业化水平，引导这些区域建立规模养殖系统，提高自给率，并且在加工能力和冷链物流体系建设方面加强相应措施。

（3）推进产业高质量发展，实施重点工程，进行标准化建设，并推动主产区畜禽屠宰厂的发展。根据标准化要求，在主产区新建或改建大型的屠宰自营企业，提升畜禽产品的加工和储藏能力，并对现有的屠宰加工企业进行升级改造。同时，配套建设标准化的预冷集配中心、低温分割加工车间和冷库等设施，并淘汰不符合标准的畜禽屠宰场点。

（4）实施主销区畜禽屠宰厂的转型改造工程，鼓励主销区的畜禽产品原有屠宰厂逐步减少活畜禽的调入量和屠宰量，发展原料肉精深加工和配送。同时，深入实施增强制造业核心竞争力和技术改造专项，建设智能制造示范工厂，并深入推进质量提升行动。

（5）推进物流配送企业完善冷链配送体系，培育具备核心竞争力的大型冷链物流企业，并重点加强批发市场等重要农产品物流节点的冷藏设施建设，同时建设经济适用的肉类产品预冷设施。

（6）研发生产满足健康需求的肉类食品，创造符合国民健康需求的优质品牌，引导居民培养科学的膳食习惯，推进健康饮食文化建设，并针对重点区域和重点人群实施营养干预，逐步解决居民营养不足和过剩并存的问题。

（7）实施肉类生产企业综合效益提升工程。"十四五"期间，要加快推进畜禽屠宰及肉类加工企业的经济效益明显提升。此外，在肉类粗加工和初加工的基础上，还应加快推进肉类精深加工和资源综合利用。中国肉协计划建立一个公共平台，为肉类企业提供综合技术服务。

（8）推行肉类产业的数字化转型工程。中国肉协计划进行"上云用数赋智"行动，以推动数据在全产业链协同转型中的应用。此外，还要加快产业园区的数字化改造，深入推进肉类贸易的数字化转型，并加快发展智慧养殖等领域，培育具有国际竞争力的肉类产业服务企业。

（四）四川遂宁猪肉罐头企业

四川遂宁地区的食品产业是从 20 世纪 70 年代中期开始发展的，经过 50 多年的努力，遂宁地区已经发展出具备可持续性、智能化、系统化的立体式畜牧养殖产业。从原猪的屠宰、生鲜肉的分割，到冷冻、成品罐头制造，直至分销、零售等，形成了完整的全产业智能网链，同时也孕育出一批优秀、杰出的行业龙头企业，代表性企业包括美宁食品和高金食品。

1. 美宁食品：新零售时代完整营销渠道的代表

美宁食品一直立足于罐头产业，走产业链上下融通的多元化发展之路。旗下罐头生产板块包括猪肉类罐头、清真类罐头以及果蔬类罐头的生产经营。渠道是保证企业价值传播的重要途径，美宁食品系统化地谋划和建设了上下游互联互通的营销渠道。在上游环节，美宁投入重金，从源头狠抓产品品质。2019 年，美宁食品投资约 6.5 亿元，打造了 20 公顷的高产能、高标准的智能化罐头生产基地，2021 年美宁食品有限公司被认定为四川省省级"绿色工厂"。在下游环节，美宁食品在各大商场、超市全面铺货，与大型餐饮公司合作，建立了坚固的线下渠道，同时，也辅以电商、微商作为线上补充，最终形成线下和线上相辅相成的分销渠道体系。完善和高效的营销渠道使美宁的罐头产品在国内和国际市场都享有较好的销售业绩，除了中国市场，在日本、韩国、马来西亚等 40 多个国家和地区都能见到美宁的罐头产品。广阔的市场覆盖面，为美宁食品提供了源源不断的生产动能。虽然 2020 年暴发了疫情，但仍未影响到美宁食品的罐头销量，该品牌的订单量仍然保持较高水平。当年的前 3 个月，美宁食品的生产和销售都十分火热，每月罐头的产销量都维持在 3000 吨左右，与 2019 年相比，销售量同比增加 110%，到 2020 年年末，美宁食品的销售量在 2019 年的基础上增长了 15%，营业收入也增长了 32%。如今，国家农业产业化重点龙头企业、国家军需罐头生产骨干企业、国内西部最大肉类罐头生产企业均有美宁食品的一席之地，并被评为中国驰名商标。

2. 高金食品：高科技创新企业的代表

高金食品成为一家集特色生猪养殖、屠宰、肉制品精深加工、预制菜研发生产、鲜销连锁、物流配送、进出口贸易于一体，全产业链运营的农业产业化国家重点龙头企业。"高金"牌猪肉被农业农村部认定为"绿色食品""最受欢迎农产品""无抗产品认证"。旗下的"庄园黑·高原黑猪"是中国黑猪标准发布者之一，产品取得"生态原产地产品保护""GRA 无抗产品认证证书"。高金食品作为世界肉类组织金牌会员单位、中国肉类协会副会长单位、国家知识产权示范企业，高金食品在华中及西南两地组建国家级企业技术研发中心，始终坚持创新作为第一动力的发展理念，坚定不移地走自主创新发展之路。该公司每年在研发上的投入已占到年销售收入的 3%，且每年持续保持较大幅度增长，并以市场为导向，每年向市场推出满足消费者需求的精准产品。同时，高金食品通过与四川大学、四川农业大学、成都大学等高等院校合作，培养了 200 余名科研技术人才，致力于让科研成果转化为深受市场认可的特色罐头食品。目前，高金食品的科技创新体系完整，水平一流，达到国家级水平，是肉类罐头行业中具备强大的科研实力的佼佼者。

二、云南肉罐头企业案例：昆明德和罐头食品有限责任公司

昆明德和罐头食品有限责任公司（昆明德和罐头厂）始建于1946年，前身是浦在廷（卓琳的父亲）于1921年创办的兄弟罐头食品公司，是中国很早开始生产制造罐头的企业之一。经过30多年的发展后，成为现在的昆明德和罐头食品有限公司。德和罐头食品有限公司的宣威火腿罐头并非首创，公司以改革、发展、扩大云南省火腿罐头的制造销售为目标，在继承、发展、创新的基础上，从内容到包装全面改善了宣威火腿罐头的质量，把宣威火腿罐头推向全国甚至世界。历经百年发展，德和由最初的罐头食品企业发展成为集生产、加工、销售为一体，经营范围涵盖云腿、午餐肉、云南特色菌菇等罐头类食品，香肠腊肉，节庆产品，糕饼，休闲食品等产品，线上实现电商全渠道覆盖，线下拥有三大品牌40余家门店，产品入驻全国各大商超、餐饮门店的综合食品企业。昆明德和罐头食品有限责任公司凭借良好的信誉和过硬的产品品质，连续被评选为云南省绿色食品牌"20佳"、昆明市绿色食品牌"10佳"、昆明市放心食品生产企业，"德和"牌商标连续4届被认定为云南省著名商标，"德和"牌肉类罐头连续3届被评定为云南名牌产品，2011年1月公司被商务部认定为中华老字号企业，同年被云南省商务厅认定为云南老字号企业。

（一）企业发展史

1910年，宣威人浦在廷看到整只火腿携带和食用均不方便，于是在宣威开办兄弟食品罐头公司"大有恒"，生产"双猪牌"火腿罐头。因其深受欢迎，远销东南亚一带，供不应求，并在巴拿马国际商品博览会上获得金奖。1923年在广州举办的商品博览会上，"双猪牌"火腿罐头受到孙中山先生品尝赞誉，题赠"饮和食德"四字，以示鼓励。

"德和"由玉溪峨山人戴永康、曲靖宣威人肖继爱等人于1945年创办，当年10月，时任云南省主席的龙云被迫下台，戴永康和肖继爱原来在龙云部队任炮兵团任职，龙云下台后他们便弃戎从商，来到宣威的上堡街开设商号，取名为"德和祥"。当时的商人把"德和祥"火腿运到昆明贩卖，再从昆明采购棉纱以及百货回到宣威销售。"德和祥"火腿凭借其优异的质量，很快就赢得了当时省内消费者的青睐，销路一下子便打开了，火腿还贩卖到了越南等国和中国香港等地区，广受欢迎。

宣威出产的火腿，虽然质地优良，味道鲜美，但由于成本较大，卫生质量较低，运输不便，所以销售只是在本地区，销路无法打开，接受者过少，品牌名声不够。加之当时的云南，山高路险，通往内地的公路尚未修通，与省外的贸易，还靠人背马驮，因此火腿的销售十分缓慢。从20世纪初开始，伴随着新文化运动的开展，国人开始普遍学习西方先进国家，当时有大量的罐头食品进入中国市场，"德和祥"深受启发，便开始

制作火腿罐头。罐头包装的火腿，一方面能起到较好的保鲜作用；另一方面其标准化的包装盒，无论是分割、运输、仓储、携带、食用都十分方便，关键是经过这样的包装，火腿能够保存较长时间，对于地处偏远且道路交通条件不发达的云南与外界的商贸活动来说，较为适合。"德和祥"火腿在各地销售和贩卖的过程中，也发现了中国香港、澳门地区以及东南亚的一些国家对肉类罐头的需求旺盛，火腿以罐头形式销售比整只火腿的销路还要广阔，"德和祥"更坚定了制造罐头形式火腿的思路。

在"德和祥"成立以前，宣威已经有了规模较大的生产宣威火腿罐头的企业，有浦在廷重新创办的"大有恒火腿罐头公司"，以及在"大有恒"后面相继成立的"信义成"火腿罐头公司、"裕丰和"火腿罐头公司。"德和祥"作为后来者，如何进入火腿罐头市场，是摆在戴永康、肖继爱等人面前的一个重要问题。用现在的话来讲，当时"德和祥"的股东们认为：

首先，火腿市场活跃的三大品牌，包括"大有恒"的"双猪牌"、义信成"的"单猪牌"、"裕厚昌"的"四猪牌"，它们都是老牌火腿企业，进入市场多年，有较为稳定的消费者基础，如果"德和祥"要以"迎头定位"的策略进入市场，那么就要保证自己的火腿品质要赶上甚至超过这三家的产品，这样才能生存下去。

其次，便利性应该是火腿罐头最富特色的属性，方便运输的同时也要方便食用，三大火腿品牌的罐头虽然畅销，供不应求，但都存在一个通病，即开罐特别困难，在食用的时候，需要用菜刀等中大型的刀具才能打开，如果操作不当，还会伤到手指，火腿罐头有着"火腿好吃罐难开"的说法。

因此，"德和祥"的产品不仅在质量上要赶超，而且还要在便捷包装上出奇制胜。于是，"德和祥"借鉴了美军午餐肉罐头的外形，把罐形做成长方罐，并在接近罐口的地方画出两条平行线，两线之间便可以形成很细的一根铁条，铁条在罐身出留出一截条口，每罐火腿的底部都配一把特制的开罐小钥匙，钥匙头是镂空的，刚好可以插入铁条的条口。开罐时，将条口插入钥匙头的镂空处，几经旋转钥匙后把封口的铁条转出来，这样罐子就打开了，还不会伤到手，十分便利。1947年，"德和祥"克服重重困难，自主研发了封罐机，开始了火腿罐头的生产。

1948年春，第一批"云腿"罐头便被生产出来，并投放市场，产品有云腿大片、云超腱肉、云腿小片。品质方面德和罐头做到了严格的品控，接下来便是包装，包装是"无声的推销员"，精美的包装在保护产品的同时，也能在无形之中促进销售。时任云南人民企业公司副总经理的金龙章就"德和"的商标设计提供了宝贵意见，其夫人毛云琴对"德和"进行了英文翻译，译成英文"TEHHO"，这一商标从那时候起便一直沿用至今。1948年在香港举办的一次展览会上，香港总督曾颁发给德和罐头优质装潢奖。从此之后，德和罐头的销售便如鱼得水，在中国香港、澳门地区赢得了广泛的欢迎。此外，该产品还远销至缅甸、越南、新加坡等东南亚国家以及印度等中亚国家。1949年，德和牌云腿罐头在当年的香港展览会上荣获罐头食品优等奖，同年还接到英国商人从伦敦发来要求大批订货的订单，走向了欧洲市场。到1949年年底，德和罐头股份有限公司已经积累了滇铸半开银币 30 万元的资金。除了在昆明有营业部，还先后在广州、香港设立了办事处。

中华人民共和国成立后，1954 年，德和罐头食品公司被批准为昆明市的公私合营企业。社会主义改造完成后，公司成为云南省国营食品工业的骨干企业。1980 年，昆明罐头厂恢复"德和"原名。1985 年，昆明德和罐头厂的罐头产品已发展出肉类、果蔬类、乳制品类、水产类等系列产品。1990 年企业晋升为省级先进企业。2003 年，"德和"商标获云南省著名商标称号。2016 年，新华都全资入驻昆明德和食品有限责任公司。现在德和已发展成最具云南特色的罐头食品综合生产制造企业。

（二）企业运营现状

1. 产品组合

当前，德和主打产品是罐头食品，再辅以其他腌腊制品、糕点月饼等，形成了丰富的产品线，满足了消费者多样化的需求（见表 7-1）。

表 7-1　昆明德和罐头食品有限责任公司产品线

产品系列	明细
黑猪系列	猪油、番茄香肠、麻辣香肠、广味香肠、五香香肠、午餐肉罐头、肉粽、焖肉罐头、酱肉罐头
帽子系列	酱香肉软罐头、猪肉丁米线罐头、松露杏鲍菇云腿酱、猪肉酱帽子、米线帽子罐头、蒜蓉剁椒酱
午餐肉系列	云珍午餐肉、云腿黑松露午餐肉、精品午餐肉、经典午餐肉、多乐鱼午餐肉、火腿经典、云腿
云腿系列	云腿酱肉、云腿酥、云腿大片罐头
牛肉系列	酱香牦牛肉（原味）、酱香牦牛肉（麻辣）、冷吃牛肉、清汤牛肉、牛肉酱切片、大酥牛肉罐头
菌菇系列	油浸云茸、油鸡枞、云腿青头菌罐头
腌腊系列	五分瘦老滇味、五分瘦广味香肠、五分瘦麻辣香肠、七分瘦广味香肠、七分瘦麻辣香肠、七分瘦老滇味香肠
家常菜系列	麻辣小龙虾罐头、香辣猪蹄罐头、梅菜扣肉罐头、辣子鸡罐头、红烧猪肉罐头、元腿红豆、红烧肉、云腿八宝饭罐头、粉蒸肉罐头、香肘
休闲食品系列	酸角糕、冰糖银耳羹、甘栗仁软罐头、菠萝罐头、乳扇沙琪玛、杨梅罐头
月饼系列	中秋礼盒、月饼组合装、酥皮火腿月饼

2. 产品质量

公司十分重视产品质量，在罐头制作的过程中有严格的品控体系。在原料环节，公司坚持使用优质的隔年火腿，这些火腿都要经过精挑细选，不但要求色香味俱佳，而且体型上也要统一标准，每块火腿的体重保持在 7 千克左右。如果火腿过大，一方面肥肉较多，另一方面不适合装罐；火腿过小则容易"哈黄"（云南方言，腌制好的肥肉中脂肪氧化的部分，呈黄色，有害，不能吃，这部分不能食用，要去掉）皮骨多，利用率低。公司坚决不要低价的次货，只采用优质好货，哪怕价格高，在原料紧缺时也要保证质量，而大批购进时也要逐个检验质量。

在加工环节，各类工序如切片、装罐、消毒、排气、密封、检验也严格确保质量，产品出厂前要经过系统的鉴定，各项指标都必须达标。经过严格的生产工艺生产出的产品，无论是色泽、口感、质地等方面才能达到一流水准。色香味俱佳的火腿片整齐地摆放盘中，给人以美感，勾起人的食欲，让人忍不住想大快朵颐。公司坚持五大"不提供"原则：①不提供养殖周期低于140天的猪肉；②不提供母猪肉；③不提供注水猪肉；④不提供药物残留猪肉；⑤不提供打过激素的猪肉。

3. 严格品控

德和秉承初心，以食品的健康安全为发展准则，倡导在消费升级的时代，更加注重绿色健康，积极打造一流的"绿色食品牌"，全力打造绿色生态德和的品牌形象，推出更多健康、美味，能代表云南特色的绿色食品，加快绿色发展步伐。公司在不断改革工艺操作的实践中，又相继制定了质量标准和操作规程，以及入库、保温、检验、装箱出厂的工艺规程，源头供应精选原料，生产制造标准化且全程无菌，终端销售符合国家规定，各个环节都有严格的品控。比如午餐肉产品，采用原生态散养的山地黑猪，该猪因自然生长的养殖方式造就了优质的肉质。签约当地养殖户，开展深度合作，在加工方面，不添加香精，减少食品添加剂，保持肉的本味，猪肉的投肉量达到90%，超过午餐肉罐头国家优级品标准85%的水平，在制作烹饪环节，签约米其林厨师，保证了口感质量。香肠产品源头选用散养黑猪，控制好三七肥瘦比，生产过程全程无菌，不添加防腐剂，烹饪过程使用传统工艺压榨的植物油，采用传统配料，保证了口味，销售环节采用真空密封包装，保证了食品的品质。这种独特的企业文化使企业的产品占据了市场的份额，给企业带来了良好的声誉。

4. 源头质量

在上游的供应环节，德和与中国科学院合作，通过5年多的研发，培育出了优质的滇南小耳猪。滇南小耳猪的猪种，主要的毛色是纯黑色，还有黑白花色以及少量棕色，是我国较为优良的地方品种猪，也是国家级畜禽遗传资源保护品种。这类小耳猪型能够适应滇南地区亚热带的湿润气候，其自身的特质对蚊虫和寄生虫有较强的抗性，因此出产的猪肉肉质鲜嫩，口感鲜糯，是云南地区地方特色优质猪肉产业化生产的宝贵资源。在养殖过程中，科学培育，公司组织了大量的农户进行小耳猪的养殖，养殖过程全程天然喂养：不使用激素、生食、泔水以及催肥药物。通过天然散养的模式，确保了小耳猪肥而不腻、肉质嫩等特点。

为进一步提高肉质、绿色化喂养，德和在曲靖建设了专门的黑猪养殖基地，保证源头产品的品质以及产量。基地采用全自动环境控制系统、全自动供料系统及粪污发酵技术，通过"公司+科技+标准+养殖大户"模式，实现猪场的现代化、标准化、规模化和智能化，年出栏10万头特色黑猪，成为全省最大的特种猪育种基地及特色黑猪养殖示范基地。

（三）绿色未来

1.政策导向

党的十九大报告指出，必须树立和践行绿水青山就是金山银山的理念，坚持节约资源和保护环境的基本国策，像对待生命一样对待生态环境，统筹山水林田湖草系统治理，实行最严格的生态环境保护制度，形成绿色发展方式和生活方式，坚定走生产发展、生活富裕、生态良好的文明发展道路，建设美丽中国，为人民创造良好生产生活环境，为全球生态安全作出贡献。

党的二十大报告指出，推动绿色发展，促进人与自然和谐共生，要加快发展方式绿色转型，实施全面节约战略，发展绿色低碳产业，倡导绿色消费，推动形成绿色低碳的生产方式和生活方式。

《云南省人民政府关于印发云南省国民经济和社会发展第十四个五年规划和二〇三五年远景目标纲要的通知》提出，未来，云南的发展将围绕"一个跨越""三个定位""五个着力"的要求，全面贯彻党的基本理论、基本路线、基本方略，统筹推进经济建设、政治建设、文化建设、社会建设、生态文明建设的总体布局，坚持生态优先、绿色发展，发挥优势、聚焦重点，全力打造世界一流"绿色能源""绿色食品"和"健康生活目的地"三张牌，持之以恒推动"三张牌"走深、走精、走长，让绿色成为云南发展的鲜明底色。其中，对打造世界一流"绿色食品品牌"做出了长远规划：持续发展"一县一业"，聚焦种子端、电商端，坚持设施化、有机化数字化发展方向，按照"大产业+新主体+新平台"发展思路和"抓有机、创名牌、育龙头、拓市场、建平台、解难题"要求，推动全省绿色食品品种培优、品质提升、品牌打造、标准化生产，迈向价值链高端。

2.国家罐头标准

做"绿色食品品牌"，首先要考虑质量标准。只有对标国家标准，才能守住质量底线。2017年7月12日，中华人民共和国国家质量监督检验检疫总局、中国国家标准化管理委员会共同发布了《猪肉糜类罐头》（GB/T 13213—2017）的国家标准（见表7-2~表7-4）。

表7-2 国家罐头标准（基本要求）

国家罐头标准	
原料类	猪肉（应符合GB 9959.1和GB/T 9559.2的要求）、食用盐（应符合GB 5461的要求）、白砂糖（应符合GB/T 317的要求）、亚硝酸钠（应符合GB 1886.11的要求）、淀粉（应符合GB 8884或GB 8885的要求）、水（应符合GB 5749的要求）、谷氨酸钠，即味精（应符合GB 8967的要求）
其他原辅料	应符合其他相应标准要求
配料要求	优级品火腿猪肉罐头的投肉量应大于或等于85%；优级品午餐肉罐头的投肉量应大于或等于80%；优级品火腿午餐肉罐头投肉量应大于或等于80%

表 7-3 国家罐头标准（感官要求）

项目	火腿猪肉罐头		午餐肉罐头		火腿午餐肉罐头	
	优级品	合格品	优级品	合格品	优级品	合格品
色泽	呈该产品应有的淡红色	呈淡红色，允许表面略带黄色	表面色泽正常，切面呈淡粉红色	色泽正常，无明显变化，切面呈淡粉红色，稍有光泽	呈鲜艳的粉红色	切面呈淡粉红色，允许表面略带黄色
滋味气味	具有火腿猪肉源头应有的滋味与气味		具有午餐肉罐头浓郁的滋味与气味、无异味	具有午餐肉罐头较好的滋味与气味、无异味	具有火腿午餐肉罐头较好的滋味与气味、无异味	
组织形态	组织紧密、含有粗绞瘦夹花，形态完整	组织紧密、含有粗绞瘦夹花，形态完整	组织紧密、富有弹性，切片光滑，夹花均匀，无明显的大块肥肉夹花或大蹄筋，允许有极少量最大直径小于8毫米的小气孔，无明显缺角	组织紧密、富有弹性，略有收腰、缺角和黏罐，切面光滑，稍有大块肥肉夹花或大蹄筋，允许有极少量最大直径小于9毫米的小气孔，缺角不超过周长的30%	组织紧密、富有弹性，表面完整，并有粗绞瘦肉夹花，允许有极少量小气孔，无缺角	组织紧密、有弹性，略有收腰、缺角和黏罐，切面光洁，并有粗绞瘦肉夹花，允许有小气孔
析出物	允许稍有脂肪和胶冻析出，析出脂肪总量不超过净重的4%	允许稍有脂肪和胶冻析出，析出脂肪总量不超过净重的5%	脂肪和胶冻析出量不超过净含量的0.5%，净含量为198克的析出量不超过1%	脂肪和胶冻析出量不超过净含量的1.0%，净含量为198克的析出量不超过1.5%	脂肪和胶冻析出量不超过净含量的0.5%	脂肪和胶冻析出量不超过净含量的1.0%
杂质	无外来杂质					

表 7-4 国家罐头标准（理化指标）　　　　　　　　　　　　　　　　　　单位：克

项目	火腿猪肉罐头		午餐肉罐头		火腿午餐肉罐头	
	优级品	合格品	优级品	合格品	优级品	合格品
蛋白质≥	14	12	12	10	13	11
脂肪≤	18	22	24	26	20	24
淀粉≤	3.5	5	6	7	6	7
水分≤	70		68		64	
氯化钠≤	2.5					

3. 构建智能化绿色供应链

在国家、云南省绿色发展政策的引导下，食品制造行业也要向着绿色、生态、健康的方向发展。信息经济时代，为供应链的智能化提供了技术支持，而国家绿色发展政策的引导，也为智能供应链的绿色升级创造了充裕条件，新兴的智能化绿色供应链，融入我国制造业和服务业中，也有力地推进了行业优化，最终能够成为促进社会经济进步，提升我国国际形象的不竭动力。智能化绿色供应链强调减少对环境的破坏，追求"环境友好型"的理念，争取"无废无污""零副作用"，注重生产、供应、销售多方彼此之间的数据共享，实现闭环运营，减少多方之间的消息壁垒，使生产商、供应方、销售方共同协同发展，消除无效、低效，甚至负效环节，有效降低成本，提高企业收益，最大限度地保证企业的利润，以提升企业的综合竞争力水平，做到让市场以及客户高度满意的状态。智能化绿色供应链，是在传统供应链的基础上，通过信息化和智能化的手段打通各个节点之间的物理障碍，建立节点之间的主动联系，同时，把绿色发展观念融入供应链的发展中，实现供应链的绿色化。食品生产制造从采购环节起，生产制造、流通加工、仓储、装卸搬运、流通配送、分销、最终交付、售后、废物处理以及回收，各个环节都深入贯彻绿色发展理念，保证各个环节的安全和健康。因此，绿色智能供应链，在服务好供需双方的基础上，也主动肩负起社会责任，打造绿色、安全、高效、优质的供应体系，保证了食品的安全，也为社会稳定贡献了力量。德和通过打造黑猪种源基地——曲靖德宣农牧科技有限责任公司，逐步构建绿色供应链。

智能化绿色供应链，以信息化、智能化技术为基础，在保证正常的生产、制造、分配、销售的同时，稳步推进绿色研发、使采购、制造、包装、运输、营销、回收等环节都进行绿色化升级，具体特点见表7-5。

表7-5 智能化绿色供应链各节点特点

节点	内容
供应端	在"从农田到餐桌"的整个绿色供应链流程中，供应商的管理具有首要性和基础性。良好的供应商管理将提高产品的质量和数量，有益于绿色供应链管理的顺利开展
生产端	强化企业生产和运营管理，企业内部管理工作严谨、全面、科学，组织结构不断完善优化，部门职责分工更加清晰明确，企业的生产和整个运营更加顺畅和有效
分销端	强化批发/代理、终端零售等环节的管理，做好商品在各个环节的质量监管，保证正规的商品能够进入终端市场。通过减少分销环节的成本，提高资源的分配，给企业创造更多的剩余价值
仓储运输	打造绿色运输和仓储体系。通过运输过程中的绿色节能配送优化物流能源配送，减少物流成本，减少运输途中造成的环境污染，提高绿色包装的利用率；仓储过程运用互联网等技术，拟算最优配置，最大限度地提高仓储利用率。企业做好运输车辆管理、配送路线规划、仓库选址和仓储设计的优化以节约成本，减少浪费，提高运送效率和准时率
物流信息	创建现代化物流信息系统，为绿色供应链管理提供有效的信息支撑，实现企业运营信息化管理。运用现代化信息技术，搭建绿色供应链管理平台，提高信息共享和优势互补的效率，降低成本，实现企业上、中、下游的无缝衔接和平稳运转

4. 未来展望

（1）树立企业绿色核心价值。企业要将绿色发展的概念融入核心价值观中，以发展绿色产业作为指导原则，并加大绿色投入和研发，挖掘企业的绿色附加值。企业要树立企业公民的概念，企业是商业利益与社会责任主体的结合体，社会是企业利益的源泉，企业在享受社会赋予的条件和机遇时，也要回馈社会，而绿色发展理念便是以环境保护、人员健康的角度贡献绿色价值，使企业与社会形成高度的统一，创造绿色效益。

（2）建立绿色长效发展机制。国家、省要以绿色发展为基础，创造有利于绿色发展的环境，包括政策、法律的保障，营造出绿色发展的外部氛围。同时，加强第三方的社会监督力度，树立绿色发展型企业的典型，通过社会环境的整体改良推动企业对环境社会的担当。

（3）提高企业绿色素质，传播绿色生活理念。企业的发展目标，就是在传递价值的同时，让消费者获得满意的体验，这是实现人民美好生活的重要途径之一。在实施智能化绿色供应链的管理过程中，整个价值链的过程都要建立绿色传导理念，保护环境，注重健康，同时减少浪费，承担环境保护义务和增强社会责任心。

【参考文献】

[1] 人民民品．中国肉罐头之都带你吃出科技感[EB/OL]．（2021-11-12）[2022-11-12].https://baijiahao.baidu.com/s?id=1716172132059977032&wfr=spider&for=pc.

[2] 中研网．罐头行业开始打"健康牌"肉罐头行业供需市场分析[EB/OL]．（2021-09-29）[2023-09-29].https://www.chinairn.com/hyzx/20210929/160433948.shtml.

[3] 云南省档案馆．话说云南老字号[M]．昆明：云南人民出版社，2014.

[4] 中研普华研究咨询．2020—2025年中国肉罐头行业供需趋势及投资风险研究报告[R].2020.

[5] 中华人民共和国国家质量监督检验检疫总局，中国国家标准化管理委员会．中华人民共和国国家标准[S/OL].[2021-06-03].http://c.gb688.cn/bzgk/gb/showGb?type=online&hcno=58465CF390634DE3587E933A7C734C21.

[6] 徐永波．绿色供应链提升企业竞争力策略研究[J]．品牌与营销，2021（10）：23-24.

【思考题】

1. 如何理解食品行业中的"绿色"理念？习近平总书记提出的新发展理念（创新、协调、绿色、开放、共享）与德和罐头食品有限公司未来的发展应该怎样融合？

2. 昆明德和罐头食品有限责任公司未来应如何整合资源，构建绿色供应链？

3. 昆明德和罐头食品有限责任公司如何进一步深化绿色概念，打造绿色百年老字号牌？

【深度链接】

"老浦家火腿"的食德

宣威市浦记火腿食品有限公司（以下简称老浦家）是一家集乌金猪选育、生猪养殖及宣威火腿生产、加工、销售为一体的农业产业化省级重点龙头企业。老浦家建成火腿系列产品加工现代化生产线5条，研发熟食火腿、生食火腿、火腿罐头、香肠、火腿饼、鲜花饼等品种100余个，销售渠道有直营店、加盟店、商超（沃尔玛、麦德龙等）、电商网络（京东、天猫、淘宝）等，在昆明、上海、深圳等地设立销售部，形成了线上线下的全营销模式，销售网络覆盖全国 20 多个大中城市。2018 年以后，宣威市浦记火腿食品有限公司 3 次获"云南省绿色食品 20 佳创新企业"称号。

（一）生态喂养

"宣威火腿"原料猪种为乌金猪。乌金猪是中国高原生态系统唯一自由放养驯化的猪种，也是生活习性最接近野猪的猪种，乌金猪以肉质鲜美，富含钙、铁、锌等，适合高原牧场养殖。乌金猪至今仍然采用"放牧+补饲+圈养"的养殖方式，即将小猪在野外放牧，早晚收牧加以补饲，独特的饲养方式使乌金猪素有"吃的中草药、喝的矿泉水、长的健美肉"之美誉。乌金猪这种独特的养殖方式，让新鲜肉的口感更加丰满，使深加工成的火腿、腊肉等产品的质感更加富有层次感，而用乌金猪为原料制作的云南宣威火腿更加闻名世界，故有"宣威火腿乌金猪"之说。

为将绿色食品发展融入企业发展中，围绕原料生产，为保障火腿制作原料供应，老浦家已建成万头乌金猪养殖基地（6.67 公顷示范养殖基地），采取"公司+基地+农户"的养殖模式，建立安全合格猪源示范养殖基地。以公司的种植养殖基地为基础，进行乌金猪的标准化养殖和技术示范，由基地提供仔猪，制定饲养标准，指导农户进行乌金猪饲养，公司派专人指导农户按公司饲养标准饲养，实现宣威火腿原料生态化、标准化，建成老浦家火腿可溯源标准化体系，实现鲜肉品牌化。

（二）技术创新

老浦家通过云南省企业技术中心这一载体，加大研发投入，按不低于 2% 年销售收入的比例的标准提取研发经费，累计研发投入 3000 万元，主要用于新产品、新技术、新工艺的研究开发，并与云南农业大学食品科学技术学院签订产品开发合作协议，建成曲靖市师范学院食品科学与工程专业实践教育基地。

老浦家法人浦恩勇被认定为宣威火腿制作技艺非物质文化遗产代表性传承人，入选云南省"万人计划——首席技师"。宣威火腿制作技艺主要包括鲜腿修割定型、上盐腌制、堆码翻压、洗晒整形、上挂风干、发酵管理等六个环节。宣威火腿腌制时只用食盐不加任何食品添加剂，其理化指标优于国标，特别是亚硝酸盐含量很低。建有宣威火腿非物质文化遗产传习馆，先后获授权专利 14 项（其中发明专利 1 项）。

不断加强管理技术创新。通过建立完善先进的标准化质量管理体系，宣威火腿、熟肉罐头、火腿饼、鲜花饼的生产通过 ISO9001、ISO22000 管理体系认证，建成国内先进、同行业领先的产品检验机构，以优质、稳定、安全的产品质量赢得市场。2014 年，公司生产的"老浦家"牌宣威火腿被认定为"云南名牌产品"，2015 年"老浦家"商标被认定为"云南省著名商标"，老浦家也被认定为"云南省创新型试点企业"，2016 年被宣威市人民政府评选为唯一的"宣威火腿质量提升品牌建设标杆示范企业"。

（三）线上线下全营销

营销上，老浦家已经实现了线上线下全营销。通过互联网平台，宣威"老浦家"火腿系列产品目前已在国内购物大型网站、各电商平台上销售，现线上年销售额突破1000万元。线下在广州、深圳、贵州、成都、昆明、大理、丽江等地成立销售部，但对很多省外游客而言，对于宣威火腿的认知有限；将火腿延伸到老浦家火腿米线中，同步在店内提供80余种不同规格的火腿成品，消费者可以先品尝，如有需要可再行购买。据统计，老浦火腿销售在本行业中的市场份额超过60%，以沃尔玛系统为例，2017年全云南火腿及腌腊肉制品实现销售2460万元，老浦家完成销售2030万元，占整个系统的82.5%，其他商超系统也都在70%以上。希望通过将云南本土东西的完美结合，体验式消费的创新，能把云南的火腿风味和云南宣威火腿美食文化传播得更远。

（四）全力打造宣威火腿区域公共品牌

为推进自主品牌建设，提升品牌价值和效应，快速打开国外市场的占有率，打造国内外知名品牌，2014年4月开始"全国宣威火腿知名品牌创建示范区"创建工作。2017年中国国际农产品交易会组委会委托中国绿色食品发展中心、中国农村杂志社负责"2017年百强农产品区域公用品牌"的申报、推选、公示等工作，宣威火腿榜上有名。获选品牌实力较强、资本雄厚，在市场上具有主导地位，可以凝聚相关企业的力量打造更强的商业力量，壮大在国际市场竞争上的份额，推动国内相关产业的发展。

2021年10月23日至25日，由商务部流通产业促进中心主办的"全国农商互联暨乡村振兴产销对接大会"在南京市白马农业国际博览中心举办。宣威市人民政府组织举办宣威火腿区域公共品牌发布会，推介宣威火腿品牌，着力塑造宣威火腿农特优质产品区域公共品牌形象。

和许多非物质文化遗产一样，宣威火腿腌制的技艺是通过一辈又一辈的口口相传、身传教授才一直延续至今。老浦家法人浦恩勇系统学习了火腿制作技艺，熟练掌握了全套工艺流程，不但教家族子弟，而且传艺授徒近200人，培养了代绍邃、缪应斌、杨惠团、张庆武、白开瑞、金杰、茹国春等一大批弟子。并建立健全宣威火腿产业化技术推广、培训体系和技术服务体系，带动发展1000个高端养殖的示范基地。老浦家秉承让宣威火腿卖出中国、走向国际，让"老浦家"成为云南火腿、中国火腿的代表。"老浦家"宣威火腿先后获国家级非物质文化遗产、中国驰名商标、中华老字号、国家原产地域保护产品等多块金字招牌，成为宣威重要的支柱产业和最有影响力的文化名片。

【参考文献】

[1] 宣威之窗. 宣威浦记着力提升宣威火腿品牌竞争力[EB/OL].（2019-04-01）[2022-01-26]. https://www.sohu.com/a/305308430_815605.

[2] 云南私家电台.商界榜样:"老浦家火腿"树天下火腿典范[EB/OL].(2019-03-06)[2022-01-26].https://www.sohu.com/a/299531275_478317.

[3] 中国质量新闻网."全国宣威火腿产业知名品牌创建示范区"创建工作通过省级考核验收[EB/OL].(2016-07-31)[2022-01-26].https://www.cqn.com.cn/zj/content/2016-07-31/content_3215016.htm.

[4] 鲁绍雄,连林生,李庆科,等.基于乌金猪深度发掘的优质高效新品种选育[J].猪业科学,2016,33(12):120-122.

[5] 王人天.宣威 沸腾的中国火腿文化之乡[J].中国西部,2016(11):76-83.

[6] 高佛雁.B2C让宣威火腿卖得俏[J].致富天地,2019(7):42-43.

[7] 王人天.宣威火腿饼[J].中国地名,2018(7):62-63.

[8] 袁海毅.宣威 火腿产业再升级[J].致富天地,2018(5):42-43.

[9] 朱珑,于思佳,郎天棋,等."互联网+"下的地方特产市场营销策略:以合川桃片、宣威火腿和苗族银饰为例[J].北方经贸,2020(11):65-67.

[10] 康凌宇.宣威火腿:位列国家级非遗 成名于三百年前[J].中国食品工业,2021(13):75-77.

[11] 朱蓉,缪祥虎.宣威市大力发展宣威火腿及生猪产业创建"一县一业"示范县[J].云南畜牧兽医,2021(1):36-40.

【思考题】

1.从市场格局来看,由于火腿制造行业的准入门槛并不高,对资金和技术要求较低,导致国内火腿市场高度分散。请问,火腿行业应如何应对?

2.当今,如何充分利用大数据、互联网、产业链等技术优化宣威火腿产业的发展,将宣威火腿的知名度推广到全国乃至全球?

3.以"猪掌门"为代表的猪肉火腿罐头供应商,基于轻食主义打造"90%鲜肉含量,高蛋白营养、健康减盐配方,大块厚切的猪掌门火腿猪肉"。面对竞争者,宣威火腿如何应对?

第八章

打造绿色优质乳品牌

一、我国乳品行业发展趋势及特点

乳制品是指经过加工生产的各类产品，是以牛乳及羊乳为主要原料，部分产品还加入了适量氨基酸、维生素以及其他辅助剂，并且在生产中应符合国家法律法规和技术标准所规定的生产环境。乳制品通常分为以下几类：首先液态奶是其中最普遍的品类，包含杀菌奶、发酵乳、巴氏杀菌奶、调味牛奶等；其次是奶粉，包含全脂乳粉、调制乳粉、脱脂（部分脱脂）奶粉、牛初奶粉等；最后是其他的奶制品，如干制奶酪。

牛奶是世界上历史最悠久的自然乳制品，它具有减轻食道括约肌压迫的功能，以此提高胃液及肠液的反流。而鲜奶则主要是由水分、油脂、蛋白质、乳糖、矿物质、维他命等复杂物质所构成的一类乳胶体，其水分约占86%~90%，是人类饮食中蛋白质、钙、磷、维他命A、维生素D和维生素B_2等营养物质提供的主要来源之一。

随着消费水平的提升以及健康意识的加强，鲜奶产品越来越多地受到消费者的青睐。尤其近年来，低温鲜奶的市场快速打开，成为乳品行业的新风口。人们所饮用的牛奶，以常温居多，而鲜奶则是指在牛奶离开牛体后24小时以内产的奶，使用的是巴氏杀菌工艺，产品保质期为7天，且必须在2~6℃的低温条件下冷藏。鲜奶有特定且较短的保鲜期，所含的脂肪、乳糖和蛋白质等也相应较多，因此其活性成分更多，相较于其他乳品，营养价值较大。当前，乳业市场竞争激烈，常温奶市场的持续升温，已经造成趋于饱和的市场环境。特别是在消费者追求新鲜、健康食品的观念下，常温奶的目标受众群体从老人、小孩延伸到年轻上班族，几乎覆盖所有群体。现代消费者对鲜奶产品的需求日益增加，要求也越来越高。

中国乳业在改革开放中迎来了发展的黄金时期，乳制品逐渐成为居民每天必备的消费品，并正式建立起从生产到销售的完整产业链，这些特征都显露出这一传统产业向朝阳产业的转型。中商行业研究院数据库数据表明，2020年中国乳品生产企业销售额为4195.58亿元，同比上涨6.22%；利润总额合计为394.85亿元，同比上涨6.10%。2021年1—2月，国内乳品加工业销售额合计751.88亿元，同比增长27.97%；利润总额合计52.47亿元，同比增长111.50%。

据农业农村部提出的中国乳业中长期发展总体目标，到"十五"计划末，中国奶类生产企业在全国的平均占有量将达到10千克，总产值将超过1350万吨。到2030年，乳类生产的平均占有量将达25千克，总产值将超过4250万吨。由此可见，在未来20~30年内，中国的奶产品消费市场将呈现全球潜力最强、市场最大、增速最快的发展态势。

目前，中国奶制品的主要消费市场仍集中于大中型城市，且奶类的居民消费构成呈现出多样化特点，即传统乳制品已由高营养保健食物逐渐转变为基本生活必需品。

（一）产品结构调整明显，低温乳品成为主导

消费市场的转变，促进了乳品企业的产业结构调整。我国当前乳品企业的产业结构调整呈现出如下特征。

1. 低温鲜奶品类中，乳制品类别扩展，向中高端转型

在低温领域，新鲜乳制品作为风口，在低温鲜奶产品上体现出的新的特征。低端转向高档的入门级消费人群在挑选奶制品之前，往往最先挑选的是基础类商品，这也成为2020年至今奶制品中的百利包、利乐枕、普通无菌砖类产品逐渐增加的主要因素。与此同时，乳业公司的商品架构也在持续改变，中高档商品逐渐变成零售终端最主要的产品类别。据睿农咨询研究部①在零售终端的观察发现，市场上的中高端乳品类别的陈列面积不断扩大，已经占据整个零售终端常温乳品的60%以上。乳品企业在寻求新策略过程中，乳制品类别的扩展将成为新的经济增长点。从饮料的消费方向选取上，大致有三个方向：一是气泡水系列饮品，包括蒙牛、伊利等头部公司新推出的乳酸菌气泡水；二是更加健康的乳饮料，例如君乐宝的每日清零，以零脂肪、零卡路里的消费诉求，体现更加健康的特点；三是植物蛋白饮品，例如燕麦乳等。

2. 低温鲜奶顺应需求，向杀菌、营养、零添加等多元化概念方向发展

鲜奶口味单一，为了在竞争中赢得市场，各个企业都在新概念的开发上做足了功夫。乳品企业从长远发展的角度考虑，必须加大品牌重塑方面的力度，促使消费者通过品牌进行选择，让消费者减少选择难度，从而提高消费者对品牌的选择度。

低温鲜奶概念的发展趋势主要归于以下四个方面：一是从产品自身特点出发，主要表现在杀菌技术上的差距，以前很多企业采用75℃杀菌，现在大部分企业采用72℃杀菌，杀菌温度的改变也使鲜奶体现出更高的新鲜度，如光明优培育72℃杀菌等；二是从产品的营养方面的改变，高钙、A2、高蛋白等高营养物质的添加，使人们日常所需的营养物质摄入更加充分，如蒙牛每日鲜语、A2优护新鲜牛奶等；三是从特色牛种诉求方面，优良的地方牛种为鲜奶提供更优质的奶源，如天友娟珊牛鲜牛奶、牦牛鲜牛奶等；四是从产品的健康层面方面考虑，倡导"零添加"，如产品包装上标示的"不使用明胶、合成色素、甜味剂"等。尤其是龙头企业的加入，引导着行业市场的产品发展方向。目前，90%以上的乳品企业都有"零添加"鲜奶产品类型，这是鲜奶生产科技进步的明显体现。当然，"零添加"这样的产品诉求是否存在误导性，目前在业内仍旧存在争议，但已经受到业内有关主管部门的重视。

（二）电商平台成为市场新增长点

1. 传统渠道生存突围带来的渠道和店面升级

传统渠道是指包括KA②、便利店、普通零售店等在内的渠道，2021年，传统渠道的生存环境更加艰难，更多的年轻消费者已经不再通过线下渠道进行产品的购买，而是通过线上的渠道进行产品的购买，这就导致线下渠道的生意越来越差，已经有很多的KA

---

① 睿农咨询研究部，是中国第一家专业研究中国餐桌厨房食品的资深咨询机构，专业餐桌食品研究杂志《餐与厨》创建者。

② KA（Key Account），意为重要客户的渠道，即针对重点客户需求量身定制的全方位营销服务。

渠道关闭。传统渠道已经开始放弃原有盈利模式,转变成线上线下混合运用模式。在运营的过程中,通过线上线下的合作销售和供应,进一步提高线下渠道的经营效率。现在,几乎所有的KA渠道都加入了在线小程序,这极大满足了消费者的购物习惯和需求。统计表明,目前大部分超市的营业收入中已有40%来自线上。而传统渠道的突破,对于传统企业尤其是乳制品企业来说,互联网的参与是一个新的挑战,使企业的线下终端竞争向在线过渡,基于目前的形式,乳制品企业要学会适应在线渠道运营。

第一,对自营(建)渠道进行更新。乳品产业中,实现自有渠道供应的企业也面临着市场变革而产生的挑战,传统的门店销量不断下滑,年轻一代的消费者不再在门店内选购商品,部分乳业公司采用自营(建)店面的新方法,突破了原来门店内的布局与形式,重新设立了门店内的操作台,通过现场产品生产与销售体验,自己用酸奶做成酸奶饮料等产品,使更新颖、更多样化口味的产品成为消费者的新选择;同时设置满足消费者现场体验的专区,定期开展营养保健、手工烘焙等沙龙活动;得益于门店内的环境自然、时尚,且能满足年轻一代消费者的需要,从而逐渐形成年轻消费者汇聚的新区域。

第二,建设多功能门店。在距门店3千米之内的地方设置"送奶到家"服务,根据用户的要求,每日按时送奶到家。这就要求实体门店不但具有订奶的能力,更要做好自身建设和推广。由此,实体店不仅具备订购奶的功能,还可以进行品牌的构建和宣传。从目前的形势来看,"送牛奶到家"业务已成为有喝牛奶习惯的消费者的一个选择。同时,专卖店不仅仅销售乳品,还销售当地各类特色产品,和消费者的距离更近,充分利用好店面和消费者建立互动关系。以上这些功能,促进了店面的经营效率,并且通过店面的会员系统的运营,建立自己的私域流量①,向互联网泛电商靠拢,提高效率。

2. 电商快速崛起,线上已经成为乳品企业常态化渠道之一

电商时代的崛起,对社区周边的零售店产生影响的同时,也对乳品企业提出新的挑战。更多的用户逐渐养成不在实体店选择产品的习惯,转而使用社区的电子商务平台或是在社区社群中进行购物,使得很多的社区零售店的商品没有从前稳定,也增加了识别用户的难度,导致实体店产品的销售额减少。乳品企业在面临当前品牌转型问题的同时,还面临将传统门店逐步淘汰的情况,而越来越多的传统零售店也开始转型为电商的取货中心,甚至干脆改而作为社区内新零售的中心网点。

网络的跨越式发展,促使线上渠道成为区域型乳业的必然选择。通过建立线上的品牌传播渠道,从而实现线下渠道的铺货目标;反之,通过增加在线下渠道的品牌影响力,从而推动线上商品的销量,两者相互促进,构建线上线下企业运营模式,最终提升企业品牌的影响力。例如,认领一头牛、百菲酪等品牌就是这方面的典型代表,通过在线运营迅速崛起,使品牌达到一定的在线影响力,进而延伸到线下实体,使线下渠道的铺货和销售成为更好的操作。

---

① 私域流量是指从公域(Internet)、他域(平台、媒体渠道、合作伙伴等)引流到自己的私域(官网、客户名单),以及私域本身产生的流量(访客)。

总体来说，近年来乳品行业的发展趋势呈现出以下特点。

（1）鲜奶行业是乳业新的增长点，其中液态奶主导乳制品消费结构。尽管我国目前以液态奶为主，但国内液态奶仍然具备成长潜力与空间。鲜奶产品作为支撑乳业企业实现其利益的重点品种之一，同时也是带动整个液态奶市场增长的主要力量，凸显出乳制品企业的成长空间中，低温产品具有巨大的潜力。目前，我国乳制品的消费结构主要以液态奶为主，鲜奶作为低温重要品种，未来有望在扩大客户获取渠道和提高消费者再购买率方面，实现销售额的高速增长。

（2）政策助力鲜奶行业前行。鲜奶市场是乳企争夺的多元化战地市场，内外商聚集进场。同时，国家发展规划助力于鲜奶产业的发展进步也是大方向。《全国奶业发展规划（2009—2013年）》提出，中国乳业企业应当优化生产结构，积极发展干酪、发酵乳、功能肽产品等适应人类各种消费需要的新产业，并逐渐转变以液体奶为主的生产单一的方式局面。随着时间的推移，国家发展战略计划逐渐向巴士杀菌奶偏斜，《全国奶业发展规划（2016—2020年）》也提出，要因地制宜开发常温奶、巴氏杀菌奶、酸奶等液体乳制品。行业经营战略的调整，反映了巴氏杀菌奶的发展前景和发展潜力，也将助力鲜奶行业的持续稳健发展。

（3）信息化助推乳品行业电商快速发展。信息化、智能化及物流行业的高速发展，使得三四线城市的消费方式也逐渐从线下向线上转变。特别是在疫情期间，线上购物已成为人们主要的购物途径，而在后疫情时代，这种购物习惯也将延续并逐渐形成新的趋势。例如，阿里巴巴的淘宝店已经布局各乡镇。在此形势下，电商平台也看中了乳品市场这块"大蛋糕"，乳品企业的线上销售渠道及运营模式，不仅拓宽了其功能，也将逐渐成为产品销售和品牌传播的主要阵地。从在线购买国货奶粉的用户占比以及增速来看，在线销售充分展现出巨大的消费升级潜力。

（4）奶类产品的消费者偏好及消费需求均呈现高速增长趋势。近年来，由于我国国民经济的不断发展，人民群众生活条件逐步提高，居民的膳食结构也得以普遍提高。据市场的调查表明，52%的居民认为一日三餐应该主要选择牛奶来摄取营养，居民对牛奶的需求量也呈现了明显增长趋势。消费者购买行为和偏好与牛奶品牌认知度、知名度、满意度、忠诚度等指标具有密切联系，大部分消费者的购买行为已经逐渐从单一的牛奶购买转化为对某些具有文化特色的牛奶产品的偏好，对牛奶品牌的消费也逐渐成为潮流。这些奶类企业在品牌塑造时正好迎合了消费者追求绿色无污染、品质纯正的心理要求，使品牌满足用户的心理需求，进而得到用户的认可，最终获取更大的品牌占有率。有研究表明，在未来的15年间，国内对奶类商品的消费需求将出现高速上升的态势。

（5）后疫情时代将持续拉高乳制品需求量。疫情期间，大众普遍关注的话题持续集中在提高免疫力、保持身心健康，由此对于乳制品营养性优势的认知也得到一定的强化。通过均衡的食物摄入来维持体内营养的平衡，以此来达到增强身体抵抗力的目的，一直以来都是全世界人类所达成的共识。而乳制品已经成为人们公认的一种绿色、卫生、富有营养价值的天然健康食物，毫无疑问地成为人们对健康食物的理想选择。尤其在疫情期间，按照我国卫健委等有关机构颁布《新型冠状病毒感染的肺炎咳嗽预防营养膳食指南》的指示要求，膳食搭配必须科学合理，确保膳食营养的平衡搭配才能真正起到预防提高机体抵抗力疾病的效果，而多摄入动物乳品则是一种增强机体抵抗力的较为经济简单、可行有效的办法。在此大背景的推动下，中国"免疫力产品"市场走强，而低温鲜奶和保健类乳制品作为"免疫力产品"中的经典代表，其消费市场迎来突破式增长。更为重要的是，随着我国宏观经济形势的复苏与地方政府的扶持，将开启"双循环"经营模式，从而使中国乳品市场的复苏加快。因此，在疫情的影响下，越来越多的消费群体对健康的关注度明显提升，乳制品消费也进入增容状态，乳品行业的利润将实现预期中的超预期。

二、雪兰牛奶

昆明市雪兰牛奶有限责任公司（以下简称"雪兰公司"）创建于2000年1月1日，前身是于1980年创办的昆明市牛奶有限公司，是新希望集团旗下的全资子公司。雪兰公司以"鲜战略"为中心价值，为消费者带来高品质养生的乳品，个性而多元化的消费行为感受，倡导鲜活的人生态度，致力于实现"新鲜一代的选择"。连续获得国家、省、市农村产业化重点龙头企业，国家质量达标食品，全国学生牛奶定点生产企业，中国绿色食品，云南省著名商标，云南省名牌产品等称号。雪兰公司作为云南省乳业的龙头企业，严抓奶源建设，先后投入资金4亿多元，投资建设了石林牧场、陆良牧场、戚家山牧场等3个标准化的奶牛养殖场，已成为中国西南片区自有奶牛头数最多、面积最大的牧场集群，也成为云南省内第一家经过"GAP[①]+"认证的生态牧场，对提高本地区奶牛养殖现代化水平起到了农业产业化龙头企业的示范与带动作用。企业始终坚持"视消费群体为亲人"的中心观念，恪守产品质量高于一切"三让步"[②]的规定，打造出具备市场影响力、高生产能力和全球水平的"透明企业"。2016年9月6日，作为国内第一家经过"中国优质乳工程验收"的乳品企业，并连续3次被央视报道，作为业界标准，为业界确立了高品质奶行业标准，让新鲜与高品质形成了国内乳业共同的成长基因。目前雪兰公司是云南省最大的液态奶生产企业。

（一）绿色基地提供优质奶源

雪兰生态牧场是云南唯一通过国家良好农业规范"GAP+"一级认证的生态牧场。牧场牛均为从澳大利亚进口的优良荷尔斯泰因奶牛，优选美洲苜蓿草、澳大利亚燕麦草、全株玉米青贮饲养。以"善待每一头奶牛，因为它们都是母亲"的牛性化原则，以

---

① GAP（Good Agriculture Practice），即良好农业规范，是应用现代农业知识，科学规范农业生产的各个环节，在保证农产品质量安全的同时，促进环境、经济和社会可持续发展。

② "三让步"即当成本与质量发生冲突时，成本为质量让步；当现行制度流程与质量发生矛盾时，调整制度流程为质量让步；当企业发展与质量管控不能两全时，控制发展速度为质量让步。

科学管理养殖奶牛。牧场内还引入了以色列式奶牛管理，通过构建链条性的全程把控体系，实现优质乳奶源全程可溯源。

近年来，身为云南省乳业领先企业，雪兰公司在发展与突破中不断地花大力气推进奶源工程建设。雪兰公司已投入资金4亿多元，投资建设了石林牧场、陆良牧场、戚家山牧场等3个标准化专业奶牛养殖场，是西南部自有奶牛头数最多、规模较大的牧场集群。其中，陆良牧场是新希望乳业公司目前在云南以及西南地区投入资金兴建设施最先进、规模较大的示范牧场；戚家山牧场已于2014年下半年动工兴建，至2015年9月已全面完成工程建设，是与陆良牧场同样规模的综合性现代化奶牛养殖场；石林牧场也是云南省内第一家经过"GAP+"认定的自然牧场。企业还和40多家奶牛合作社形成了战略协作关系，奶牛存栏20000多头，并全面实行机械规模化挤奶，养殖规模和产品技术水平均位居全国同行业之首。地处石林彝族自治县石林镇老挖村的昆明雪兰牛奶有限责任公司石林现代生态牧场是由雪兰公司投入7000多万元建设的云南省内奶牛存栏数量最多（3000头）、生产设备最先进、规模最大的示范牧场。牧场配置了一套德国进口的转盘式全自动挤奶和一套以色列进口的并列式挤奶机，能够实现自动挤奶、自动脱杯、自动计量和电脑控制。牧场分别配置一套美国库恩12立方米TMR饲料搅拌车和一套意大利司达特15立方米TMR饲料搅拌车，完全实现奶牛全混合日粮机械喂车饲喂，大大提升了奶牛饲养的科学管理水平。高端配置的运用标志着雪兰公司已成为云南乳业龙头企业，并在优质奶源基地建设战略上成功完成国内首家产业升级，这对于进一步提高当地优质奶牛规模化饲养和现代化饲养管理技术水平等起到重要的示范及带动作用，同时，奶牛养殖现代化水平的整体提升将大力推动当地农业产业化发展进程。

目前，雪兰公司拥有3个设施设备先进、生产配套管理技术较为完善的现代化大型生态乳牛场企业和下属16个大型奶牛合作社，实行统一的选种繁育养殖、统一的饲养管理标准，统一科学高效的奶牛养殖和管理先进技术，共繁育养殖了15000多头品质优良、安全健康的纯种荷斯坦奶牛和现代杂交奶牛技术的黑白花奶牛。在奶源质量安全管理等方面，严格地遵循有关绿色食品管理相关规定，认真地建立完善并严格执行兽医防疫监督管理制度。目前，雪兰牧场的鲜奶加工挤奶生产流程已全部实现机械化，其养殖规模和产品技术水平均名列全国同行业之首。雪兰公司对拥有的1万多只进口的澳大利亚荷斯坦奶牛全部实现数字化管控和AI（人工智能）技术管理，一牛一码随时监管，并针对个体差异进行个体化的饲喂、养育，实现每一滴牛奶都可追溯。目前，雪兰公司的所有牧场、工厂等都限制在150千米的"鲜半径"范围之内，切实做到从牧场到餐桌等各个环节的无缝连接，充足质优的奶源为雪兰公司的发展奠定了基础。在这场产业崛起的战役中，云南依托其得天独厚的自然资源，致力奶源打造建设，以最好的奶源打造最好的品质，把"用产品说话"作为雪兰公司拓展品牌的最佳方式。

（二）精进生产工艺打造绿色优质乳

雪兰公司作为"中国优质乳工程"的第一家试点企业，在试点过程中，为达到优质乳标准，雪兰优质乳团队通过对美国 PMO 优质乳管理条例的学习，不断提升原料奶品质，优化生产工艺，先后对设备进行 500 多次稳定性测试。在经过上百批次的农业农村部及其他机构严格检验下，雪兰牛奶均表现良好，原料奶微生物低含量远低于其他同类产品。例如，菌落数控制在 1 万个 / 毫升以下，远远优于欧盟的 10 万个 / 毫升标准。通常来说，巴氏低温奶的最佳杀菌工艺温度一般控制为 85℃，雪兰牛奶为有效保存低温奶源中含有较多的生物活性和营养素，采取的方法就是巴氏低温消毒的工艺，即 80℃、15 秒保温的低温短时杀菌工艺。相较于传统常温液态牛奶采用的 UHT 高温灭菌工艺，雪兰牛奶在确保有天然优质的奶源作为保障原料的基础上，将原奶中必需的糠氨酸的含量适当降低，从而可以保证原奶中含有的各种天然活性营养物质能被留存得更多、更完整。以雪兰 24 小时优质乳为例，其牛奶糠氨酸的内控指标均稳定控制在 8mg/100g 之内，低于欧洲食品规范体系中规定的牛奶糠氨酸内控标准限值（10mg/100g）。由此可见，雪兰牛奶的品质已经完全达到国际市场上大多数乳业发达国家公认的国际优质牛奶标准。

昆明雪兰牛奶有限责任公司已经实现在原料乳的生产阶段构建并完善了危害分析系统与生产关键过程控制点的安全生产控制分析系统（HACCP），只需 4~6 小时就可以完成牛奶从挤出到产品灌装的整个过程，最大限度地保证产品的安全、新鲜、优质。同时，雪兰公司共拥有袋装牛奶产品线 10 余条，业内领先的瓶装牛奶产品线 6 条，酸奶产品线 6 条，全球知名的瑞典利乐企业的利乐砖和利乐枕灭菌乳产品线 3 条，全球一流的美国国际纸业新鲜屋盒装新鲜牛奶产品线 2 条，美国塑杯牛奶产品线 2 条。得益于其完备的生产设备和先进的工艺技术，雪兰公司真正实现了雪兰乳品的产品承诺——"新鲜、优质、营养、安全、卫生"。

绿色食品[①]指的是无污染、安全、优质食品。雪兰牛奶通过采用最先进的生产技术和检验装置，可以最大程度地保存牛奶中的生物活性营养成分。新希望雪兰优质乳以其高品质的奶源、世界领先的巴氏低温消毒技术工艺以及严格的检测制度检制成产品，其指标经检测后更是高于欧洲奶标准，从而达到了国际上奶业发达国家的优质乳水平。标杆品牌"24 小时鲜奶"以当天出产、当天售卖、当天下架的极致鲜活著称，其活力营养素浓度超过普通鲜奶 3 倍，堪称"活鲜奶"。在农业农村部、中华奶业学会等国家乳品质检机构共 96 批次的严苛检验中，以及新希望乳业检验机构共 684 批次的严苛检验下，新希望雪兰的产品 100% 满足了优质奶要求，2016 年 9 月 6 日，新雪兰的优质奶产品通过国家检测认证，成为全国第一家通过"中国优质乳创新工程"巴氏奶认证的公司，而云南消费者也由此率先喝上了健康的高品质奶。雪兰优质奶作为目前国内品质优秀且纯正的云南巴氏鲜奶，是一款名副其实的"云南制造"乳品，雪兰公司也成功作为首家企业通过验收，这不仅意味着代表真正好奶品质的新标准已经悄然诞生，同时在

---

① 绿色食品，是指产自优良生态环境、按照绿色食品标准生产、实行全程质量控制并获得绿色食品标志使用权的安全、优质食用农产品及相关产品。

接下来全国范围内大力推行的优乳工程项目中,"雪兰优质乳标准"作为乳品业界标准,已正式成为全国乳企生产优质乳的规范和标杆。

(三) 有机品牌引领绿色发展

食品产业要持续、健康、稳步发展,必须以绿色发展作为主旋律,而高原特色现代农业发展的趋势必然是规模化、商品化、有机化、名牌化。"绿色食品牌"是云南省正在全力建设打造全球一流"三张牌"的重要策略部署之一,这也将作为我国食品行业持续、健康、稳步发展的主旋律。云南是世界上动植物品种较丰盛、资源较富集的地区之一,享有"动物王国""植物王国""物种基因库"的美誉。自然天赐、植物品种丰厚,也奠定了雪兰公司在全国发展的优越基础。多年来雪兰公司始终秉承"将消费者视为一家人"的经营理念,始终依托其优质奶源,以"绿色食品"建设为抓手推动全省乳业的健康发展,进而提升绿色食品品牌形象。同时严把产品质量关,持续推进产品数字化、精细化、智能化管理,成为推动云南绿色健康发展的引擎力量。

有机食物一般是指天然无污染的食物,在国际上是统一的一个概念,一般来自有机农业产品系列,是指按照全球有机农业产品要求以及相关的技术标准制作加工产品的。作为雪兰牛奶旗下的一个高端奶类产品——澳特兰有机奶[①],象征着优质牛奶超高甄选水平;品牌英文 ALTIPLANO 的意思是"高山""高原",该品牌坚持选用澳大利亚荷斯坦奶牛,遵照澳大利亚国家标准饲养,制造出良好的优质牛奶,其牛奶中蕴含天然 3.3 克优良乳蛋白,按照"中国南北极考察所选产品"的新科技要求,致力于生产高品质乳品。澳特兰的设计灵感来自大自然高原,为了让牛奶更加纯净,采用离心除菌技术。通过 OFDC[②] 权威机构严格认证,拥有其专属的有机牧场和牧草,全程、全产业采用科技追溯,最大限度地保证了有机产品和有机生产线。为了保证真正的全程有机,实现新鲜有机奶源直达工厂,运输、检验和生产全程有机追溯。目前该品牌主打的 3 款澳特兰梦幻盖产品包括有机纯牛奶、纯牛奶和低脂纯牛奶。

2021 年,《生物多样性条约》第十五次缔约方会议(COP15)在昆明举行,雪兰牛奶成为"COP15"的指定产品乳品,将云南的特色与生态之美、云南的人文气质与文化内涵通过牛奶的视角,把云南这一张亮丽的新名片推向了世界。在本次峰会上同时亮相的产品还有 24 小时优质乳、引活润晶球酸奶、心花怒 FUN 小蓝盒等系列产品的核心品类,体现了极致新鲜、功能领域领先、集聚云南特色的产品理念。其中,雪兰公司为贴合"COP15"的主题,定制了具有云南风格的"心花怒 FUN 彩云南"系列牛奶。在

[①] 有机奶,是按有机标准生产,并经第三方严格认证的"最健康、最天然"的奶制品;强调的是"完全天然"和"全程无污染",生产加工过程中严禁使用化肥、农药、激素、生长调节剂、饲料添加剂、食品添加剂等人工合成的化学物质,包装、贮藏、运输也都要严格遵照有机食品的相关标准。除此以外,还要求生产厂必须建立完善的质量跟踪审查体系。

[②] OFDC,指环境保护部有机食品发展中心,成立于 1994 年,是中国有机产品事业的发起机构,也是推动中国有机产品事业发展的主力军与核心力量,在国际上有重要的影响力。

外包装上，采用玉龙雪山、丘北普者黑、香格里拉、元阳梯田等自然元素，生动展示了云南的绿色生态、历史气质以及人文底蕴，把云南得天独厚的自然环境和生态资源优势表现得淋漓尽致，并作为第十三届杭州艺术博览会的官方指定食品。而其中，以新鲜只卖当天及高活性营养为主的 24 小时巴氏鲜奶产品系列，也成为此次"COP15"的优选食品。

（四）智能化"新鲜"产业链打造数字生态圈

由于欧美发达国家对乳制品的质量标准要求较高，新希望雪兰在注重海外投资过程中产品、质量及技术提升的基础上，始终基于生产本土化的原则，不断对产业链进行升级，其中以低温鲜奶、酸奶为主导的低温乳制品占据新西兰 50% 的市场份额。国内也紧跟质量监管的步伐，在技术方面进行升级，如在欧洲引进法国科普利信公司的先进加工技术，从日本引进环保包装技术等。

近年来，雪兰乳业以工业互联网思想为引领，在利用产业互联网技术促进传统工业改造提升生产力的大背景下，全力转型并提升其以"鲜战略"为主导的生产技术、设施设备和生产线，打造智能化的"新鲜"生态圈。新希望乳业 A 股于 2019 年上市成功，面对着崭新而有挑战的市场形势，新希望乳业紧接着推出了完整的数字化转型策略，即"1654 战略"：以一个全新的乳业数据生态圈为中心、围绕六大主要经营环节、用数据赋能财务管理、人才、质量控制、技术、大数据决策分析五大管理支撑体系、"敏前台＋大平台＋稳后台＋云平台"的四大技术平台数据系统汇聚。流程的整合和提升将重塑企业"人—货—场"的有机交互，企业不仅借助人工智能、物联网、车联网技术全面改善企业智能供应链，还能实现更加精准的物流匹配与全程保鲜，同时提高企业内部管理效能。形成强有力的管理支撑体系，需要先打通用户的碎块化环境、个体化环境与圈层，从而勾勒出更加细致的用户图像。正如新希望乳业总裁席金刚表达的理念："借助数字化平台的实现，新希望乳业要使将来每一个优质牛奶的产生，都具备来源于包括牧场、制造端、配送端，甚至生活终端整个流程的数字化转型支撑。"

此外，雪兰乳业目前也打开电商端口，面向全国输出，跟上新型电商时代的步伐。利用线上分销渠道模式，配合现在的团购热潮，吸引了部分消费者。线上是在地直销的旗舰店形式，其主要作用是介绍企业新品、店铺产品等的情况以及资讯，而网店中所售卖的商品一般都是品种系列齐全、品种繁多，包括牛奶、酸奶、乳饮料等。而不同种类产品也有不同的分类专区，便于消费者进店选购。在经营实地方面充分利用了地域资源优势，尤其是在具有地域和时效优势上的昆明地区，由于分销面广，在昆明市划片区分立经销商，同时在全国各个县市以及一些城市地区都有雪兰牛奶的铺货。

新希望雪兰还拥有云南唯一的 CNAS 国家认定的实验室，经过雪兰公司检测的牛奶，不需要再经过国家检测，足以表明企业的综合实力与业界口碑。在 2020 年全国农业丰收节暨云南省"十大名品"和绿色食品"10 强企业""20 佳创新型企业"奖励系列活动中，作为云南省本土知名品牌，雪兰公司已 4 次蝉联绿色食品"10 强企业"称号。

【参考文献】

[1] 中研网.2021乳品行业发展趋势如何乳品市场规模和现状分析调研[EB/OL].（2021-03-09）[2023-03-09].https://www.chinairn.com/hyzx/20210309/175525214.shtml.

[2] 产业竞争情报网.纯牛奶市场消费能力及需求潜力调研报告[EB/OL].[2021-11-12].http://www.chinacir.com.cn/02/ibcbbeef.shtml.

[3] 中国日报网.农业农村部：重点抓好奶源基地建设 推进中国奶业振兴[EB/OL].[2023-10-13].https://baijiahao.baidu.com/s?id=1650062415694781096&wfr=spider&for=pc.

[4] 智研咨询.中国乳制品行业竞争格局及未来发展趋势分析[EB/OL].（2019-03-28）[2023-05-28].https://www.chyxx.com/industry/201903/725502.html.

[5] FBIF食品饮料创新.疫情之下 消费者乳品认知购买行为八大变化[EB/OL].（2020-03-05）[2023-10-05].https://m.baobei360.com/articles/detail-171697.html.

【思考题】

1.未来环境体系里的食物会越来越讲究食品安全、卫生以及营养均衡，在食品制作方面尽量减少加工工艺环节。雪兰24小时优质乳上市至今，不断通过工艺的提升、科技的进步突破、杀菌工艺的优化实现了活性营养物质的高保留率。结合雪兰牛奶当前生态发展之路，试分析其应如何建立生态消费模式？

2.建立绿色渠道，变传统渠道为绿色渠道对社会经济的可持续发展具有十分重要的意义。作为国内低温奶领军企业，雪兰公司选择绿色营销渠道，建立全面覆盖的销售网络。试分析雪兰牛奶应如何健全绿色营销渠道，不断提高绿色食品的市场占有率？

第九章

有机腾冲乌龙茶

乌龙茶品质介于绿茶和红茶之间，既有红茶的甘醇，又有绿茶的清香，品尝后齿颊留香，回味甘鲜，其以"绿叶红镶边"为发酵特征，因此，乌龙茶也被称为青茶或半发酵茶。乌龙茶的主产区位于我国福建的闽北、闽南及广东、台湾，浙江、江西、湖南、四川、贵州、云南等省份也有少量生产。云南腾冲极边茶叶股份有限公司（原云南台茶茶叶有限公司）于2004年在腾冲县明光镇引种种植中国台湾乌龙名种——青心软枝，试种成功后，也开始逐年扩大高山乌龙茶的种植规模。自2017年起，云南腾冲已经成为国内最大的高山乌龙茶种植基地。

一、乌龙茶市场概况

乌龙茶（Oolong Tea），属于青茶、半发酵茶，是经过采摘、萎凋、摇青、炒青、揉捻、烘焙等工序后制作出的品质优异的茶类。乌龙茶由宋代贡茶龙团、凤饼演变而来，创制于1725年前后。乌龙茶中含有机化学成分达450多种（主要为茶多酚类、植物碱、蛋白质、氨基酸、维生素、果胶素、有机酸、脂多糖、糖类、酶类等），无机矿物元素达40多种（主要为钾、钙、镁、钴、铁、锰、铝、钠、锌、铜、氮、磷等），具有保健、改善听力、减肥、药疗（防癌症、降血脂、抗衰老等）等功效，非常符合当前消费者热衷的瘦身及养生保健的消费心理。同时，乌龙茶也具有许多碳酸饮料所不具备的功能，被国内的饮料生产企业制作为茶饮料，进一步增加了对于乌龙茶袋泡茶、速溶茶及乌龙茶茶粉的市场需求。乌龙茶主要产于福建的闽北、闽南及广东、台湾。乌龙茶除了内销广东、福建等省，主要出口日本、东南亚国家和中国港澳地区。全国乌龙茶最大产地是福建安溪，安溪于1995年被农业部和中国农学会等单位命名为"中国乌龙茶（名茶）之乡"。

2020年，中国茶叶批发市场销售主要还是以绿茶为主，占71.88%；其次是红茶，占13.19%；乌龙茶仅排第三位，占5.55%的市场份额。乌龙茶的市场份额占比虽然不如绿茶、红茶，但其在国内外的平均售价均高于红茶、绿茶，因此，乌龙茶的经济利润更高。

乌龙茶作为中国特有的茶类，具有悠久的消费历史和广大的消费群体。从我国的乌龙茶进出口情况来看，我国乌龙茶的出口量要大于进口量，属于外贸供应型产品。2014—2020年，我国乌龙茶出口量整体呈现先增后减的趋势。受疫情影响，2020年我国茶叶行业出口整体出现减少现象，其中乌龙茶出口量同比降低了6.63%，降至1.69万吨。[①]

我国的乌龙茶国内销售额高于出口销售额。从中国乌龙茶内销规模来看，2014—2020年除却2017年消费量激增以外，其余年份的消费量呈现缓慢增长趋势，2020年我

---

① 普洱茶网．疫情影响下的最新中国茶叶出口简报 [EB/OL]．（2020-03-27）[2021-10-17]．https://www.puercn.com/news/66935/．

国乌龙茶消费量约为 21.9 万吨，同比增长 1.3%，且自 2010 年起，乌龙茶内销利润均高于出口。预计到 2026 年我国乌龙茶消费量将缓慢增长到 24 万吨以上，见图 9-1。据此，未来的乌龙茶内销市场具有较大的市场潜力与扩容空间。

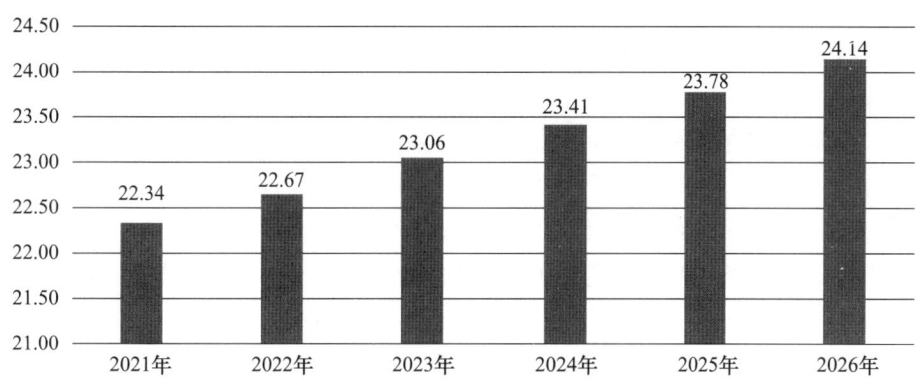

图 9-1　2021—2026 年我国乌龙茶消费量预测（单位：万吨）

（数据来源：中国茶叶流通协会）

二、"极边"乌龙茶的由来

"极边"一词源于腾冲别称"极边第一城"（明代大旅行家徐霞客语），云南腾冲极边茶业股份有限公司——腾冲这一"极边之城"的名称进行了商标注册，其愿景是打造中国有机高山乌龙茶领导品牌，该商标也属于云南省著名商标。

（一）云南腾冲极边茶业股份有限公司简介

云南腾冲极边茶业股份有限公司（以下简称"极边公司"）是一家集高山乌龙茶种植、研发、加工和销售为一体的非上市公司，成立于 2005 年 12 月，由云南台茶茶叶有限公司通过股份制改革而来。公司在云南腾冲市内扶持发展高山乌龙茶基地约 2066 公顷，属于全球范围内青心（软枝）乌龙种植面积较大的企业，拥有现代化标准加工厂 4 个，加工机械 580 台（套），年加工能力达 600 余吨，也是目前国内规模最大的有机高山乌龙茶生产企业。

公司成立至今，先后获"中国旅游协会休闲农业与乡村旅游会员单位"、云南省高原特色现代农业茶产业"20 强企业""云南省农业产业化经营省级重点龙头企业""高新技术企业"等 30 多项称号。极边公司目前拥有高山乌龙茶国家发明专利 3 项，拥有经上级主管部门备案的腾冲高山乌龙茶相关企业标准 5 项及外观实用新型专利 5 项。

极边公司坚持"诚信经营、开发绿色自然资源、带动农民增收、服务社会"的企业使命，秉承"质量是生命，品牌是灵魂"的经营理念，致力于打造生态、健康、无法复制中国高山有机乌龙茶品牌。

（二）"极边"产品系列介绍

"极边"乌龙茶具有清香鲜爽、醇厚回甘、经久耐泡的特点，被誉为"天边的茶，云端的茶"，并先后获得有机食品、绿色食品认证、昆明国际泛亚农业博览会金奖产品、云南省著名商标、云南名牌农产品、云南名牌产品等众多荣誉。极边公司生产的乌龙茶现主打青心、金乌龙、雪域、清境四大系列，以及春雨、翠玉、问道等多个系列，产品销售遍及国内外。

青心、雪域及清境系列属于传统清香型高山乌龙茶，口感鲜爽甘醇，花香馥郁。金乌龙系列属于浓香型乌龙茶，使用极边公司广泛种植的台湾青心软枝茶叶品种作为原料，采用乌龙茶制作工艺和滇红加工工艺生产而成，该技术属于极边公司的专利工艺，产品既有乌龙清香又有红茶的韵味，同时还拥有浓郁的花果香气，形成了其独特的口感。

4款主打产品系列中，青心及金乌龙系列的茶青采摘自海拔2300米左右的极边茶园，雪域系列及清境系列产自高海拔原始森林茶园——海拔2500米的高黎贡山森林腹地茶园。4个系列产品均为双有机认证的乌龙茶，获得三大权威认证：自2007年开始连续14年通过的中国有机认证，自2018年起连续3年通过的欧盟有机认证，且SGS农残检测470项农残零检出，如图9-2所示。

图9-2 极边乌龙茶通过的三大权威认证

4个系列的产品外包装虽然颜色不同，图案设计各异，但都可以从外包装正面上清晰地看到中国有机认证标识、欧盟有机认证标识和有机防伪码；从外包装的背面还可以看到有机产品证书编号。让广大消费者放心的同时，也能感受到极边公司认真做好有机高山乌龙茶的决心。

三、有机的茶青成就高品质乌龙茶

西南边陲重镇腾冲被称为"极边第一城"，地处高黎贡山横断山脉南延偏西部分，最高海拔 3780 米，最低海拔 930 米。印度洋季风被高黎贡山横断山脉所阻挡，在腾冲形成了独特的光、温、水、湿气候，造就了腾冲高山多雾的天气，年降雨量 1900 毫米以上，年平均气温约 12℃。此地，腾冲还有世界上最密集的火山群与温泉群，火山灰土质受到火山滋养，土层深厚，土壤富含钙、磷、钾、铁、镁等微量元素，有机质含量极高，土质十分肥沃。腾冲市内的茶园分布在海拔 1900~2500 米处，森林覆盖率在 80% 以上，茶叶产地生态环境优渥。

极边公司力求从源头开始就为消费者带来天然、绿色、安全、健康的高品质乌龙茶，因此对于茶青这一关键原材料的把控尤为严格。该公司茶青（茶叶鲜叶）的搜集采用"公司＋基地＋农户＋合作社"的发展模式，即采用公司自营基地（茶园）出产和对公司周边的农户所种植的茶叶进行订单收购两种形式。自营茶园及订单农户茶园面积达到 2066 公顷，目前已成为我国最大的高山乌龙茶种植基地。

（一）得天独厚的自营茶园种植环境

在自营茶园地块选择时，极边公司对海拔高度、土壤成分、周边森林覆盖率、空气质量等进行严格考察和控制，结合连片制原则进行片区规范种植。根据腾冲当地的气候、土壤条件，从我国台湾地区引进青心软枝乌龙品种，主打高山有机种植。极边公司在腾冲的自营茶园按海拔高度由低到高排列分别如下。

（1）马站—火山土质茶园。马站—火山土质茶园距县城 12 千米，位于县城与火山地质公园之间，海拔 1900 米，年平均气温 12℃，森林覆盖率 80% 以上，属于火山灰土质有机茶园。该茶园出产的茶青主要作为极边乌龙茶春雨系列的原料。

（2）马站—火山观光茶园。马站—火山观光茶园位于中缅 8 号至 9 号国际界桩之间，毗邻高黎贡山国家自然保护区，海拔高度 2000 米，年平均气温 9℃，年降雨量 2000 毫米，森林覆盖率 90% 以上，通过中国绿色认证。该茶园出产的茶青主要作为极边乌龙茶翠玉系列的原料。

（3）极边秘境茶园。极边秘境茶园距县城 12 千米，位于县城与火山地质公园之间，海拔 2100 米，年平均气温 12℃，森林覆盖率 80% 以上，属于火山灰土质有机茶园。该茶园出产的茶青主要作为极边乌龙茶青心系列的原料。

（4）五台乡—森林腹地茶园。五台乡—森林腹地茶园毗邻高黎贡山国家自然保护区，海拔高度 2300 米，年降水量 1900 毫米，森林覆盖率 80% 以上，属于火山灰土质有机茶园。这里终年受"一山分四季，十里不同天"特殊气候影响，时有降雪，病虫害少，不施农药；天然雨水充足，阳光充沛，土地肥沃，不施化肥。该茶园出产的茶青主要作为极边乌龙茶雪域系列的原料。

（5）明光镇—清境山茶园。明光镇—清境山茶园距中缅边境 4 千米，海拔高度 2500 米，每年冬季茶山都会降雪，积雪不仅为茶树提供了足够的水分，还杀死越冬的害虫，可以避免使用农药。茶园土壤中有机含量很高，属于世界上为数不多的高原雪地有机茶园。该茶园出产的茶青主要作为极边乌龙茶问道、清境及特级金乌龙系列等中高端产品的原料。

（二）参照有机茶园标准进行的订单农户茶园种植管理

极边公司加工乌龙茶的原材料除了自营茶园出产的茶青，还有一部分是采用订单农业的方式从公司周边的农户们手中收购来的。在公司自营的茶园推行有机规范管理多年后，腾冲极边茶叶股份有限公司在试点的基础上，总结了一套针对订单农户的自种茶园进行有机种植的一系列管理办法，力求从订单农户手中收购的茶青也符合绿色、有机食品标准。

为了实现有机管理订单农户独自管护的茶园，极边公司采取如下措施。

（1）极边公司采用有机种植环节标准对订单农户茶园的种植环境进行严格的考察。首先是对农户的种植土地开展全面调查，通过各类化验来对土壤的各种成分进行分析检验。其次是对茶树灌溉使用的水源进行检测，包括水源质量及水源成分。甚至还要对茶园周边的生态环境进行详细的调查分析，确保订单农户茶园的各项种植指标达到有机茶园标准。

（2）对订单农户的茶园建立四级质量监管体系，分层管理。极边公司以聘用的方式从当地的种植村民小组和行政村中聘任联络员及辅导员，进行本地区种植茶园第一级和第二级的基层管理。并以33.33公顷需配置1名监督员，133.33公顷需配置1名技术辅导员的标准来实行第三级和第四级监管。这就是在乡镇茶办领导下，极边公司建立的四级质量监管体系。这一四级质量监管体系不仅可以提升茶农的种植技术，还能保证茶园的出产茶叶的有机品质。

（3）农资的统一管控，为订单农户的有机茶叶生产保驾护航。极边公司从与订单农户签订合同开始，无偿提供茶园的种苗（乌龙青心软枝优质种苗）3200万株，提供符合有机目录要求的有机肥料及绿色生物农药，不仅降低了茶农的种植成本，而且保证了2066公顷订单农户的签约茶园从种植品种的一致性到茶叶出品的优良性。

（4）建立严格的违规禁采及订单取消制度，确保茶青的有机品质。为了消除茶农的后顾之忧，极边公司与茶农签订的合同中明确规定：截至2030年，极边公司均以每公斤15元的价格向订单农户收购茶叶鲜叶。在茶叶收购前，极边公司会在订单农户的茶园中现场进行采前茶青质量检验，对于检验合格的茶青，公司与茶农100%签订茶叶鲜叶的收购订单。但对茶农违反使用非有机农资或茶青的检验结果达不到有机标准的则采取禁采或取消订单的措施。

通过上述4项措施，极边公司签订的订单农户茶园中已有200公顷取得了中国有机认证，1133公顷获得了中国绿色认证。其余的订单农户茶园全部采用有机茶园标准进行管理，后续将陆续进行有机认证。

（三）极边自营及订单农户茶园的生态种植方式

农产品质量安全管理更重要的还是在种植环节，而农产品品质的提升，很多时候需要运用到人与自然和谐共处的理念。极边公司建立茶园内复合生态系统及立体生态群落结构，通过生物机之间的相生相克、互相制衡来促进茶树的健康生长，避免了化肥和农药的使用,为"高山生态"的有机乌龙茶挂上金字招牌。

(1)坚持使用有机肥。茶园火山灰里的有机质天然就是种植茶树的好养料,而公司坚持使用有机肥的管理措施,也是有机种植的关键。一是采用绵羊除草增肥。利用绵羊爱吃杂草而不喜食茶叶的特点,在每亩茶园中投放3只绵羊就可以起到清除杂草的效果,同时,绵羊生产的羊粪还可以成为茶园的天然有机肥料,如图9-3所示。二是利用豆科作物的固氮特性,在茶园中套种豆科作物,增加土壤氮肥,减少肥料成本投入。三是冬季在茶树间套种萝卜。腾冲冬季降雨量少,茶园中套种萝卜不仅可以牢牢锁住土壤中的水分,成熟的萝卜不收割,待其腐烂后就能为茶树提供有机肥。四是通过茶叶生产中春耕施肥活动,清除茶园杂草,而农家肥的投入使土壤肥力得到补给,土壤透气性得到加强。

图9-3 极边茶园有机种植方式

(2)不施农药保证茶叶零农残。极边公司的茶园多分布于海拔1900~2500米,高海拔地区的土壤本少有虫害的侵袭,公司仍采用多种措施进行无害化除虫。首先在茶树周边间隔种植水冬瓜树。高大的水冬瓜树,不仅可以弥补火山灰土壤疏松,容易水土流失的缺陷,起到保土、保水、保肥的作用,水冬瓜树的叶子还自带甜味,可以吸引茶园中的小飞虫,起到保护茶树免受虫害的作用。其次采用黄蓝粘虫板、太阳能防虫灯等环保的方式诱杀害虫,避免了对茶树喷洒农药,如图9-4所示。

图9-4 绿色环保的物理除虫方式

（3）制定规则，明确茶园有机种植要求。首先，极边茶园的生态环境良好，在茶园的 100 公里范围内，无污染企业、无规模化农业种植区。其次，极边公司参考茶园有机种植的要求及标准，编制了《腾冲高山乌龙茶种植规程》，定期开展针对自营茶园管理员及订单农户培训熟悉标准和操作流程的培训，并定期进行抽检，确保茶园的有机种植管理更加规范。

优良的青心软枝乌龙品种外加腾冲高海拔、高湿度、高温差的特殊地理环境，结合极边公司独特的有机种植管理方式，是成就极边乌龙茶精品品质的根本原因，也使极边乌龙茶茶叶具有叶底厚实显绿、微量元素含量丰富，茶汤自然醇和、韵味悠长经久耐泡的特点。

（四）生产到仓储环节的全程有机管理

极边公司从种植到储运全程实施有机管理，对乌龙茶产品质量安全进行"零容忍"控制，建立从茶园到茶杯的可追溯体系，严格控制每一个环节。

1. 采青

采青即采摘茶叶鲜叶，这是生产制作乌龙茶的第一步，极边公司除了采用有机种植保证茶青的天然有机，还对采青有着严格的要求和标准。极边公司只在清明前后采摘当季的鲜叶，且一年中让茶树休养三季只采一季。在鲜叶采摘前要在片区进行抽样检测，自 2015 年以来，公司抽检合格率保持在 100%，真正做到不采摘不合格茶青。大多数茶企在 3 月就开始采摘春茶，而极边的春茶在 5 月底才开始采摘，保证茶叶的生长周期更长，是全球最晚的采摘春茶的企业。极边公司的采青采用人工采摘的方式，精选一芽两叶，保证茶叶品质。

2. 极边乌龙茶的八大加工工艺

极边公司把传统制茶工艺和现代化加工相结合，利用优质的茶青原料，进行标准化生产，通过严格的质量控制体系，保证极边乌龙茶鲜爽的滋味和稳定的品质。极边乌龙茶加工流程如下。

（1）室外萎凋也称日光萎凋或晒青，是指利用阳光使茶青中的水分适量蒸发，促使茶青中的化学物质发生变化，使其青气减弱，香味显露，这一步是做青的基础。极边公司规定：茶叶鲜叶采摘后必须两小时内送到工厂进行摊凉散热；必须将鲜叶均匀地薄摊在洁净的纯棉布巾上，让每一片叶子都能得到阳光的照射；人工控制晒青的时长，使晒青达到理想的状态——叶面呈波浪起伏，具有柔软感，且清香扑鼻。

（2）室内萎凋即晾青，集成日光萎凋所发生的化学变化，使茶青的发酵持续进行，使乌龙茶滋味甘醇，香气清雅。极边公司要求：室外萎凋之后移入室内萎凋车间进行室内萎凋；室内萎凋车间采用立体式存放，既节省了空间，又保持了车间环境的整洁干净；人工控制时间长度，直至叶片产生浓郁的清香即停止晾青。

（3）摇青，"翻江倒海出乌龙"说的就是乌龙茶的摇青工艺，萎凋后的茶青经过四次或五次不等的摇青过程，使茶叶鲜叶经过一系列生物化学变化产生乌龙茶独特的香味。极边公司要求：把茶叶鲜叶放入自动旋转的圆筒中进行上下、左右翻滚跳动；圆筒下放置洁净的白色棉布片，方便茶叶的倾倒；工作人员穿工作服、戴头套、手套、鞋套及口罩进行机器操作；由经验丰富的制茶师进行监控，保证茶叶品质，从外观上形成绿叶红镶边，从内质品形成七泡有余香。

（4）发酵，继续摇晃使茶叶发生吸氧作用即为发酵，茶的色香味诸多特性皆是此时生成，形成乌龙茶特有的花果香和独特口感。要求用竹编簸箕装载茶叶，并依靠工人手工不停摇晃；工作人员穿工作服、戴头套、手套、鞋套及口罩进行操作；需要经验丰富的制茶师进行操作，并定期组织相关培训。

（5）炒青是承上启下的转折工序，起到保持鲜叶中酶的活性，抑制氧化从而防止茶叶鲜叶继续变红，保持青色的成品本色。而且通过加热起到水分挥发，破坏部分叶绿素的作用，使叶片柔软并且色泽黄绿有光泽，挥发了茶叶中的青草气形成馥郁茶香。全程进行机械化操作，但需人工监测火候。

（6）揉捻，使叶面揉摆变轻，茶质起异，体积缩小，便于冲泡，对提高乌龙茶的滋味浓度有重要作用。半机械化操作，工作人员穿工作服、戴头套、手套、鞋套及口罩进行操作；需达到茶叶黏附叶面，手摸有黏手感为佳。

（7）整形包球，通过包揉，塑造出乌龙茶特有的美观外形及进一步破坏茶叶细胞，适度挤出茶液黏附叶边，便于冲泡及提高茶汤浓度。半机械化操作，工作人员穿工作服、戴头套、手套、鞋套及口罩进行操作。

（8）烘干又称干燥，进一步去除水分，使茶叶的香气和滋味得到充分的发挥并固定其外形。干茶外观呈半球状带梗，色泽墨绿，颗粒饱满肥大，边缘金黄色紧实均整，茶净度高，带有浓郁持久的特殊茶香。全程流水线操作，保证茶叶的洁净度。

3. 生产质量控制

极边公司先后在明光镇、五台乡、马站乡靠近茶园、背风向阳、无污染的地点建立4个标准化加工厂，其中3个初制加工厂，1个综合加工厂，总占地面积20公顷，符合国家的相关法律法规要求。拥有国内先进的乌龙茶生产加工机械1000余套，年加工能力超千吨级别，公司先后获国家高新技术企业和省级农业产业化重点龙头企业等认定，目前是全球较大的高山乌龙茶加工生产企业。结合实际情况并通过备案腾冲高山乌龙茶Q/YTC-001、腾冲有机高山乌龙茶Q/YTC-002、乌龙茶（金茶）Q/YTC-003等3个企业标准来进行规范化管理。对每一批出货产品实行内检和外部送检，保证每一批产品具有无农残、无香精、零添加的高品质。

4. 生产技术创新

极边公司拥有独立的技术研发创新中心，设立专门的实验室，引进专业的检测设备，已经形成完善的技术研究中心。目前公司已获得3个发明专利和5个外观设计专利，被评为云南省高新技术企业。

5. 简约环保的包装体系

极边乌龙茶多采用7~10克净重的双层锁鲜真空小袋装，既方便消费者携带，又最大限度地防止茶叶受潮、微生物入侵、氧化变质。不同系列产品外包装在图案和颜色设计方面均存在差异，方便识别；每种系列产品又根据消费者需求分为低碳环保的简包装和高端大气的铁盒礼品装。

6. 严格的仓储物流管理

极边公司设立了乌龙茶专用存储仓库，建立严格的仓库管理档案，把不同批号、生产日期、型号的产品分类归档存放。规定了严格的清洁、防潮、避光、通风标准。物流采用单一运输模式，专线专运，防止乌龙茶产品与其他产品混运，避免二次污染。

（五）低碳、环保的网络营销模式是极边乌龙茶的首选

腾冲极边茶业股份有限公司采用"自产自销"运作模式。为进一步提升品牌的知名度，极边公司于2012年开始筹集专业电商团队，进军网络市场。2012年4月28日，极边公司在淘宝及天猫上开设的"腾冲高山极边乌龙茶旗舰店"正式营业，当年年末，网上销售额达到50多万元。由于公司注重电商营销平台的投入及专业营销团队的培训打造，2013年，公司在淘宝及天猫的销售收入达到156万元。2014年，极边公司入驻京东商城，成立"极边乌龙茶旗舰店"，销售网络进一步拓展，为了适应电商销售节奏，节约发货成本并缩短发货时间，极边公司在云南保山市隆阳区设立了专门的电商发货仓库，让发货时间提前了一天，2014年全年的电商销售额达到264万元。

2015年初，极边公司进一步将电商发货仓库和电商营销及维护团队从位于滇西的保山市隆阳区迁移到交通便利、物流发达的云南省会昆明市，从而压缩了物流成本，销售业绩进一步提升。极边公司还高薪聘请电商营运高管，并入驻亚马逊、微信商城、一心堂、网络分销等电商平台进一步拓展网络营销网络。到11月底，公司网络销售额达560多万元，年底超过600万元。2020年4月26日，"极边旗舰店"正式落户抖音平台，以优美的茶园环境和产品茶艺展示为主基调开展宣传活动，并逐步开启抖音直播销售业务。截至2020年年末，极边公司实现了国内知名网销平台全覆盖的大好营销局面，部分产品进入香港和台湾市场后受到当地好评。

（六）生态茶园旅游业助力极边公司进行农旅融合

为了实现农旅结合的发展道路，2008年6月，极边公司在腾冲市马站乡王家坝发动周边群众300余户种植高山有机乌龙茶园200余公顷，开始建设腾冲极边乌龙茶景区。

1. 四大观光园区，四季美景让人心醉

腾冲高山乌龙茶景区又称马站乡—火山旅游茶园，位于云南保山腾冲市的马站乡兴华村内，景区距离腾冲县城仅14千米，包含于火山地热国家重点景区（马站火山群内）的国家地质公园内。景区内现有生态旅游茶园约233公顷，其中，茶园+樱花旅

游茶园约67公顷，茶园+红花油茶旅游茶园约67公顷，茶园+银杏树旅游茶园约67公顷，茶园+水冬瓜树旅游茶园约33公顷。通过腾冲高山乌龙茶博物馆、游客接待中心、5000米休闲旅游步道、游客旅游休息亭、游客休息花园、餐饮服务设施等配套旅游配套设施建设，累计投入建设资金3548万元，成功建成腾冲高山乌龙茶景区。景区于2014年被国家旅游部门认定为国家AA级景区。

原本在茶园种植樱花树是为了提升茶园的覆阴率，但樱花的淡粉与茶叶的翠绿交相辉映，各增姿色，一起构成了一幅早春的樱花茶园美景。红花油茶茶园是由青心乌龙软枝茶树和腾冲野生红花油茶间种。大红的茶花与碧绿的茶树相得益彰，红花油茶的果实还有药用和茶油加工的经济附加值。保水、保土、保肥、吸引病虫害是在茶园种植水冬瓜树的初衷，高大挺拔的水冬瓜树和碧绿的茶树相映成辉，别有一番风景。初冬的清晨，金黄的银杏树叶可以给碧绿的冬日茶园带来一抹亮丽色彩。游人穿梭在这美丽的自然风光中，身心得到极大的放松。

2.景区体验项目，让茶叶文化飘香

景区内的建筑主要以腾冲北部古典建筑为主，大多采用全实木为材料，风格端庄大气。以腾冲著名火山石材为主要材料建设的石材景观围绕景区内的假山，形成了植被繁茂浑然的独特人文景观。腾冲高山乌龙茶景区是集旅游、休闲、体验三位一体的独特景区，是腾冲乃至滇西主要以茶文化为主体的休闲体验式景区，同时，景区还设立了多项体验项目。

采茶作为体验项目，让游客们通过亲自从茶山上采茶，不仅可以放松身心，缓解压力，还能增进游客对极边乌龙茶茶叶鲜叶的认知和了解。游客们通过参观乌龙茶加工、烘干、成型的全过程以及进行加工体验，亲身感受极边乌龙茶从鲜叶到成品的全过程。走进高山乌龙茶景区体验中心也是茶叶营销的一种方式，它融合了做茶、卖茶、喝茶的环境，三位一体，是一个交流性、服务性、功能性的平台。这里不仅能满足游客购物需求，通过播放展示极边茶业的发展、品牌的形成的历史宣传片，让游客买到放心的茶叶的同时，也对极边乌龙茶的产品品牌起到很好的推广效果。

景区内建有极边乌龙茶博物馆，在馆里可以详细观看"极边——一片树叶的故事"、品味腾冲茶文化、感受极边乌龙茶的发展史，仔细观察乌龙茶的加工工艺，从而对极边乌龙茶产生全面的认知，并深切体会极边乌龙茶的独特之处。同时，景区还开展了"采茶体验""加工体验""茶艺体验""茶山之旅"等休闲娱乐项目作为旅游体验节目，增加景区游览的趣味性，游客满意度进一步提升。这些举措，不仅可以打响极边公司的品牌知名度，而且提高了该公司一系列乌龙茶产品的市场占有率，为产业的可持续发展夯实了基础。2010年至今，景区共接待游客87.15万人次，实现旅游销售总收入7040余万元。云南腾冲极边茶业股份有限公司通过全域旅游支持乡村振兴，成功走上生态领先、农旅融合发展道路。

【参考文献】

[1] 任维东.论一片树叶"造富"彩云之南［N］.光明日报，2021-11-17（14）.

[2] 冯磊东.品质差异化下有机农产品创新种植与管理：以有机茶叶为例[J].现代农业，2020（4）：97-99.

[3] 陈琪.ZX高山茶园公司有机茶品牌管理研究［D］.云南：昆明理工大学，2021.

[4] 罗龙新.国内外茶饮料发展现状和趋势［J］.中国茶叶，2019（1）：14-18.

【思考题】

1. 试分析腾冲的极边高山乌龙茶在市场竞争中面临哪些机遇与挑战？

2. 云南腾冲极边茶业股份有限公司的景区体验项目在市场营销方面有何创新之处？

3. 结合绿色营销的特点，谈一谈云南腾冲极边茶业股份有限公司在今后的发展中还需要做哪些方面的营销努力？

第十章

绿色生态茶

一、茶叶市场现状

中国是世界茶叶和茶文化的发源地之一,茶文化有着悠久的历史。芽与叶构成了茶叶的主要成分,通过化学成分检测,对人体具有保健作用的成分有儿茶素、胆甾[①]烯酮、咖啡碱、肌醇、叶酸、泛酸。在长期实践过程中,茶业的发展大致经历了五个阶段,分别是野生阶段、种植阶段、药用阶段、食用阶段、饮用阶段。根据采摘季节不同,分为春茶、夏茶、秋茶、冬茶。根据制作工艺的不同,可以分为绿茶、红茶、白茶等类型。

云南是中国茶业大省、世界茶树原产地,也是普洱茶的故乡。根据《云南省人民政府关于推动云茶产业绿色发展的实施意见》的要求,云南省在 2022 年实现茶园绿色化发展,并对其产业加工提出明确要求。截至 2022 年,云南省实现有机茶园面积全国第一,产品绿色加工工业达到一流水平,并在公用品牌价值方面实现第一(普洱茶),综合产值达到 1200 亿元以上。

(一)茶叶消费量持续增长,市场规模大

作为文人墨客消遣休闲必备的茶叶,通过文人之间的品茶、赏茶、以茶为载体进行诗歌创作,切磋作品,激发出了大量的文学作品。早在唐代时期,著名诗人白居易就写下了"坐酌泠泠水,看煎瑟瑟尘。无由持一碗,寄与爱茶人。"的千古名句,影响至今。

今天,茶叶仍是作为交际、商业谈判以及以茶会友、以茶待亲的主要形式,增加了人们对于茶叶的需求,进而壮大了茶叶市场。根据艾媒咨询数据显示,截至 2022 年 10 月,我国茶叶消费人数高达 5.1 亿人,并呈现增长趋势。我国已经成为茶叶产量全球第一大国与世界出口第二大国,80% 以上出口品种以绿茶为主。随着健康生活方式的增加,人们对于产品的要求越来越高,我国优质的茶叶产品,将会进一步增长。

(二)中国茶叶产量呈增长态势

我国茶叶以绿茶为主,产量结构比较稳定。根据统计显示,我国茶叶中的六大类中,除绿茶、乌龙茶产量增加较少外,白茶、黄茶、红茶的产量反而增加较快。就当前来看,绿茶产量基数大,未来增长空间较少。反观我国的红茶、黑茶等产品产量较低,需求有一定增长,产量空间提升较大。根据艾媒数据预测,2023 年我国的茶叶市场规模达到了 3511.8 亿元,增长率达到 9.4%。艾媒分析师认为,2022 年"直播热"助力茶叶销售,线上营销将成为常态化,行业品类细分化,形成多品牌共同发展格局,消费者对于茶叶品质有更高期待。

中国工程院院士、国家植物功能成分利用工程技术研究中心主任、湖南农业大学学术委员会主任刘仲华在 2021 年第十八届上海国际茶业博览会"茶产业新经济(上海)高峰论坛"上表示,我国茶叶产量全球第一,60% 以上的茶园分布在我国,50% 的茶

[①] 一类有机化合物,如胆固醇、维生素 D2、性激素都属于甾类。

叶产量产自我国，产业规模超过了 7000 亿元人民币。在有饮茶习惯的 160 多个国家和地区中，我国茶叶在规模、产量上占据着重要的地位。

（三）茶叶消费普及率高、低龄化趋势逐渐凸显

根据艾媒咨询调查显示，2022 年我国消费者中超过 90% 有过喝茶的经历，其中 47.5% 保持着每天喝茶的习惯。根据喝茶原因分析，主要是保健养生，占比 63.3%；其次是休闲放松，占比 59.0%。显然，受到茶文化影响，我国饮茶已经成为国人的一种普遍现象。随着当代人对于养生、娱乐的要求越来越高以及精神需求的要求，茶叶对于人们在愉悦身心、滋养身体、文化属性的满足，越来越多的年轻人开始关注、选择饮茶。66.8% 的消费者选择的是自用的茶叶散装茶叶，但是消费者中，59.1% 选择茶饼、有 50.1% 选择袋装泡茶进行礼品赠送。原因是这两种茶叶更容易包装，更适合赠礼。我国消费者更倾向于选择饮用绿茶，但各大茶叶品种之间的差异并不明显。其中，74% 的消费者选择自己饮用茶叶的价位为 100~400 元，94% 的消费者选择购买 100~600 元的茶叶用于送礼。2022 年中国消费者选购茶叶考虑因素中，自饮茶叶消费者最主要考虑的是茶叶的气味，占比 66.5%，送礼考虑最重要的因素是茶叶产地，占比 62.7%。调查发现两类消费者者中对于质量要求的比例分别达到 59.7%、56.3%。可以看出，消费者自己饮用更关注茶叶和气味，同时也注意茶叶的品牌、包装等附加值的影响。

2021 年我国消费者中，对于新形态茶叶的接受年龄测算在 19~40 岁，他们的接受程度达到了 88.0%，最低接受者反而是 51 岁以上的人群，他们的接受度为 72.0%。数据显示，80 后、90 后的年轻人对于新业态的茶叶饮品接受程度更高。该类人员大部分以上班族为主，要求茶饮快捷简便，不愿意在冲泡环节浪费过多的时间，更倾向于新形态的茶饮。绿茶仍然是消费者最喜欢的茶叶形态，占比 54.6%；其次是红茶，占比 46.5%。另外，养生茶、乌龙茶以及花茶也受到了相当程度的欢迎。

（四）新茶饮行业的兴起

传统茶叶品类市场中，市场竞争激烈，如何融入茶叶市场，后来者则需要通过继续细分市场需求，利用新场景、新产品、新需求来赢得市场。目前，新式茶饮发展为年轻人偏好的茶饮，获得了有效的发展，与传统茶叶市场形成竞争。新茶饮具有"三新"特点。一是新鲜食材。原材料中会采用新鲜的牛奶、芝士、木薯、坚果等新鲜食材。二是采用新技术。重视采用数字化和新技术应用，能够实现高效合作。三是新视角呈现品牌价值。更加注重品牌塑造过程，重视顾客体验。代表性的品牌有喜茶、蜜雪冰城等。

随着我国消费水平不断提高，消费者对产品质量提出了新要求，比如说口感，现制茶饮相较于传统茶饮具有选择丰富、口感更好的优势，在竞争中优势凸显。根据奈雪的茶招股书数据，2025 年我国现制茶饮市场规模有望达到 3400 亿元。其中，平均售价不低于 20 元的高端现制茶饮点正在大幅增长，2020 年，我国高端现制茶饮点产生的现制茶饮及烘焙食品等产品的零售消费价值约为 152 亿元，2025 年预计将达到 623 亿元，

年复合增长率约为32.7%。2020—2025年，我国高端现制茶饮市场规模占现制茶饮市场规模比重将从13.4%增至18.3%，高端现制茶饮的市场潜力巨大。

（五）数字化变革

茶叶产业数字化进程逐步完善，茶叶种植过程从种植、收购到销售过程均利用数字化技术增加茶叶种植的质量。通过数字化技术能够有效减少病虫害对于茶叶的影响，从而提高生产质量，保障茶叶质量的同时也增加茶农的收入。数字化管理让每一片茶叶进入控制范围，促进产品质量的提高，有利于品牌打造以及渠道的拓展，促进产业发展。

例如，"京东农场"数字化茶园依托物联网、人工智能、区块链等技术和设备，工作人员可以从茶叶种植相关的大气、土壤、生长情况、农产品加工、运输、包装等方面进行有效的监控，从而实现科学种植、规范生产，实现数字与产品对应关系，做到全程可视化的追溯体系。另外，数字化还可以在虫情方面发挥有效作用。例如，西湖区的农业农村部门给龙坞茶镇龙井茶园安装了太阳能杀虫灯，同时利用物联网技术，接入GIS（地理信息系统）地图，可以实现时时更新，利用手机就可实现监控、远程操作，帮助茶农更好地管理茶园，打造了"智慧防护网"。又如，浙江气象部门也建立了茶叶气象数据库，利用气象观测数据建模分析，提前预知环境对于茶叶的影响，提前7~15天做出预警。

数字化技术也应用到了营销方面，例如，吴裕泰利用"御泰壹香"、贡毫、有机茶等产品优势，坚持"聚焦花茶，做优做精"的产品战略，应用数字化进行产品营销，利用直播、短视频的形式吸引年轻的消费者。又如，奈雪的茶也全面推进数字化转型。利用数字化在技术和前端运营上发力，通过小程序、移动支付一系列数字化工具手段，达到提升用户满意的目的。同样的，在后端利用自己研发的数字运营系统管理门店，能够做到自动补货、优化茶饮制作流程，降低了企业的营运成本和增加了操作的简便性。

（六）亟待打造品牌

目前，我国茶企还具有规模小、经营分散的特点，大多数采用传统的粗放式经营。利用分布各地的老乡以及批发商渠道进行销售。主要产品仍然以散装形式进行销售，品牌意识淡薄。除了龙井、碧螺春、铁观音等产品打造了品牌，其余茶企很少对其品牌进行投入。在我国7万多家茶厂中，进行品牌注册的不到1000家，与我国巨大的茶叶资源形成巨大的反差。在3000亿元的茶叶市场中，没有一家茶企所占份额超过1%，市场的集中度仍旧不高。

消费者目前购买茶叶的决策中，仍旧停留在"茶品类"层面上，正在形成喝茶"品类地方化"现象，从而为茶企塑造品牌、强化品牌形象提供了契机，同时也是茶叶行业发展的关键所在。从消费者角度看，年轻人的茶叶消费逐年提升，给品牌建设提供了新的机遇。对于茶叶品牌年轻化发展提供了有效路径。例如，聚焦茶品升级、营销创新、品牌IP应用，从产品端、营销端、应用端满足年轻消费者对于茶叶的不同需求多元化、全方位的需求，为消费者提供更加舒适的"茶叶社交体验"。

（七）云南茶叶的绿色化

云南种植与生产茶叶的历史已经超过1700多年，世界名茶便出自云南。茶叶是云南省重要的经济作物之一，在出口创汇的大宗商品中，具有不可替代的作用，已经成为云南省第三大产业。截至2021年，云南省的茶叶产值突破了1000亿元大关，达到1001.4亿元，相较于"十二五"产值的378.3亿元增长超60%。也就是这一年，有机茶叶种植面积认证与产品居全国第一，达到54533公顷左右，产量达到8.4万吨。其中绿色茶园面积达到30266公顷左右，绿色茶叶成品认证产量达到1.55万吨。

云南省实施除了茶产业绿色发展政策支持补助资金，还设置了202个主体获得奖的补助，认证了380张产品证书，共计有24666.7公顷的有机茶园、12666.7公顷的绿色茶园，地理标志产品类27个，奖补资金1.05亿元。在奖补政策激励下，云茶绿色发展成效显著。

二、典型案例

（一）案例一：云南南华半坡茶厂

云南南华半坡茶厂成立于2006年。南华半坡茶厂以市场需求为导向、标准化生产为抓手、精细化管理为中心、产品质量安全为保证、品牌化经营为突破口，积极打造"彝春绿色食品茶"品牌。2018年5月，云南南华半坡茶厂申报的银豪绿茶（特级）、碧玉绿茶（一级）、绿茶（二级）通过中国绿色食品发展中心认证，获得绿色食品证书。通过开展绿色食品认证，进一步促进了茶厂的经营理念、生产管理、产品质量安全及效益再上台阶。

1. 无公害茶园示范基地

2013年，云南南华半坡茶厂被云南省列为省级优势农产品基地建设项目中的"无公害茶园示范基地建设项目"。项目建设内容包括：进行茶园坡改梯约33公顷，茶园培肥地力约33公顷，培训茶农300人次。

无公害茶叶是指在无公害生产环境条件下，按特定的生产操作规程生产，成品茶的农药残留、重金属和有害微生物等污染物指标、卫生质量指标达到国家有关标准要求，对人体健康没有危害。[1] 公司按照《无公害食品 茶叶产地环境条件》（NY 5020—2001）进行生产环境的整治。例如坡改梯，将10°~25°坡度的坡薄土和具有耕地开发条件的非耕地改为厢面宽5米以上的宽面梯地，重点针对"陡、薄、瘦、蚀、旱"耕地问题进行整改，重点是地形调整、地块平整、土层增厚、地埂筑砌，建成"三沟"（引水沟、排

---

[1] 汤善麟．浦城县"十里排"茶场生产无公害茶叶技术的初探[J]．福建茶叶，2013（10）：24-25．

水沟、沿山沟）、"三池"（蓄水池、沉沙池、储粪池）等坡面水系，建设小型蓄水保土工程，发展集雨节灌设施，从而建成"平、厚、壤、固、肥"的水平梯地。

土壤管理是决定农业产量以及农业生产可持续性发展的首要问题之一。公司通过种植绿肥改善土壤肥力。种植绿肥，改善理化性状，改良了土壤，将沙、黏、板、瘦、酸、碱、盐等中低产障碍因子，加速土壤熟化，逐步提高土壤肥力等级。

同时，公司按照《无公害食品 茶叶生产技术规程》（NY/T 5018—2001）、《无公害食品 茶叶加工技术规程》（NY/T 5019—2001）进行工厂、设备、加工技术等改造。人作为生产无公害食品的关键要素，公司对茶农、内部员工等进行了培训。

2. 打造绿色品牌

茶园位于哀牢山脉上，海拔 2200 米，雨量全年充沛，被原始森林环抱，具有良好的生态环境，是生产绿色食品茶的理想之地。兔街绿茶采用早春茶叶，一芽二叶鲜叶精心加工而成，条索紧细，白毫显露，汤色清绿明亮，香气浓郁持久，滋味鲜醇爽口，产品供不应求。当前，南华县茶叶产量、销售都在自主品牌"云春碧玉""银毫"的带动下处于稳中有升的良好态势。在政府及业务部门的技术支持帮助下，茶农的观念不断更新，茶叶生产设备部分更新，同时在整个茶叶市场价格回升的刺激下，又一次为南华茶叶产业注入了新的活力。

3. 绿色环保的包装设计

茶是被公认的世界性三大无醇饮料之一，凭借其天然、营养、保健的品质受到人们的喜爱，被誉为 21 世纪的饮料产品。为了有利于茶叶产品的贮存与运输，需要对其进行包装，使得茶叶这类特殊的商品更加具有观赏性，也避免了不完善的包装使茶叶的形、色、香、味受到损坏。

茶叶包装设计理念体现以人为核心，不仅精美，还具有观赏价值，也是茶文化的重要载体。通过精美的包装可以达到提升茶叶品牌知名度，调动顾客购买欲望的目的。设计包装问题侧重点放了对于环境的保护方面，也进一步考虑到人们的消费行为问题，利用绿色设计理念推广茶叶产品并进行品牌构建。

绿色理念在茶叶包装设计期间的应用，应给予以下几方面的重视：①环保性。在资源节约型社会和环境友好型社会建设期间，绿色理念在茶叶包装设计环节中的应用，等同于以上两类社会的体现。②可回收性。茶叶包装资源的可回收性是提升资源配置效率的重要方式。以往，在对茶叶包装设计期间观众注重的是美观性，消费者享用产品后多数会把茶包装当作废物丢弃或另为他用。

4. 茶叶质量安全

茶叶质量控制体现在两个方面，一是合理的残留物的安全标准；二是茶叶生产的绿色控制和管理。茶叶质量控制完全按照食品制定的规则实施。与食品相比，茶叶只饮用茶汤，而泡过之后的茶叶则丢弃，不进行食用。这点不同于一般性的食品（如粮食、蔬菜、鱼肉蛋、水果等），所以国际和国内在制定茶叶标准时，同其他的食用产品一样进行测量计算，显然高于摄入人体的含量，并且不同的残留物在水中的溶解度也有较大差异，造成了通过茶汤进入人体的残留物存在较大差异。国际上通用的原则是：MRL 标准制定的基本原则是按照人体对该残留物的摄入量及其毒性。摄入量大，标准定得较严。但茶叶和其他食品进入人体的方式不同。

作为健康茶饮的茶叶，其安全性取决于生产的全过程。从源头上就要考虑茶树的种植和病虫害的治理。使用化学肥料必须按照科技部提出的减施原则，减少氮素进入水体造成的富营养化。对于有害生物治理，要从种群间的平衡进行处理，减少化学农药的使用。使用有害生物绿色防控的模式，发展应用物理治理、化学生态治理、生物治理的方法，使茶产业逐步发展成一个绿色、生态、协调的以茶树为主体的综合生产区。茶叶加工要发展为集中化、机械化、清洁化和标准化的加工区。燃料要选择清洁化燃料，解决茶叶中的多种污染物。包装物的清洁化是保证茶叶产品安全的基础。

每一个喝茶的人对茶产业的期望是：希望提供的是一个健康和安全的茶叶产品，是一个产品多样化的多种茶类的产品，是一个价格合理、质量良好的茶产品。

【参考文献】

[1] 姜天喜. 论中国茶文化的形成与发展 [J]. 西北大学学报（哲学社会科学版），2006（6）：30-32.

[2] 包大明，任天飞. 中国茶文化历史漫谈 [J]. 兰台世界，2013（28）：115-116.

[3] 余悦. 中国茶文化与上海世博会：兼论茶文化在公共外交的作用 [J]. 福建论坛（人文社会科学版），2010（12）：133-139.

[4] 郑冠宇，周潇. 绿色包装设计理念在茶叶包装中的应用 [J]. 福建茶叶，2017，39（11）：145.

【思考题】

拥有悠久历史的云南地方茶，如何打造品牌"走出去"？

（二）案例二：双柏县白竹山茶业有限责任公司

双柏县白竹山茶业有限责任公司是集生产、加工、销售为一体的股份制企业。公司是楚雄州农业产业化经营龙头企业，是楚雄州生态茶叶种植及加工重点企业，是双柏县绿色食品及加工业龙头企业。公司以生产炒青绿茶为主，现有"白竹银毫""碧螺春""云雾茶"三个系列。产品通过了国家绿色食品、无公害农产品、QS 质量安全食品认证。目前生产的普洱茶（生茶）和普洱茶（熟茶）两大类型的饼茶、砖茶、沱茶已获得全国农产品地理标志保护。2000—2002 年，"白竹银毫""碧螺春"在连续 3 届的"云茶杯"评比中均获得"云茶杯"金奖，并被认定为云南名茶；2008 年 1 月，白竹山"云雾茶"被中国名优名牌产品推广中心认定为中国名优产品；2009 年 11 月，"白竹山"商标被认定为云南省著名商标；2012 年 11 月，被楚雄州人民政府命名为"高原特色农业重点企业";2013年4月15日,农业部正式批准对"白竹山茶"实施农产品地理标志登记保护。

1. 绿色基地

白竹山茶产自双柏县法脿镇白竹山,以山为名,故得"白竹山茶"之名。白竹山茶产地地理位置优越,具有低纬度、高海拔的特点,该地区气候属于典型的北亚热带大陆性季风气候,特殊位置具有明显的立体气候特点,年最低降雨量900毫米,最高降雨量1100毫米,年均降雨量1000毫米;年最低气温3.5℃,最高气温26.7℃,年均气温15.2℃,昼夜温差明显;年平均湿度65%,空气湿度大,年均雾天≥120天;年平均日照时数3255小时,全年无霜期270天左右。白竹山茶叶产于2300米的高海拔地带,省级自然保护区——白竹山内,保护区内有茂密的森林,完好的植被,土壤肥沃,气候温和,年降雨量1100~1300毫米,土壤pH 4.5~5.6,常年云雾缭绕。得天独厚的地理生态环境为产出高品质绿茶提供了必要条件。

2. 绿色生产

白竹山茶严格按照"白竹山茶"农产品地理标志技术规范栽培管理。培育出适宜种植的地方群体种。品种繁育以优质的云南大叶种茶为母本,按《茶树种子和苗木》(GB 11767—1989)标准要求进行苗木品质检验和植物检疫。采用测土配方施肥技术,浅耕施追肥,深耕施基肥。追肥以氮肥和复合肥为主,每次亩施15~20千克;基肥施有机肥,亩施油枯或商品有机肥100~200千克,或亩施腐熟农家肥1000~2000千克,在幼龄茶园和改造后的茶园茶行间种植绿肥培肥地力。2018年以来,化肥施用量零增长,有机肥施用量大幅增长达18.4%。病虫害防治遵循"预防为主、综合防治"的方针,优先采用农业防治,大力推广物理防治和生物防治等绿色防控技术,化学防治严格按照GB 4285、GB/T 8321的要求控制施药量与安全间隔期。2018年,双柏县绿色防控面积266.67公顷(其中:光诱33.33公顷,色诱166.67公顷,性诱66.67公顷),占总面积的26.5%;统防统治面积744.67公顷,占总面积的74.1%。2019年以后绿色防控面积持续增长。生产过程控制按照《无公害食品 茶叶生产技术规程》(NY/T 5018—2001)和《无公害食品 茶叶加工技术规程》(NY/T 5019—2001)进行,并按《无公害食品 茶叶》(NY/T 5017—2001)产品质量标准进行检验。包装材料为瓦轮纸盒和锡箔纸,其具有良好的防潮、阻氧、避光和无异味作用,并有一定的抗拉强度,能保护茶叶品质,便于运输。在包装实现无害化的基础上,下一步将推进包装绿色化。

3. 打造"白竹山茶"区域公共品牌

无公害农产品、绿色食品、有机农产品和农产品地理标志统称"三品一标"。政府主导"三品一标"安全优质农产品打造公共品牌。"白竹山茶"作为当前和今后一个时期农产品生产消费的主导产品,必须符合"三品一标"要求。这也是农业发展进入新阶段的战略选择,是传统农业向现代农业转变的重要标志。双柏县在推进打造绿色食品牌产业进程中,以"三品一标"为切入点,构建"区域公用品牌+产品品牌+企业品牌"的多元化农业品牌发展格局。

双柏县白竹山茶业有限责任公司作为双柏茶业发展领头羊，积极发挥领头与辐射作用。2008年白竹山茶通过国家"绿色食品"认证，2016年获国家"有机食品认证"；2017年"双柏县白竹山牌云雾茶"被国家质检总局批准为国家生态原产地保护产品，同时获国家"地标产品认证"和"原生态保护产品认证"。公司成为楚雄州唯一同时拥有国家地理标志产品保护、有机茶认证、ISO质量管理体系认证、原产地保护的茶叶企业。

同时在政府的支持下，不断带动相关茶叶企业的迅速发展。当前，双柏县成为楚雄州最有实力的产茶大县。2019年5月"白竹山"获得昆明茶叶行业协会春茶周活动会"云南醉美茶乡"称号；双柏县有营业执照的茶厂32家，有15家茶厂已取得SC认证（食品生产许可），认证面积323.33公顷。2019年10月22日，楚雄双柏县获得"2019中国茶业百强县"称号。2013年4月15日"白竹山茶"获农业部农产品地理标志认证证书，认证面积666.67公顷；有7家茶厂36个产品获得绿色食品茶证书（双柏县白竹山茶业有限责任公司4家、双柏县三尖山绿茶庄园有限公司8家、双柏县竹山春茶叶制造有限公司5家、双柏县法脿镇楚银顶茶厂4家、双柏县法脿镇老熊窝生态茶厂5家、双柏县法脿镇白竹山打磨箐茶厂5家和双柏县白竹虎牙茶厂5家），认证面积236公顷；有4家公司获有机产品认证证书（云南白竹印象茶业投资有限公司、云南省双柏县白竹山茶业有限责任公司、双柏县竹山春茶叶制造有限公司和双柏县白竹龙笙茶叶有限公司），认证面积173.33公顷；有2家公司获农业产业化省级重点龙头企业（云南白竹印象茶业投资有限公司和双柏县白竹山茶业有限责任公司），认证面积157.33公顷。仅2018年双柏县生产绿色食品茶12吨，产值428.5万元；生产有机食品茶74.5吨，产值1481万元；生产无公害茶204吨，产值1413.1万元。生产地理标志产品茶厂达11家，面积386.67公顷，占70.65%；产量126.5吨，占75.1%；产值1974万元，占80%。截至2016年12月31日，双柏县"白竹山茶"品牌价值评估为4.87亿元，2017年8月，双柏县法脿镇法甸村（白竹山茶）获"一村一品"称号。

"十四五"期间，双柏县计划将法脿镇建成"双柏县白竹山万亩有机产品茶园示范基地"，碌嘉镇建成"双柏县哀牢山万亩绿色食品茶园示范基地"，进一步带动双柏县茶叶产业发展和全力塑造区域公共品牌。

（三）案例三：勐海茶业有限责任公司

大益集团旗下的勐海茶业有限责任公司主要生产"大益牌"普洱茶，目前已成为中国茶叶行业销售规模最大的茶叶生产企业。云南大益茶业集团有限公司，是目前中国茶叶市场上规模、品牌等具有领先地位的现代化大型茶业集团，拥有享誉海内外的"大益"品牌。

"大益牌"普洱茶在众多的普洱茶产品中最具有代表性。在发展过程中，获得了国家环保总局有机食品发展中心颁发的"有机"（天然）食品证书。其因产品质量好、绿色环保，深受广大消费者的信任。通过参加国内外权威的比赛，多次获国际、国家、部省级金银奖。先后通过了欧盟国际有机认证，获得了认可。根据产品特点，将产品销往日本、韩国、马来西亚、欧美等国家或地区，获得了一致好评。"大益茶制作技艺"于2008年入选国家级非物质文化遗产名录。2011年12月，"大益"商标被国家工商行政管理总局商标局认定为"中国驰名商标"、云南省工商行政管理局认定为"云南省著名商标"。今天的"大益"茶已成为经典茶品与健康品质生活方式的代表。2019年12月16日，勐海茶业有限责任公司入选"农业产业化国家重点龙头企业"；2021年8月30日，入选2021年云南省绿色食品"10强企业"。

1. 绿色生态茶叶种植基地

截至2023年，勐海茶业有限责任公司在巴达和布朗山拥有两个自有的茶园基地。该茶园自建设成功后，就定位为打造有机生态茶园，主力打造无污染、无公害的有机绿色茶叶保健品。优质绿色产品的产出，需要优质的原材料，优质的原材料是保证产品质量的重要手段。该基地具有提供优质原材料的天然基础。该基地还通过了国家级勐海县普洱茶农业种植标准化示范区考核验收（巴达基地），获得了有机产品认证、良好农业规范（GAP）认证，被认定为出口检验检疫备案基地，从原材料开始保证了产品质量。

巴达基地位于西双版纳首府所在地景洪，距离景洪市中心110千米，与具有1700年历史的野生茶树（八达）相邻，整体海拔1700米以上，正是适合茶树生长的有利条件，再加上该地区降雨量充沛，气候条件适宜，在该地区生产的茶叶在"色、香、味"评价中具有很高的品质，这也是"大益"牌普洱茶系列产品拥有独特原材的原因之一，也为品牌建设提供了原材料支持。正是因为这种天然的种植基地，才使得大益茶叶具有了高山的品质，也就拥有了生津快、回甘好、汤色透明，香气迷人的茶叶产品。

布朗山茶叶基地位于勐海最大的用材林场的布朗山林场内，被誉为"绿海明珠"。这里也是著名的景区。布朗山茶园围绕着数十公里的材林和阔叶林，是典型的生态茶园，也是茶叶质量保证的原因之一。截至2023年，布朗茶厂已经拥有了数万亩（数千公顷）丰产茶园，由于其独特的环境使得其茶叶具有毫多体壮的特点，也是"大益"普洱茶拥有良好品质的原因。综上所述，布朗山的茶叶成为中外客商以及普洱茶喜好者的收藏佳品。

勐海茶业除上述两个自有产权的原料基地外，还拥有遍布各个茶叶产区的合作基地，以及密集的各乡镇、产茶村寨的合作者以及收购站，可以为勐海茶业收集到质量上乘的优质茶叶原材料。原材料的产茶区，尤其是巴达和布朗基地，均遵循农耕种植的传统方式，采用人工方式除草，不打农药，几乎不使用化肥，才产出来一批又一批具有生态、健康、绿色的茶叶原材料。勐海茶业采用"离地式"操作对茶叶进行处理，保证茶叶从刚刚采摘的新鲜茶叶到晾晒全过程的离地化处理，能够最大限度地保证原材料初始环节的食品安全，保证产品质量。利用数字化技术，茶农可以对茶园的每一片茶叶进行追踪，保证茶叶质量。勐海茶业原料部培养了一大批"驻乡采购员"，针对不同地区的茶叶情况，建立数字化追踪系统，可以详细掌握茶区内的每一片茶叶。利用数字化技术，茶农可以精确掌握茶叶质量，保证产品从除草、修剪，茶叶具体制作过程拥有良好的监控，提升产品质量。"驻乡采购员"还要进行入户指导，帮助茶农科学、有效生产，从源头把好第一关。

2. 普洱茶绿色制造及绿色设计平台一体化建设

大益集团从成立以来，一直注重从生产源头到加工制造再到产品出厂的管理和品质检测，形成了一个严格的优质循环管理体系。勐海茶业对于原材料还实行了外形、内质的双重验收，对于每一批的原材料入库必须进行农残的测定，按照级别、区域、茶季分别进行堆码，从而保证原材料的真实与质量保证。2017年勐海茶厂以及集团公司旗下的4家企业申报并实施了"普洱茶绿色制造及绿色设计平台一体化建设"项目，获得了国家绿色制造系统集成建设项目支持，实际总投资1.36亿元（国家财政专项扶持资金1200万元）。本项目依托云南优质的自然环境和茶叶资源，结合企业多年来积累的先进技术、平台资源，串联茶叶产品绿色设计研发链、绿色制造工程项目链和绿色产业链三条链，重点围绕解决普洱茶产品设计、种植、加工、包装、物流、营销、资源再利用各个环节绿色发展的前沿问题，以及茶行业的共性问题。按照工信部相关要求，该项工作是绿色制造中的一项新的工作，依托绿色工厂、绿色产品、绿色园区、绿色供应链搭建绿色制造服务平台。该平台的运用可以保证并促进茶叶生产的全产业链和整个生命周期的绿色化，更加符合企业对于产品的要求，也有利于企业建立高效、清洁、低碳、循环的资源利用方式。项目在大益集团内开展构建绿色设计数据库和平台、实施关键工艺技术的创新和绿色化改造、推进绿色装备和材料的创新和集成应用等工作，包含10多个子项目，涵盖产品设计、种植、初制、精制、包装、回收、仓储物流、品牌文化建设等环节。巴达与布朗2个基地从标准茶园建设到病虫害绿色防控以及清洁化加工等方面进行了全面的探索，利用新技术以及数字化技术保证茶叶产品质量，使绿色生态在创新中传承。

2021年1月15日，云南省工业和信息化厅组织有关行业专家对勐海茶业有限责任公司普洱茶绿色制造及绿色设计平台一体化建设项目进行现场验收，经过专家组现场核验、评分，顺利通过省级验收。项目全面提升了大益集团在普洱茶产品上的绿色设计的能力。制造技术绿色化率由原来的42.8%提升到94.8%，制造过程绿色化率由原来的21.9%提升到54.2%，绿色制造资源环境影响度由原来的65.6%下降到47.4%。项目对普洱茶产品设计、种植、加工、包装、物流、营销、资源再利用等各个环节进行绿色化改造，制造技术绿色化率、制造过程绿色化率、资源环境影响度分别达到95.5%、54.3%、40.4%，达到并超过国家绿色制造标准。通过项目的实施，勐海茶业有限责任公司开展了"千山一叶"等系列产品，获得中国有机产品认证；申报专利14项，获得授权8项，公示地方标准2项，并完成了绿色工厂的第三方评价工作，项目在各环节关键技术和模式上取得的创新成果，有效推动了茶叶全生命周期产业链的绿色融合，对整个茶产业具有良好的示范推广价值。

【参考文献】

[1] 刘霭馨. 绿色包装与包装无害化 [J]. 中国包装工业, 2000（4）: 44-45,55.

【思考题】

1. 目前我国茶叶市场整体需求趋于饱和，但却是一个"有种类、有名茶、无名牌的'有名无姓'时代"，打造茶品牌刻不容缓，你认为该从哪些方面做出努力？

2. 白竹山牌绿茶有"深山瑰宝、虎乡珍品"之美誉，你认为它在开创双柏县茶旅一体化新发展格局中起着什么样的作用？

（四）案例四：澜沧古茶绿色产业发展

1. 澜沧古茶的起源

过渡类型古茶树最早发现于1991年，随后在1992—1993年的国际研讨会中考察论证了澜沧邦崴古茶树。该树树高11.8米，根干径1.14米，树龄已千年。紧接着《人民日报》《中国科学报》《中国文物报》《中国茶叶》，中国台湾《壶中天地》、菲律宾《世界日报》、日本《茶道杂志》、中国香港《文汇报》、泰国《新中原报》、美国《纳西通讯》等报刊先后对邦崴古茶树做了报道，引起国内外业内人士的关注。关于栽培型古茶林，澜沧景迈栽培型万亩古茶林是我国目前面积最大、拥有千年历史、保存相对较完整的古茶林。1997年在考察景迈万亩古茶林时，专家学者进一步证实了最早种植茶树的民族是布朗族——古代的濮人。布朗语"腊"代指茶叶，被傣族、基诺族借用。澜沧景迈栽培型万亩古茶林拥有悠久的历史，对于研究我国茶叶发展史、茶叶种植以及古代茶树种植有重要的意义。对于研究古代茶叶种植经营、贸易具有很高的历史价值与学术价值，被称为"天然茶叶博物馆"。

2. 澜沧古茶公司

1996年创建的澜沧古茶公司，凭借景迈山的千年万亩古茶园，现在已经发展成为一家集生产、销售、研发于一体的综合性茶叶企业。通过多年深耕茶叶市场，已经能够掌握多座古树茶山一手的纯生态原材料，库存常年稳定在4000吨左右。经过半个多世纪的技艺传承，形成了独特的发酵工艺，产出的每一款熟茶都能表现出"天、地、人"的和谐之美。该企业已经通过了ISO9001质量管理体系认证、ISO22000食品安全管理体系认证、HACCP（危害分析与关键控制点）体系认证等，始终秉承着"以质量求生存，以信誉谋发展"的理念获得了"中国茶业百强企业""农业产业化国家重点龙头企业""云南省普洱茶十大影响力企业""云南省食品安全示范单位"等称号，其产品被评为"中国普洱茶十大品牌""云南老字号"。

优质的材料，以古树茶为基础，创造出了稳健延续、品类丰富的茶品，囊括了生茶、熟茶和调味茶等品类，形成了"重器""本味""和润""自在"四大特色系列，深受消费者喜爱。截至 2023 年，累计各类服务销售网点超过 1000 家，通过各种活动，使澜沧古茶在大健康行业和文化产业取得显著成就，公司以推动实现"世界茶中国味古茶美"为目标，构建普洱茶全产业链模式，致力为大众提供健康好茶。

3. 澜沧古茶绿色产业得以发展的条件

（1）得天独厚的自然条件

云南省西南部澜沧江畔的澜沧拉祜族自治县是澜沧古茶的主要生产基地，这里气候宜人，位于北回归线以南，属于南亚热带夏湿冬干山地季风气候。降水丰富，日照充足，干雨季节分明，冬天不冷，夏天不热，再加上独特的土壤、气候、水质特点，适合茶树的生长。

澜沧古茶拥有全世界迄今发现的最古老的过渡型大茶树——富东邦崴千年古茶树，更拥有迄今发现年代最久远、连片面积最大、保存最完好的人工栽培型古茶林（景迈山古茶林）。其中，景迈古茶林距今已有 1300 多年的历史，2012 年，入选《中国世界文化遗产预备名单》，成为中国唯一的世界文化遗产"申遗"茶山[①]。景迈山古茶林是现代茶园种植技术普及之前，作为传统的"林下茶种植"方式保存至今的实物例证和典型代表，符合世界遗产普遍价值标准。作为有机演进的文化景观，延续至今的传统"林下茶种植方式"，是人类早期利用茶树的活态样本。"山共林、林生茶、茶绕村、人养茶"的景观格局，承载着"林茶共生、人地共荣"的千年悠远历史。千百年来，景迈山上的布朗族、傣族、哈尼族等各族人民和谐相处，世代与茶共同繁衍、共同发展，生动展现边疆各族人民认识自然、敬畏自然、爱护自然的实践，彰显了人与自然和谐、人与人和谐，是"人与自然和谐共生"的典型示范。得天独厚的原生态自然环境和和谐的人文环境，为澜沧古茶优质的茶品生产提供了优越而完整的生态系统。

（2）丰富稳健的茶叶供应

澜沧古茶依托普洱茶原产地优势，与云南临沧、普洱、西双版纳三大普洱茶主产区的百余个茶叶专业合作社及其初制所常年稳定合作，掌握了大量一手优质原料供应资源。坚持每年进行优质原料的储备，丰富多样的原料储备，为产品的多样化拼配和创新，以及持续开发品类丰富、稳健延续的茶品提供了保障。

（3）多元稳定的销售渠道

澜沧古茶充分发挥品牌优势，目前已形成以经销为主、直营为辅，线上和线下相结合的多元化销售渠道，实现了稳定、持续的发展。经销体系以专营店、专柜等线下实

---

① 2022 年 11 月 29 日，我国申报的"中国传统制茶技艺及其相关习俗"在摩洛哥拉巴特召开的联合国教科文组织保护非物质文化遗产政府间委员会第 17 届常会上通过评审，列入联合国教科文组织人类非物质文化遗产代表作名录。该项目共涉及 15 个省（区、市）的 44 个国家级非遗代表性项目，涵盖绿茶、红茶、乌龙茶、白茶、黑茶、黄茶、再加工茶等传统制茶技艺和径山茶宴、赶茶场等相关习俗。在这个申遗项目中云南有 6 个国家级非遗项目位列其中，即普洱茶制作技艺（贡茶制作技艺）、普洱茶制作技艺（大益茶制作技艺）、黑茶制作技艺（下关沱茶制作技艺）、红茶制作技艺（滇红茶制作技艺）、茶俗（白族三道茶）、德昂族酸茶制作技艺。

体渠道为主，累计设立各类销售及服务网点超千家，覆盖全国多个省份，发展生机勃勃，逐年稳步增长。直营体系包含直营门店和电商平台，进一步丰富和拓宽了品牌销售渠道。

（4）形式多样的茶文化体验活动

澜沧古茶始终致力于打造消费者信赖的知名品牌。近年来，澜沧古茶通过品牌运营和业务发展的融合促进，以经典品牌活动凝聚合作伙伴，结合互联网及新媒体拓宽品牌运营渠道，线上线下融合发展，打造出了较强的品牌知名度。线下定期组织举办茶事活动，每年春季探访茶山"回家之旅"、夏季红五月全民饮茶日"百店同庆饮好茶"、秋季"羊城金秋嘉年华"、冬日"情暖万家"送温情，不仅极大地推广了普洱茶的文化价值和品饮价值，更凝聚了合作伙伴和广大茶友。线上深度融合互联网和新媒体，把线上交流、云端学堂、线上店面展示、线上视频展示等模块有机融合，逐步成为服务广大合作伙伴和茶友、提升品牌影响力的重要阵地。2020年乌金云端发布会、云上回家之旅、红五月线上全民饮茶等活动获得广泛关注，其中"乌金"云端发布会在线观看人次超过40万，"云上回家之旅"总参与人次超过800万。

（5）丰富完善的专业培训体系

澜沧古茶通过建立完善的培训体系，专业、规范、定期地对体系内合作伙伴、茶师、内部员工进行普洱茶行业特点、品牌发展历程和企业文化、重点产品纲要、普洱茶冲泡及品饮方法、店面销售基本技能等方面的系统培训。完善的培训体系和丰富的培训活动，不仅为品牌经销体系输送了更多专业和优秀的人才，带动和提升营销体系活力，更搭建了一个体系内业务培训、文化交流、感情联络的平台，成为澜沧古茶文化传播和传承的桥梁和纽带。

4. 澜沧古茶绿色产业发展的成绩

"景迈古茶园"2000年通过了德国BCS公司有机茶园认证。邦崴茶树王是世界上第一次被发现的最古老的野生型与栽培型间的过渡型大茶树。该树一直由公司进行管理和保护。"宫廷普洱茶"2004年参加"康乐杯"名优普洱茶质量评比中，获得银奖、优秀奖。2005年在系列普洱茶质量评比中获云南思茅"天下普洱民间茶会"一等奖、"青普类散茶王"获"天下普洱民间斗茶会"一等奖、"熟普类宫廷普洱茶"荣获"天下普洱民间斗茶会"一等奖。2005年，公司的双绿"图形"商标被云南省工商行政管理局评定为"云南省著名商标"。2006年，公司的双绿牌宫廷普洱茶在中国云南首届普洱茶"茶王"评选中，获普洱散茶组"茶王"称号，100克茶叶就拍卖了22万元的天价，创造了普洱茶历史新价值。2007年1月，公司参展的产品0085茶获2007年首届中国东盟绿色食品博览交易会暨中国东盟茶文化博览会"十大名茶"称号。2012年获"云南省农业产业化经营与农产品加工省级重点企业"称号。2015年公司推出的陈皮普洱开创食养茶品新时代，利用陈皮来包装茶叶，减少茶叶与塑料等工业制品的接触，充分体现了绿色的理念。

2018年，陈皮航天级食品标准制定合作协议签约；茶妈妈获"普洱茶传承工艺大师"称号,春億金瓜获"云南十大名茶"称号,澜沧古茶获"云南老字号"称号。2019年澜沧古茶入选"中国茶叶百强企业",被认定为"农业产业化国家重点龙头企业",获"世界茶业金奖赛冠军";陈皮普洱成为《航天级食品新会小青柑皮普洱茶》标准制定者,自此澜沧古茶从品质到销量一路飙升,2021年"澜沧古茶"牌普洱茶获云南省"十大名茶"第一名,这是澜沧古茶自2018年来连续4年荣誉登榜,云南省"十大名茶"的认定,体现了品牌在产品研发创新、产品质量品质和品牌文化发展等方面,均得到了相关部门及消费者的认可。

【参考文献】

[1] 小妖楠,王鸿波,致乌金.敬工匠:澜沧古茶亮相大国门厅 [J].普洱,2016(10):240-241.

[2] 马新焕.击鼓敬天 澜沧古茶的十年回家路 2018年"天地灵气带爱回家"传奇之旅 [J].普洱,2018(5):78-80.

[3] 胡乱吃此一杯.澜沧古茶:上天赐予的灵物 [J].茶.健康天地,2010(1):36-37.

[4] 李楠.澜沧古茶 乌金之夜 [J].普洱,2013(1):82-83.

[5] 茶茶香香.澜沧古茶与大师在中国 [J].普洱,2016(1):102-107.

[6] 青柑熟了 古茶飘香:澜沧古茶2016陈皮普洱上线仪式 [J].普洱,2016(8):20.

[7] 小妖楠,王鸿波.致乌金,敬工匠:澜沧古茶亮相大国门厅 [J].普洱,2016(10):240-241.

[8] 马新焕.击鼓敬天 澜沧古茶的十年回家路 2018年"天地灵气带爱回家"传奇之旅 [J].普洱,2018(5):78-80.

【思考题】

1.茶叶市场竞争激烈的今天,澜沧古茶公司如何从众多的茶叶公司中脱颖而出,其成功的必备条件是什么?特色是什么?

2.澜沧古茶公司产业链中有哪些点体现了绿色?它为消费者和公司分别带来了什么好处?

3.你认为未来茶叶市场的发展方向是什么?如何充分利用云南的区位优势进行茶叶出口贸易?

第十一章

云之旅 绿色游

一、健康生活目的地

当下,健康生活是一个非常时髦的词汇。所谓健康生活目的地,是以实现健康为终极目的的综合性平台。该平台针对不同群体的健康需求,通过技术革新、资源整合、产业链建设等途径来建设形成以健康服务为核心轴的空间集合体系,以实现行业间的融通共赢,促进以"健康生活"为统一目标的新兴产业的生成和发展。

为发挥云南深厚悠久的民族医药文化和无可比拟的生态资源,云南省通过挖掘、整合和利用区域优势资源(自然资源、医疗资源、人文资源等),以"让云南人健康起来、让来云南的人更健康"为目标,将"休闲养生"作为主要定位,以健康服务为核心轴,形成多产业支撑的健康生活空间集合,从而促进以"追求健康生活品质"为核心的消费吸引力的产生,进而形成地域建设新特点和经济增长新途径,最终实现区域经济建设的长效和可持续发展。

根据云南省人民政府2021年2月8日印发的《云南省国民经济和社会发展第十四个五年规划和二〇三五年远景目标纲要》,云南将继续聚焦以"文、游、医、养、体、学、智"为主要内容的全产业链,瞄准国际化、高端化、特色化、智慧化发展方向,以昆玉红旅游文化带、大滇西旅游环线、沿边跨境文化旅游带、澜沧江沿岸休闲旅游示范区为支撑,建成国际康养旅游示范区,推动云南成为全人类向往的健康生活目的地。

实践证明,"健康生活目的地"必须以旅游绿色营销为路径。旅游绿色营销是指营销主体必须从可持续发展战略的高度,将经济、生态环境、旅游消费者和社会四方利益统一作为原则和目标进行市场拓展与管理。就目前来看,我国旅游企业的发展力争降低对环境的破坏、降低在经营过程中资源和能源的消耗,提供绿色生态的旅游产品,在保护的前提下进行旅游资源的开发和利用,尽最大努力达到社会、经济和生态效益的"多赢"。

二、健康生活目的地与旅游绿色营销

为推动健康生活目的地建成,本部分特选了五个案例以展示云南在绿色旅游方面绿色营销成果。

(一)案例一:斗南花卉——呈贡美丽的绿色名片

"中国花卉看云南,云南花卉看昆明斗南",拥有"亚洲花都"之称的云南,凭借其得天独厚的自然地理气候,有14万多种原生花卉,4000多种可食用花卉。云南花卉产业蓬勃发展,其中以"斗南花卉"最具代表性,历经40多年,斗南从名不见经传的小村落,发展成中国第一的花卉基地,亚洲鲜切花市场的中心,斗南花市已经跻身全球第二大,在市场交易额、现金流、交易量和交易人次稳居全国第一,是中国乃至亚洲鲜切花市场的风向标。斗南花市是农业农村部认定的国家级的花卉市场，首家获得国内花卉类驰名商标，被认定为AAAAA级诚信市场，是国家AAA级旅游景区。

斗南位于呈贡新区，是国家实施"桥头堡"战略示范区、先行区，它以绿色、生态、低碳不断深化城市内涵，在改革开放大势中成长起来的绿色产业"斗南花卉"，已经成为呈贡美丽的绿色名片，从花卉种植、冷链物流、绿色营销、特色小镇建设、"花卉+旅游"绿色生活美学等方面不断践行绿色发展理念。

1. 生态环保种植模式

斗南花卉一直在实践和探索生态、环保、循环技术运用的鲜切花栽培模式。鲜切花种植面临种植基地因为租期较长、投资较大，加之传统的连作会造成土地盐碱化、板结，成本增加等问题。随着市场的发展，人民生活水平的提高，消费者对鲜切花的质量要求也在不断提高。如康乃馨是斗南主要种植的花卉之一，1998年最早引进云南，在斗南试验成功，在规模化种植过程中同样面临着土地连作带来的问题。康乃馨属于草本植物，根系较浅，采用传统的种植方法，单位土地承受力下降，利用率不高。为了改善上述问题，康乃馨种植基地在土地改良和设施改造方面进行了积极的探索，如使用配方基质、采用喷滴灌以及水肥自动控制技术等突破了土地连作的瓶颈，也大大降低了人工、种苗成本。

花卉种植一般依靠配方基质，因为自然土壤不能满足其对土壤基质的要求。配方基质土壤，一方面化学性质比较稳定，不容易有病菌、虫害，不会产生有害气体、矿质；另一方面物理性状较好，可以保肥、排水、疏松、透气。常见的有泥炭土、腐叶土、堆肥土、培养土等。例如，泥炭土又叫草炭、黑土，由羊胡子草、泥炭草和芦苇属、苔草属等形成，质地较轻，保肥、保水能力较强，疏松透气、透水性好，有大量有机质，没有病害孢子、虫卵等，是常见的优质花卉栽培用土。在配制培养土时，要加入足够的氮、磷、钾和微量元素肥料，满足花卉种植的需要。

花卉喷滴灌模式属于一种节水工程模式，根据花卉在不同成长期的水量需求，通过喷滴灌实现适时适量灌溉，降低花田温度，提高湿度，均匀灌水，有效地改善了花田的小气候。同时，滴喷灌还可以有效减少水土流失，肥料养分能够充分分解吸收，花卉底肥的肥效得到充分发挥。水的有效利用率达90%以上，实现花卉种植节水、节能、省工、高效。

通过自动施肥机把花卉种植需要的各种肥料和微量元素进行自动配比，实现水肥智能控制与根部、顶棚滴灌相结合，每一株鲜花都可以充分吸收营养和水分，这种生态环保循环技术的应用，切实提高了土地的利用率，实现同一块土地的可持续发展，以及高效、高产的目标。

为了有力支撑云南花卉科技研发，促进斗南花卉产业的持续发展，斗南正在打造绿色高效种植基地，基地面积近百亩，有特色花卉、盆花、草本切花、根球花卉和木本切花5个示范温室，还有露地花卉实验示范区，开展绿色种植、种质创新等方面的技术研究，助力斗南谱写产业发展新篇章。

2. 绿色冷链物流

冷链物流通常涉及农产品、速冻食品、水产品等，是指基于冷冻工艺和制冷技术，在产品的生产加工、运输、储藏和分销等过程中保持能够保证产品质量需要的温度、湿度环境，能够科学合理地保证产品的质量安全、产品损耗以及减少污染。我国冷链物流规模正在不断扩大，2014—2020年均复合增长率超过13%。2022年冷链物流市场规模达到4761多亿元。

鲜切花属于鲜活类农业产品，具有容易腐烂、不耐挤压、保质期短的特点，物流不当会导致花卉的损耗。云南的花卉产业是典型的产销分离，对物流的依赖性很高，所以物流对云南花卉产业的发展起到非常重要的作用，鲜切花由于采摘后带有大量热量，会产生呼吸、蒸腾代谢，使鲜切花的品质降低，稳定的冷链物流不仅能有效降低鲜切花的损耗，同时，采用冷链处理，能够减少二氧化碳的排放量，实现绿色冷链物流。

斗南花市经过20多年的积累和发展，已从"种植生产型"转变为"市场服务型"，斗南花市的交易流通功能也在这一过程中得到进一步强化，除了云南超过80%的鲜切花，还有云南周边的省份和邻国的鲜切花也会来到斗南花市进行交易，平均每天有500~800吨的鲜切花从这里运往全国各地。形成了以斗南为中心，辐射石林、富民、晋宁和宜良等周边区县，以及楚雄、丽江、玉溪、红河等州市，形成了云南花卉产业集群。

鲜切花损耗率一般为5%~20%，冷链物流是鲜切花的"生命线"。鲜切花对保温、保湿的要求很高，存放温度要保持在2~4℃，湿度约75%。若存放不当，会加速鲜切花的腐烂。作为云南甚至全国的鲜切花交易中心，绿色冷链物流是鲜切花品质的有效保障，冷链物流从以前的空运运输发展到现在空运＋陆运的模式，航空货运的特点是时效快，冷链汽车的特点是低温保护，中铁的特点是时效稳定，汽车货运可以在近距离发挥优势，快递可以在小货运方面发挥优势，鲜切花采摘后需要在一定时间内放到冷库中进行预处理，冷库的温度在8~11℃，在冷库中进行4小时的预处理后，把鲜切花放到10℃的恒温车厢，进行分级和包装，最后存放到2~4℃的冷库等待运输。

完成采后预冷等一系列准备工作后，全省460多个运输点、40多条运输线路通过冷链物流来到斗南国际花卉交易拍卖中心，鲜切花开始迅速质检、定级、信息技术流水线，完成这些工作后就等待拍卖。云南鲜切花分销实现了采后预冷、保鲜、运输，保鲜技术、冷链环节由田间地头延伸至销售终端，鲜切花采后优质率提高约20%，损耗降至10%以下，运输的成本降低30%，实现鲜切花生产的高效环保性。

2019年，京东冷链为云南鲜切花提供"产地仓直发＋干线运输＋销地仓加工＋末端配送"全供应链服务，实现产销融合，成为云南鲜切花冷链物流运输的又一亮点。

3. 网络营销——绿色营销践行者

如今，冷链物流、电商渠道的崛起打破了时间、空间对鲜切花销售的限制。网络营销是互联网时代的重要营销方式，近年来，直播销售成为电子商务的主要形式之一，相对于传统的营销方式，网络营销成本更低、效率更高，可以有效降低商务活动环境和社会带来的不良影响，有效地节约了能源与资源。鲜切花容易腐烂、不耐挤压、保质期短，要求不仅在采后保鲜、冷链物流等环节做到尽量延长花期，对市场的销售环节也有很高要求。

传统的鲜切花销售，经过上游采摘、中游批发、下游零售的流转，一般要经过4级以上渠道：花农采摘，花农运到市场交易或采购商到花田采购，然后通过批发商，最后到目的地城市或花店。导致时间长、物流成本高、鲜切花损耗严重，加之受疫情影响，云南鲜切花传统的销售模式的弊端更是突显出来。

随着互联网的发展，鲜花消费在家庭生活、各类社交场合等的需求不断提高。虽然受到疫情影响，庆典类、活动类用花需求有所减少，但鲜切花在社交、家庭需求板块的崛起，加上近年物流的逐渐成熟，冷链物流、末端配送的发展，鲜切花网络营销快速发展起来。网络销售综合目标营销、双向互动营销、直接营销和顾客参与式营销，具有传播范围广、速度快、更改灵活、良好的交互性和纵深性的优势，改变了传统的鲜切花零售格局，电商护花，冷链物流进入发展快车道，云南鲜切花在网络营销开出了自己的"新花样"。

斗南花卉采用传统营销和网络营销相结合的形式，传统的渠道模式包括生产商、产地批发商、销地批发商和零售店、消费者。2015年电商在斗南尝试"家庭包月鲜花"模式，这种方式拉近了鲜花和消费者的距离。到2020年，斗南的鲜切花直播销售遍地开花，在线上完成订单后，鲜切花3天就能到消费者手中。小红书、抖音、快手等一大批电商在斗南活跃起来，2019—2021年进驻斗南花市的直播电商已达数百家，其中每天销售量超过万扎的电商就有20多家。

2020年，抖音与呈贡共同推出斗南花卉直播计划，利用短视频流量优势，带动上千家花卉企业，助力斗南花卉发展短视频潮流下的营销新吸引力。

根据顺丰的数据，2022年斗南全年花卉发货量在150万件以上，直播卖花已经成为斗南花卉的重要销售渠道，花卉消费者可以融入购物场景、提升购物体验，而且购物更便捷、更高效、比价更方便。

4. 围绕绿色新动能建设斗南花卉特色小镇

目前，斗南正在创建全国一流特色小镇，依托鲜切花产业，建设"产业特色鲜明、文化气息浓厚、生态环境优美、兼具旅游与社区功能"的特色小镇。

斗南花卉特色小镇的产业配置是以花卉产业为主导的，包括绿色高效种植基地、斗南国际花卉研发中心、花卉产业配套服务项目、蓝光花间香缇中心项目等。将建设花卉冷链物流园、花卉金融平台、电商交易、玻璃温室、日光温室、冷库展示展览及主体会展等。

斗南花卉小镇毗邻滇池，景观资源非常丰富，其优渥的自然资源也为鲜花种植奠定了良好的基础。以"绿色新动能"为核心，斗南花卉小镇继续完善环湖生态湿地地带的建设，持续强化湿地的生态保育功能，保护斗南鸟类保育区，确保鸟类栖息地免受破坏；推进清水大沟综合整治、景观提升工程，修建雨水渗流、雨洪调节设施，雨水的就地消纳与利用率达到85%，打造"海绵小镇"；新建公共建筑按照绿色节能建筑标准建设，居住建筑绿色节能建筑比例达到 80%；依托静态交通的建设，斗南花卉小镇新能源汽车充电桩配置比例达到 15%，建设"绿色低碳小镇"。此外，小镇的建设将提高资源循环化利用，强化污水收集处理能力，生活污水处理率达 100%，建设完善环卫设施，垃圾收集率达 100%，生活垃圾无害化处理率达 100%；强化小镇的污染物综合防治，实现空气质量优良天数比率稳定在 90% 以上；全面推进水体污染整治工程，结合高原特色现代农业深入开展土壤污染防治工程；严格执行噪声污染防治有关标准规定，实现区域环境噪声达标率达到 90%。

斗南靠近高铁站、昆明长水国际机场等重要交通枢纽，动铁 1 号线和 4 号线在小镇内换乘，毗邻 213 国道、杭瑞高速、昆磨高速等，交通便捷，小镇区位优势明显，为小镇建设、发展提供助力，游客到小镇赏花、购花、品花更便捷。

5."花卉 + 旅游"绿色生活美学

斗南花市是一个国内外游客都向往的旅游胜地，享有国际声誉，也是我国 AAA 级旅游景区。随着鲜切花在社交、家庭需求板块的崛起，在日常消费中增加了购花、栽花、送花、赏花、品花、采花等项目，以及众多的鲜花相关产品，如永生花、干花、香薰、精油、鲜花饼、鲜花宴等。人们赏花、爱花、护花，鲜花也以它的芳香和多姿多彩点缀、丰富着人们的生活。

斗南花市作为一个热门打卡地点，它也以开放包容的姿态回馈旅游者的喜爱，斗南花市 365 天营业，24 小时都可以逛。在这里，旅游者可以看到成千上万种鲜花同时交易，感受全国最先进、最刺激的鲜花拍卖，也可以花 100 块钱买到各色各样的一车鲜花，也可以买到干花、香薰、永生花、鲜花皂等相关产品……

斗南不断改善、提升花卉产业与生活空间的关系，依托呈贡建设"世界春城花都""健康颐养新区""现代科创新城"，坚持绿色发展，斗南花卉产业与旅游进一步深度融合，斗南花文化倡导"向美而生"的积极健康的绿色生活方式和生活美学。

斗南通过"花卉 + 旅游"模式，打通一二三产业链，不断提高供给端满足消费者需求的水平。据统计，斗南鲜花游客人数从 2015 年的 50 万人次增加到 2019 年的 280 万人次，虽然 2020 年、2021 年、2022 年受疫情影响，游客仍均超过了 240 万人次，旅游收入占了园区总收入的 40%。"十三五"期间，呈贡区人民政府投入文化创意旅游资金 14.18 亿元，建设滇池航运码头、斗南生态湿地、花卉主题旅游度假区等重点文化旅游项目，促进旅游与花卉的融合，结合产业发展、地域特色、文化特色，打造国家级特色小镇，为斗南经济发展注入新动力，增强斗南特色花卉小镇的旅游吸引力。

【参考文献】

[1] 昆明信息港. 云南鲜切花技术高效环保通过荷兰 MPS-ECAS 认证 [EB/OL].（2011-05-25）（2023-05-25）. http://news.yuanlin.com/detail/20110525/81844.htm.

[2] 鲜花批发网. 花卉栽培管理技术：配制栽培基质 [EB/OL].（2016-07-02）（2023-07-02）.

http://www.dounanhuahua.com/zhishi/3518.html.

[3] 云南网.昆明市呈贡区：以斗南花卉特色小镇为范本 擘画绿色发展蓝图.[EB/OL].（2018-07-14）（2023-07-14）.https:/yn.yunnan.cn/system/2018/07/14/030021472.shtml.

[4] 中国网.回眸"十三五"：呈贡斗南打造世界一流的"花卉+"产业园区 [EB/OL].（2021-04-01）（2023-04-01）.http://guoqing.china.com.cn/2021-04-01/content_77368358.htm.

[5] 掌上春城.目标：世界第一！斗南花卉小镇未来可期 [EB/OL].（2020-04-22）（2023-04-22）.https://baijiahao.baidu.com/s?id=1664600473029630319.

[6] 个人图书馆.昆明斗南花卉小镇建设有新进展：这些重点项目即将开工 [EB/OL].（2020-05-25）（2023-05-25）.http://www.360doc.com/content/20/0525/16/46131304_914468331.shtml.

[7] 陆继亮.云南高位推动花卉产业发展 [J].中国花卉园艺，2021（5）：48-49.

[8] 代基凯.斗南花卉以花为核心全力建设三个"第一" [J].中国花卉园艺，2018（15）：60.

[9] 蔡昭君.南充冷链物流发展研究 [J].价值工程，2022（1）：58-60.

[10] 申峻霞，邓正芳.斗南花卉小镇文化体系重塑与体现 [J].云南建筑，2019（3）：15-21.

[11] 刘昌庆.斗南花卉小镇产业发展与空间布局优化研究 [D].桂林：桂林理工大学，2019.

[12] 程郁，郑风田.产业集群与技术创新模式的协同演进机制：基于云南斗南花卉产业技术追赶的案例研究 [J].科学学研究，2009,27（10）：1592-1598.

[13] 陆继亮，芮田甜.花卉环保种植、电商销售或成趋势 [J].中国花卉园艺，2014（17）：43-44.

[14] 陆继亮.花卉直播需牢记的"硬核" [J].中国花卉园艺，2021（10）：18-19.

[15] 秋明，柏斌.鲜花直播激发斗南市场活力 [J].中国花卉园艺，2021（10）：30-33.

【思考题】

1.花卉产业作为呈贡的优质特色产业，请思考如何将花卉特色与康养功能融合，打造健康生活目的地？

2.呈贡花卉以直播拓宽经营思路，采用传统销售和网络销售相结合的方式，请问可以采取哪些策略拓宽销售渠道，达到便捷、高效的目标？

（二）案例二：洱海生态廊道——守护青山碧波 擦亮绿色名片

洱海生态廊道是一条人与湖的界线，通过物理相隔，给洱海"透透气"。洱海生态廊道将沿岸各村连接在一起，使各具特色的白族传统村落成为"围绕洱海的一串珍珠"。在保护洱海生态环境的同时，还兼具多种功能，它是城市一张亮丽的名片，是守护绿水青山的堡垒，是发展生态旅游的后盾，也是大理文脉延续的生命线。

在云南九大高原湖泊中，洱海人口密度最大（333人/平方千米），有80万人一直饮用洱海水。洱海犹如大理人民的"母亲湖"，是大理人民赖以生存和发展的源泉，也是大理独特魅力所在，每年都会吸引大量游客慕名前来。但随着洱海流域经济发展、人口聚集和生产生活方式变化，洱海由贫营养湖泊向中营养湖泊再到富营养湖泊演变，水质急剧下降。1996年和2003年，洱海曾两次大面积暴发蓝藻，局部区域水质下降到地表水Ⅳ类。

为修复洱海生态环境，实现可持续发展，2020年大理市实施"环洱海流域湖滨缓冲带生态修复与湿地建设工程"，即在太和街道阳南溪至大理镇才村码头之间打造洱海生态廊道。洱海生态廊道全长129千米，涵盖了790多公顷的生态修复和湿地建设，设置若干环境监测站点，涉及23个村1806户7270人的生态搬迁、拆除各类违章建筑40多万平方米，完善30千米污水管网和5个带有湿地修复功能的科研实验基地。洱海生态廊的建设，能够大幅削减入湖污染负荷、改善洱海水质，提高洱海生物多样性和保持洱海水生态系统的稳定性，是保护洱海的最后一道屏障。

通过5年多的艰辛工作，2020年洱海全湖水质实现32个月Ⅱ类，湖区沉水植被面积恢复到34平方千米，湖体年均透明度上升到2.1米，曾消失的"水质风向标"海菜花又重现洱海。洱海已成为目前全国保护得最好的城市湖泊和典型样板。

1. 洱海生态廊道建设及设计创新

以"人退湖进、分区分类、多层修复"等理念设计洱海生态廊道，突出湖滨缓冲带对环洱海生态治理的示范和引领作用。洱海生态廊道建设的主要内容包括生态修复及湿地建设、生态监测廊道、管网完善、科研试验地、智慧系统、生态搬迁等工程。生态廊道建成后，大幅削减了入湖污染负荷，改善了洱海水质，构建了健康湖泊生态系统，提高了洱海生物多样性和保持水生态系统的稳定性。

一是坚持生态优先，遵从自然演替（Natural Succession）规律，从空间管控角度出发，划定环洱海圈层保护范围，实施"人退湖进、还岸于湖、还湿于湖"，形成合理稳定的洱海生态空间安全格局。

二是采用先进理念和生态融合技术，构建"五大措施、十五大工程"的全方位治理体系，从考虑流域整体的角度实施环湖截污、环湖生态修复、水质改善提升、河道治理、农业面源污染治理、过度开发治理、生态搬迁等综合治理，恢复洱海健康湖滨生态系统。

三是采用环洱海污染生态拦截带技术，重点针对周边面源污染汇入洱海难以解决的问题，构建高、中、低三种净化模式，将农田面源污染、雨水径流污染、河流携带污染、灌渠排水污染等各种面源污染进行系统拦截净化，完善了入湖过滤系统，形成湖滨缓冲带"大海绵体"，逐步修复流域生态功能，构建水环境安全体系。

四是充分释放洱海的生态资源价值，建立与外围交通、城乡发展、环境保护、循环生态之间的多维有机联系，建设具有生态隔离功能、彰显地方文化特色、充满发展活力的高品质生态廊道。

五是以物联网、人工智能、大数据为基础，打造智慧运维管理系统，保障洱海生态及水质安全，最终以洱海的生态保护和环境提升促进区域经济的绿色转型及可持续发展。

2. 洱海生态廊道的建设意义

大理洱海生态廊道承载着"环保—科普—旅游—发展"复合功能。在踏上生态廊道那一刻，可以感受水天一色的洱海美景，体验最真实的民族文化，通过一系列景观和配套设施的打造，为当地百姓和广大游客提供了一个亲近自然、观光休闲的好去处。

（1）环保功能

洱海生态廊道是保护洱海的屏障，廊道建设以"生态优先、生态安全、整体规划、系统治理"为原则，以"净化入湖污染、提升洱海水质、确保水源安全、改善洱海生态"为目标，以洱海生态保护及修复为任务，形成一个能够阻隔人类活动对生态环境影响的环湖生态缓冲体系。为了实现这个体系的功能，工程对划定区域内的居民等人为干扰源永久迁出，在该区域建设湿地生态系统，构建生态屏障，形成环洱海连续污染拦截带，修复和完善已受损的湖滨缓冲带，恢复自然生态功能，同时通过建设生态廊道，达到随时开展生态监测及管理的目的。洱海生态廊道建成后，将恢复湖区面积17公顷，扩大湖区面积10公顷，通过限制人类活动对洱海生态环境的影响，削减入湖污染负荷，修复湖滨缓冲带763公顷，廊道上绿地率可达75%以上，洱海生物多样性和洱海水生态系统的稳定性将获得提高。

（2）科普功能

"洱海清，大理兴"是大理人民保护洱海的响亮口号，为了提高人民保护洱海的意识，洱海生态廊道还肩负着生态科普及研究的重任。廊道沿线建设多个科普标识牌，介绍湿地名称、湿地运行保护机制、动植物分布情况等知识。廊道设置部分沿湖栈道，形成近距离观察洱海湖滨生物的地点，可供中小学校、社会相关人士开展生态保护科普研学活动。廊道一线还将建设带有湿地修复科研功能的洱海流域生态环境研究试验地、洱海湖泊水生态系统综合研究试验地、洱海入湖河口湿地可持续发展研究试验地、洱海土著水生动物繁育恢复试验场、洱海水生植物苗圃试验地，在做好生态修复的同时，使洱海生态廊道日后能成为湿地系统生态保护研究基地。

（3）旅游功能

大理洱海生态廊道是围绕着洱海边修建的一圈慢行生态廊道，不仅是一道保护洱海的屏障，还是一条环绕洱海的最佳观光路线。蜿蜒的生态廊道成为洱海边最美的湖岸线，湛蓝的海水、S形廊道公路让大理洱海再次走红网络。其中在洱海的东边、南边、北边均修成自行车骑行道。而在洱海的西边则是慢行的观光休闲生态廊道，共计46千米长的生态廊道，可以徒步、跑步、骑行及乘坐观光电瓶车等欣赏沿途风景，沿着洱海边上设置有小桥流水、湿地、休闲凉亭等服务设施等，洱海生态廊道自建成以来，掀起一波"旅游热"，来这里旅游、观光、休闲的人络绎不绝。

一边是青瓦白墙的民居，一边是波光粼粼的洱海，或徒步或骑行，或在树荫下乘凉谈天说地，或在水边玩闹嬉戏，或拍照，或野餐，轻松自由惬意的氛围完美诠释着生态"轻"旅游。踏上洱海生态廊道，游客可随意穿梭于沿途大大小小的湿地，流连于淳朴、祥和的白族村落，漫步于洱海沿岸欣赏最惬意、最纯真的美景。除此之外，生态廊道作为载体，打开了探寻白族文化的通道，将洱海沿线众多的景点和历史名胜古迹，如三圣岛、龙龛码头、才村码头、马久邑、磻溪村、古生村、海舌湿地公园、桃源码头、双廊、小普陀等连为一线。

沿着龙龛码头一路骑行，一边是湛蓝平静的洱海风景，另一边是白族民居村落，水天一色，山光云影，正是面朝大海，春暖花开的景象。洱海生态廊道沿线保留的一片片红色的水杉林，每年秋冬季，都成为廊道沿线最耀眼的网红打卡点。杉叶变红时，为"绿色屏障"增添了一抹亮丽的红色，鲜艳的一抹红浮在洱海的碧波上，丰富的色彩，流动的曲线，如梦如幻。夏秋之交，洱海海西生态廊道沿线，被称为水质风向标的"环保菜"海菜花，在消失多年后又重新绽放于洱海中。当地居民和游客们纷纷将拍摄到的海菜花分享到朋友圈，成为大家争相点赞的"爆款"美图。

因为廊道的建成，过去平静的村落也成了旅游热点，比起总是人头攒动的大理古城，不少游客选择来看看洱海边的古村落，真正近距离感受更真实、生活化的白族文化，而围绕着洱海的白族"水文化""渔文化"，也渐渐得到认知与宣传，沿线村落定期举办的莲池会、海灯会等传统民俗活动，还吸引了不少游客参与互动，更多的白族传统文化由此获得了展现的平台。

（4）发展功能

随着洱海生态廊道的建设，洱海更清、更美了，沿线村落环境更好、配套设施更齐全、交通更便利，居民生活质量得以提高。伴随着旅游的发展，游客量的增加，周围的村民纷纷发展起副业，村民们的收入增加了，周围村落的经济得到了发展。目前对公众开放的生态廊道途经洱滨村、龙下登村、才村等多个白族传统村落，每一个村落都设立了村落标识及进出口，沿洱海廊道骑行、步行的游客可以选择沿途村庄作为休憩站，逛逛村落，品尝白族美食，体验白族民宿。

此外，随着生态廊道的建设，洱海流域民众的环保意识不断增强，村民自发打扫滩地上的生活垃圾，打捞近岸的死亡水生植物和水藻，担任义务生态环保宣传员，给游客讲解保护环境的重要性。"保护优先、绿色发展"和"洱海清、大理兴"的生态文明理念深入人心。

洱海生态廊道通过环湖截污、河道治理、生态修复等系列重大治湖工程维护了洱海沿岸的环境，保护了水域的生态系统，洱海水质下滑趋势基本得到遏制，总体评价为良好湖泊。同时，便利了当地居民和游客的徒步骑行游览，带动了沿岸经济的发展。岸边的风景更美了，洱海的水质更清澈了，经济发展与生态保护达到了和谐共生的完美状态，形成"洱海案例"和"洱海经验"，走出一条以绿色为底色的高质量发展之路。

【参考文献】

[1] 黄润秋. 坚持"绿水青山就是金山银山"理念，促进经济社会发展全面绿色转型 [J]. 中华环境，2021（1）：14-17.

[2] 杜娟. 建设生态文明，推进绿色发展 [J]. 合作经济与科技，2018（7）：30-31.

[3] 李志青. 坚持绿色发展理念，实现全面绿色转型 [J]. 中国生态文明，2020（6）：57-59.

[4] 吴正桥.绿色发展理念在洱海生态廊道规划设计中的应用[J].水利水电工程设计,2021(40):1-4.

[5] 高霖.大理生态廊道:守护绿水青山,延续民族文脉[J].今日民族,2021(6):44-46.

[6] 郭英卓,廖先容,李晓雷,等.新时期洱海保护及绿色转型创新可持续发展模式研究[J].中国水利,2021(10):74-77.

【思考题】

1. 洱海生态廊道的建设在绿色转型及可持续发展方面做了哪些探索与实践?
2. 洱海生态廊道为当地旅游业的转型发展带来哪些机遇?
3. 基于绿色发展理念,地处洱海生态廊道的酒店如何开展营销工作?

(三)案例三:松赞酒店——半山酒店探索者

近年来,云南省努力打造世界一流"健康生活目的地"牌,深入推进"整治乱象、智慧旅游、提升品质"旅游革命"三部曲"。为推动旅游业重构升级,2019年3月,云南提出建设"大滇西旅游环线";2020年,云南省政府工作报告明确指出,云南省要进一步推进滇西纵深发展,按照"自然资源+康体养生+娱乐设施"的理念,发展个性化、多元化的线下旅游新业态和新产品。其中以峡谷、温泉、茶园、鲜花、雪山、雨林、草地等为元素建设的"半山酒店"是"大滇西旅游环线"上新业态的重要抓手和引领建设项目,以此全面推动传统旅游业态向精品化、高质量化和多元化升级。

受疫情影响,传统的大众旅游产品已不能满足游客的需求,私密、安全、可控、高度体验的生态旅游产品受到青睐。在疫情防控常态化背景下,那些有文化价值、有精神内涵、能被人记住的旅游产品,更符合旅游消费者特别是高端游客的需求。与传统酒店相比,半山酒店的旅游功能更多,配套服务更精细,不仅能提供高品质的住宿,还能提供小众专线服务、具有民族特色的文化体验、贴心的管家服务等。需求驱动供给,供给创造需求。半山酒店将成为向市场推广新产品、新业态的最佳载体和服务平台。

1. 半山酒店

半山酒店是指集高品质度假、户外旅游、文化体验、主题营地为一体的综合旅游产品,大多数酒店都是依山而建。以峡谷、温泉、茶园、鲜花、雪山、雨林、草地等为元素,充分结合景观资源打造不同主题的酒店。从不同类型的体验功能和产品特色划分,可分为非遗文化、亲子研学、农耕体验等。从建筑特色划分,可划分为帐篷酒店、住宅小区、森林木屋等。定位上,将半山酒店打造为设施现代齐全、服务高端一流、外观低调简约、内饰高档有内涵的精品酒店,尽情展现"低调奢华"。风格上,突出人与自然和谐统一,体现生态、环保、可持续,强调游客体验。格局上,不只做一家酒店,云南省大力支持企业在环线上布局建设连锁酒店,推行连锁经营,提升项目盈利和运营能力，促进持续健康发展，并推行所有权与管理权分离的经营模式，大力引进世界有名的酒店管理公司参与经营管理。

2. 松赞酒店

松赞酒店是由松赞集团创办的中国第一家藏地度假精品酒店，是"酒店＋旅行"松赞精品山居旅行模式创立者。2001年由央视纪录片前编导藏族人白玛多吉创立。始于藏地，多年一直深耕藏文化表达，包含酒店、旅游、公益和文化交流。松赞集团是中国最早践行可持续发展的高端酒店度假文化旅游集团之一。发展至今，松赞集团已建成28家半山酒店，10家精品山居酒店。此外，松赞集团旗下第一座帐篷营地——松赞雨崩帐篷营地，已于2020年9月落成在梅里雪山脚下，目前松赞集团仍围绕滇藏线布局，未来计划拓展到川藏线。松赞集团的系列酒店凭借自然人文氛围、人性化服务赢得上佳口碑，连续9年被全球权威、专业网站——美国旅行评价网站Tripadvisor评选为旅行者推荐的"中国最好的25家小酒店品牌"。

松赞酒店在疫情期间也经历了5个月的惨淡期，但其主打绿色的系列酒店在疫情中却展现了超出预期的韧性，可见"节约、环保、安全、健康"的理念在疫情中进一步深入人心。根据中国饭店协会发布的《2020中国住宿业绿色发展报告》，绿色酒店在平均房价与平均入住率上均明显好于其他酒店。松赞酒店的绿色运营模式如下。

（1）绿色选址

不和森林争地，不与河川冲突，是松赞酒店长期坚持的发展原则。白玛多吉对选址要求严苛，"除了要有很好的文化和自然基础，还要有很强烈的地貌特征，最核心的元素是遗世独立，不容易被淹没"。同时在所选址地方建酒店运营特别重视生态和环保。松赞酒店一直坚持最高标准，也有了一定经验。例如，位于西藏昌都市八宿县然乌镇来谷村的来古山居，面向来古冰川，四周是皑皑雪山，海拔4200米。在酒店设计之初，就尽量减少酒店对环境的入侵和破坏。世外秘境般的来古村，四周绵延起伏的雪山和苍穹间，松赞利用原始地形，将来古山居整个酒店镶嵌在悬崖上，近一半的建筑藏于山体内部，从村子远望过去，只能看到小小的建筑的上半部分，与原始村落形成了极为协调的肌理关系，这种生态理念不仅体现在建设过程中，还体现在完成的整体视觉效果和酒店运营中。松赞酒店坚持"不搞大开发、大建设、不踩生态红线、不着眼短期利益，坚持小、少、精的发展原则，通过提升服务质量来弥补数量劣势"的理念，走出了一条成功的路子。

（2）绿色建造

秉持"绿色建造"理念，探索绿色转型新方向。随着碳达峰碳中和目标不断推进，作为受气候变化影响较大的高敏感行业，低碳发展已成为酒店行业重要的转型方向。一直高度强调环境保护、生态共处的松赞酒店也开始向低碳转型迈出重要的一步。2021年9月上旬，施耐德电气与松赞集团达成战略合作，启动国内首个"零碳酒店"项目，打造在中国具有示范效应的零碳智慧酒店。基于藏式酒店"和谐共生"的主题特色，松赞林卡酒店已经进行了一系列减排举措。具体减排方式包括生物质能转换、电动汽车替代燃油汽车、太阳能照明供暖系统、节能灯综合利用、智能控制照明系统等。通过各种减排措施，酒店间接碳排放占比84%。

在此基础上，施耐德电气将为松赞集团提供从顶层规划到落地执行的全方位支持：通过集团级整体规划，帮助松赞集团设立可持续发展战略和碳中和目标，并以咨询、定制化技术解决方案和服务，推动松赞集团降碳直至零碳。双方将通过"3+1+1"的路径，推动松赞从低碳走向零碳。其中，"3"即未来的三大工作重点：在该酒店实现全面电气化、利用可再生能源、利用数字化技术建立精准的数据基础，为将来的碳披露做准备；第一个"1"即基于松赞酒店发展的经验，总结1套实践模板；第二个"1"，施耐德电气依托松赞集团现有发展规划，为其定制整体的可持续发展战略规划。

（3）绿色旅游产品

松赞酒店不仅是一家酒店，更是一个绿色旅游目的地，每一家酒店都能结合当地特有文化开发绿色旅游产品。很多客人入住松赞酒店后，对店内使用的充满民族风情的器皿、被褥、地毯等物件非常喜欢，经常有人退房时会购买带走。这得益于松赞酒店将民族特色文化充分挖掘，丰富产品内涵，不断深化，发展旅游业。为了能让游客在酒店体验当地的民族文化风情，松赞林卡酒店专门建设了藏族铜器和尼西黑陶体验基地，还开设了藏族唐卡培训班等，以此来吸引游客。借助浓厚的民族文化，松赞系列酒店发展日益强劲。云南不少地方在开发旅游产品时，对民族文化资源挖掘不深入、利用率不高，这是云南旅游业发展的短板之一。为此，松赞酒店从民族文化方向发力，注重亮出货真价实的"民族文化牌"，在旅游业发展过程中，挖掘和利用民族民俗文化资源，从西藏、青海、四川等地请来民间工匠，打造酒店特色配套设施和生活用品，让客人在沉浸式体验、享受民族文化后，还可以购买特色民族文化产品带回家。使酒店成为集住宿、多元化民族旅游商品开发销售、深度体验和休闲娱乐于一体的综合平台。

松赞酒店创新开发"松赞+"的绿色旅行模式。每家松赞都在地理上连接了原野、峡谷、雪山、湖泊和森林；建造在最地道的藏族村落里，再小的村子也有烧香台、玛尼堆和经幡，进入的每一户藏民家，无论贫富，家中也必备佛堂；餐厅里按时节挑选食材，炮制藏餐；多种信仰和文化并存，呈现出了丰富的人文景观，如香格里拉的藏传佛教格鲁派寺院，梅里雪山融合了藏传佛教和原始苯教元素的神山崇拜，白水台的东巴文化，澜沧江边的茨中天主教堂；每一处酒店既可以作为单独目的地，又能自由组合结成旅行环线。有松赞客人形容："松赞线路的每一家酒店都是一颗珍珠，有自己的独特之处，又能穿成一串珍珠项链。"其中，松赞环线是最为经典的一条。大香格里拉地区交通不便，松赞集团便在每个节点位置建立酒店，为住客配备专车和管家向导。每家酒店都有在地性极强的体验活动，如徒步、印经幡、磨豆腐、转经、篝火晚会、制作手工艺品。在这场旅行中，参与者可以看到最原始的风景和生态，最淳朴的乡民和信仰，传统的藏族传统、文化、信仰慢慢渗入旅行者的身心。

（4）绿色社区关系

松赞酒店和当地所在村庄和谐共生，互惠互利，开创绿色社区关系。2000年，在克纳村建立松赞绿谷酒店时，集团就有了自己的发展思路：所有松赞系列酒店都建在边远村庄里，将酒店与当地自然景观、民族文化相融合，且员工以村民为主。截至2022年7月，松赞酒店拥有700多名员工，这些员工92%以上都是酒店所在村寨的农牧民，通过严格选拔和培训后，在酒店担任行政管理和服务工作，人均每年能为家庭带来近4万元收入。而在他们的带动下，酒店所在村60%左右的人口，通过为酒店提供农产品、租车、牵马、担任登山向导服务等方式，参与到当地旅游发展中，增加了收入。云南旅游基础设施薄弱，旅游产品更新缓慢，边远山区更甚，旅游接待水平低，留不住游客。为改变这一状况，松赞酒店建到边远山村，并让当地村民成为酒店的管理者和服务者，既为边远地区旅游发展夯实了服务基础，又为当地村民带去了务工岗位和旅游增收渠道，产生了多重效益。同时，员工在公司号召和组织下，成为义务护林护草员、消防员。他们不但组队进山植树、参与护林防火，还动员家人放弃上山拣松茸、挖虫草的习惯，劝导和阻止游客破坏生态环境，也有效减轻了当地的生态保护压力。

绿色和谐的社区关系以"半山酒店"为依托，发展旅游、康养和文化产品来带动当地农产品手工艺等经济元素，以新产业、新视野、新资源和本地经济互动并产生化学反应，从而促进产业升级，不仅为乡村振兴留住了人才，还让当地的旅游业步入健康有序的发展轨道。

通过绿色选址、建设，开发绿色旅游产品、构建绿色和谐的社区关系，松赞酒店集团可以变得更加低碳、环保、节能，并进一步引领乡村从建筑到生产生活方式的全面升级，不仅能为中国高端酒店、文旅与文化行业的可持续发展树立标杆，更将为探索双赢的可持续发展模式、打造可持续生态圈做出重要贡献。

【参考文献】

[1] 澎湃新闻.什么是半山酒店？发展前景又如何？[EB/OL].（2020-05-08）[2023-05-08].https://www.thepaper.cn/newsDetail_forward_7300328.

[2] 晓宇,陈超.松赞文旅：如何开辟云南旅游新格局[J].云岭先锋,2021（7）：46-47.

[3] 罗晓雯.关于推动云南省半山酒店建设发展的思考及建议[C]//中国旅游研究院.2021中国旅游科学年会论文集：新发展格局中的旅游和旅游业新发展格局.2021：51-57.

[4] 云南省和文化旅游厅.打造精品半山酒店云南文旅按下"升级键"[J].人民周刊,2020（15）：2.

[5] 施耐德电气（中国）有限公司.施耐德电气与松赞集团达成战略合作携手共建零碳酒店[J].现代建筑电气,2021,12（9）：64.

[6] 金伟琦.乡村振兴背景下地域性文化旅游资源保护与利用[D].北京：中央美术学院,2021.

[7] 李磊.云南省精品酒店经营策略研究[D].昆明：云南大学,2014.

【思考题】

1. 半山酒店的旅游绿色营销体现在哪些方面？
2. 半山酒店发展面临的问题是什么？
3. 松赞酒店在疫情期间表现出超强的韧劲，请分析原因。

【深度链接】

<h3 style="text-align:center">半山酒店，不仅仅是酒店</h3>

半山酒店建设者们探索出了不同的发展方式，造就了半山酒店与众不同的魅力，使半山酒店不仅仅是酒店，更是一个旅游目的地。

普洱小熊猫庄园赋予旅行更深的意义。该酒店由云南湄公河集团有限公司创建，公司始终坚持保护性开发原则，遵循"绿色旅游，健康全人类"的企业愿景，倡导"保护原始森林、保护野生动物、传承少数民族文化"的经营理念，目的在于让更多的旅游者真正体验到野趣、野奢、野美自然界高质量绿色旅游。庄园坐落于普洱太阳河国家森林公园，背靠太阳河自然保护区，负氧离子[①]含量常年维持在2万立方米以上，是国内唯一的小熊猫主题酒店。

小熊猫庄园结合高端游客需求，开发绿色生态旅游产品。酒店依托周边森林资源、民族文化资源、农业资源等，策划推出了森林体验、民俗体验、采茶制茶体验等旅游产品。早在2017年，小熊猫庄园和太阳河国家森林公园就成立了森林体验中心，可根据宾客需求量身定制行程，并提供面对面服务。现在森林体验项目已有20余项，包括雨林探险、普洱茶采摘和制作、北纬22°森林农场体验、飞越丛林、触摸巨兽、探秘生物多样性、夜观昆虫、星空观测等项目。每年，森林体验中心会以生物多样性保护为核心，根据季节变化策划不同的森林体验活动，详细科普讲解。

康藤·高黎贡帐篷营地是一个以自然教育、森林康养为内容的绿色旅游目的地。位于云南省腾冲市五合乡小地方村，是目前国内唯一以自然教育、多样性保护、科考轻探险为主题的帐篷营地。游客可以在营地周边进行徒步、搭帐篷等户外体验，在高黎贡自然公园内认知千奇百怪的动植物，甚至可以跟随科考人员展开自然科学调查。透过另一个角度，与自然亲密接触，感受天地间物种的多样与奇妙。营地融户外、深度游、轻探险于一体，以营地为起点，多条越野与徒步线路将高黎贡山中的留存古道、古寺古刹、废弃村落、烽火遗址串联起来。游客可以跟随营地向导徒步在具有2000多年历史的南方丝绸古道上，倾听远古的传说；跟着自然导师，追寻国内种群数量不足200只的天行

---

① 世界卫生组织规定，清新空气中负氧离子标准浓度应大于1500个/立方厘米。生态级负离子对空气的净化作用是源于负离子与空气中的细菌、灰尘、烟雾等带正电的微粒相结合，并聚成团降落而达到空气净化的目的。当室内空气中负氧离子的浓度达到2万个/立方厘米时，空气中的飘尘量会减少98%以上。

长臂猿、小熊猫、鸟类，认知其他多不胜数的动植物；寻访高黎贡山区域中传承多年的非物质文化遗产，在营地内体验手工造纸、植物拓印、花草纸制作，深度感受原生态的当地文化脉搏。

小熊猫庄园和康藤帐篷营地的建设都深刻体现了半山酒店建设理念："不论是在高山峡谷、雨林梯田，还是温泉热海、雪山草甸，只有将绿色、生态、环保、共生的可持续理念深植于心，才能将半山酒店打造成为'世外桃源'般的旅游目的地。"

【参考文献】

[1] 刘倩文.第二届和平绿色生态文化旅游论坛（普洱）圆满举行[J].云南林业,2019（11）：90-91.

[2] 刘倩,丁浩.住进原始森林的木屋别墅[J].汽车自驾游,2018（6）：146-149.

[3] 郑雯馨.康藤Vinetree往密林深处去，寻找原生居所[J].海峡旅游,2019,163（5）：54-59.

【思考题】

1. 不同类型半山酒店的共同理念是什么？

2. 半山酒店是撬动云南丰富的旅游资源、重塑云南旅游文化产业、打造云南旅游新名片的重要平台，半山酒店如何发挥这一积极助推作用？

（四）案例四：哈尼梯田"阿者科计划"——发展绿色生态旅游，实现人与自然和谐共生

阿者科村至今已有160余年历史，该村位于云南省红河哈尼族彝族自治州元阳县哈尼梯田世界文化景观核心区，这里梯田景观独特，哈尼族传统民居保存完好，哈尼传统文化底蕴深厚悠久，是第三批国家级传统村落，也是哈尼梯田世界文化遗产区5个申遗重点村落之一。

近年来，云南省红河哈尼族彝族自治州元阳县阿者科村依托特殊的地理区位、丰富的自然资源和独特的民族文化，以保护自然生态和传统文化为基础，以发展"内源式村集体主导"旅游产业为重点，在保护中开发、在开发中保护，把优质生态产品的综合效益转化为高质量发展的持续动力，走出了一条生态保护、文化传承、经济发展、村民受益的人与自然和谐共生之路。

1. 哈尼梯田的绿色生态资源

红河州元阳县的哈尼梯田是第一个以民族名称命名的世界文化遗产，也是中国农耕文化的典型代表作。当地古老的农耕史千百年来延绵不绝，自唐代以来一直保持着旺盛的生命力。

（1）"四度同构"的绿色精密农业系统

哈尼梯田规模宏大，绵延红河南岸的元阳、绿春、金平等县，仅元阳县境内就有11333.33公顷。这些梯田不是天然形成的，它是千百年来居住在哀牢山中以哈尼族为主的各族人民，用锄头挖、背篓背出来的。人们利用当地"一山分四季，十里不同天"的地理气候条件，创造出这一农耕文明奇观。

构成梯田的要素首先是丰沛的水源，所谓"无水不成田"；其次是山，没有雄伟高峻的大山，开不出天梯般的梯田；最后是适合水稻生长的海拔和温度。但是，元阳县2100平方千米土地上没有一座水库，这11333.33公顷梯田的用水是从哪里来的？哀牢山终年云雾缭绕，云雾冷却凝聚成雨水，这使当地年降雨量达到1600~3000毫米。雨水被森林贮存吸收，化为溪泉瀑布，使得整座哀牢山"山有多高，水就有多高"，构成了无与伦比的生态系统。

由于海拔、气候、地理环境得天独厚，哈尼人选择了在有自然水源的山间挖沟开田。他们在大山上挖筑了成百上千条水沟干渠，再将沟水分渠引入田中进行灌溉。因山泉四季长流，梯田中可长年饱水，保证了稻谷的发育生长。这样就解决了梯田稻作的命脉——水源问题。

哈尼族随山势地形变化开垦梯田，坡缓地大则开垦大田，坡陡地小则开垦小田，甚至沟边坎下石隙之中，无不奋力开田。山顶的森林作为水源涵养地，源源不断地为山下梯田提供了宝贵的水资源。水流层层下注，最终又回到山谷的江河中，蒸发到森林，周而复始。

哈尼人的村寨选择建在森林和梯田之间，上方茂密的森林，提供了水、薪炭等资源，下方层层相叠的梯田，则提供了粮食。村寨在上、梯田在下，还有个好处就是省力，即人类学家说的"缩短劳动半径"。如此，支撑起哈尼梯田整个生态系统的森林、村寨、梯田、河流由高到低的"四度同构"格局便形成了。

（2）梯田耕作文化中的绿色生态智慧

第37届世界遗产大会在对红河哈尼梯田文化景观的评语中写道："红河哈尼梯田文化景观所体现的森林、水系、梯田和村寨'四度同构'系统，符合世界遗产标准。其完美反映的精密复杂的农业、林业和水分配系统，通过长期以来形成的独特社会经济体系得以加强，彰显了人与环境互动的一种重要模式。"

靠近森林、靠近水源能开梯田，这是哈尼人选择在半山居住的原因。在哈尼人古老的迁徙史诗《普亚德亚佐亚》中，十分清楚地记载了这段历史。山顶的森林作为水源涵养地，受到哈尼人的重视。每个村寨都有自己的寨神林、山神林，且加以严格保护。尤其是对于山神林，只有每年一次的祭祀时才可以进入，平时严禁任何人进入。如果猎物进入山神林，便不能捕杀，甚至连自家的牲畜进入山神林也不能进去追赶。

哈尼人在千山万岭中挖筑水渠，再挖出无数毛细血管般的小沟，把水分到梯田里。但怎样分配水源，是一个至关重要的问题。哈尼人发明了一种"木刻分水"的方法：在水沟的出水口安上一根横木，在上面刻出宽窄不等的凹槽，出水的大小受凹槽宽窄的限制，水要流到几个分渠中就刻几道凹槽。槽的宽窄，是按挖沟时各家各户甚至各村各寨投入劳动力和钱粮多少来决定的。投入多者宽，水流量大，这样的分配公平合理。"木刻分水"历经千百年，至今仍在哀牢山区广泛使用。

对种田人来说，除水之外最重要的因素就是肥。哈尼人极善植肥施肥。植肥，是在梯田里撒浮萍让它自然成肥。所以，春冬季节的哈尼梯田，红红绿绿，犹如织出的花毯。哈尼人很早就懂得沤肥，把蒿枝、紫泽兰丢进田里沤泡成肥。

哈尼人还发明了独一无二的"沟水冲肥法"和"自然冲肥法"。每个村寨都有宽大的公共积肥塘，春耕时节挖开塘口，从大沟中放水把它冲入田中。各家各户还在房前屋后建起小积肥塘，平时堆沤畜肥，栽秧时节把肥料挑到附近的水沟边倒下去，肥料就顺水一路"哗哗哗"冲下去。施肥前，只需打声招呼，沿途各家就会自觉堵上水口，使肥料只会冲入自家田中。

到了六七月稻谷扬花抽穗时，哈尼人家已无畜肥可施，他们就用"自然施肥法"解决问题。平时，各家各户的牛马猪羊统统在山上野放。六七月雨水丰沛的季节，大雨自然会把满山遍野的畜粪、腐殖土冲刷下来，这时大沟会把这些肥水悉数"拦截"，冲进梯田。哈尼人此时只需在自家的蘑菇房里休息，因为大自然已经帮他们完成了施追肥的劳动。

（3）绿色生态的可持续发展战略

申遗成功后，元阳哈尼梯田备受瞩目。这一凝聚着哈尼人智慧的生态农业耕作系统能不能得到很好的保护，成为各界关心的问题。哈尼梯田是活遗产，没有人在田间耕作，哈尼梯田就失去了价值。

为了将农民留在梯田耕作，经过政府、专家及企业的努力，已经尝试开发梯田红米、梯田谷花鱼、梯田花生牛轧糖和芋头糖等，提升梯田产品的价值，将其绿色生态食品推向外界。为了避免过多游客涌入景区，破坏梯田景观，当地政府相关部门表示，会在需要时启动预案，控制游客数量，预计每天进入景区的游客不会超过1万人。

2. "阿者科计划"项目

（1）项目简介

项目选址的阿者科村至今已有210年历史，位于云南省红河州元阳县红河哈尼梯田世界文化遗产核心保护区内。2018年全村共64户479人，人均年收入仅为2785元，一半劳动力外出务工，村落空心化趋势严重。当时旅游接待散漫无序，村内环境脏乱差。

如何才能让哈尼族群众守着梯田也能过上好日子呢？2018年中山大学旅游学院保继刚教授团队应当地政府邀请，在深入调研后精心编制了"阿者科计划"。该计划定位为非营利性公益援助项目，由保继刚教授团队派出以研究生为主的技术人员驻村，与政府派出的驻村干部一起成立阿者科旅游公司，开发产品、开展营销，实行内源式村集体企业主导的开发模式，组织全村参与，收入归全民所有。

"阿者科计划"是社会科学试验田，其发展理念是"绿水青山就是金山银山"；是实践反哺理论，做好遗产保护与分红规则绑定；是中国解决方案，是可借鉴的特色旅游减贫模式。

（2）项目成效

阿者科村入选民族事务委员会"中国少数民族特色村寨"、农业农村部"2019年中国美丽休闲乡村"、文化和旅游部"全国乡村旅游重点村"。"阿者科计划"作为中国旅游减贫案例，入选教育部第四届直属高校精准扶贫精准脱贫十大典型项目；入选世界旅游联盟"全球百强旅游减贫案例"，并作为2020年唯一案例出席国际会议，向24国代表展示成果；被选入央视纪录片《告别贫困》；作为旅游扶贫案例被选入纪录片《中国减贫密码》，实践证明，"阿者科计划"是将乡村振兴、传统村落保护、文旅融合发展、农耕技艺传承四位一体同步推进、协调发展的重要举措。2021年《人民日报》记者调查版将阿者科村作为"绿水青山就是金山银山"的力证进行推介。具体成效如下。

第一，实现稳定增收，增加群众收入。驻村团队为阿者科打造传统村落观光项目和深度定制游项目（人均消费300元），经过全村的努力，第一年创收超60万元，村民已收到分红30余万元，直接帮助全村23户贫困户脱贫。阿者科乡村旅游在项目团队带领下实现了盈利，让每一户村民享受到保护遗产和发展旅游带来的效益。

第二，增加就业岗位，加强群众参与度。发展乡村旅游以来，积极为建档立卡贫困户村民创造就业岗位。"阿者科计划"的项目团队带领村民参与旅游业务的经营和管理，村民得到了实惠，对游客的态度发生了改变，以更热情的方式作为东道主招待远道而来的客人。

第三，提升人居环境，优化旅游环境。除了聘请村民常规打扫，公司通过村规民约引导村民积极做好门前"三包"，定期开展村内大扫除。顺利完成公厕改建、水渠疏通、房屋室内宜居化改造等工作，村内乡村旅游环境得到了较大提升。

第四，形成良性循环，保护传统村落。2018年之前，部分村民搬出村寨，将传统民居出租给外地经营者，导致村落核心人文内涵流失。发展乡村旅游后规定，如将房屋出租则视为放弃公司分红权。采用这样的方法将传统民居及其人文内涵得以保留。

第五，丰富游客体验。原来村内基本没有旅游接待设施，游客到村内只是拍照观光，参与不到更深度的文化活动，旅游体验较为单一。发展乡村旅游后，公司开设一系列主题性体验活动，对外实行预约定制，带动村民承接精品旅游团，深度体验哈尼村寨的生态与文化，游客获得日益丰富的旅游体验。"阿者科计划"主张发展体验式深度旅游，以替代性旅游形式促进文化交流，促进传统保护的持续互动。

第六，丰富教育文娱活动。驻村团队目前已初步完成村史馆的筹建工作，有阿者科村历史文化展厅、旅游体验活动场地、图书阅览室、蘑菇房住宿体验点、茶室、公共交流空间等。安排员工轮流在村史馆值班管理，同时招募大学生义工成立阿者科学社，长期组织辅导村内留守儿童在村史馆开展文娱活动、读书、绘画、电影等分享沙龙等，激发儿童的学习兴趣，培养良好的学习习惯，并加强对哈尼传统文化的认知。

3. 元阳县阿者科村发展生态旅游的具体措施

（1）坚持人与自然和谐共生，筑牢自然生态和人文根基

千百年来，哈尼族根据生产生活实践，探索出了独特的土地利用方式，在哈尼梯田世界文化遗产区内形成了森林、村寨、梯田、水系"四素同构"的自然生态循环系统：山顶的森林涵养水源，汇成溪流、泉水流入沟渠，为山腰的村寨生活用水和村寨下方的梯田灌溉提供水源；山顶与山脚有近2000米的海拔差，山底的河流因高温蒸发产生的大量水蒸气，随热气团层层上升至森林上空，再形成雨水降落，水顺着梯田层层下注、不断净化，最终汇入河流，形成了周而复始、循环无尽的自然生态系统。

云南省红河哈尼族彝族自治州元阳县阿者科村总面积132.91公顷，拥有水田95.08公顷、林地33.24公顷，农村宅基地面积1.53公顷，森林和水田是自然生态系统的重要组成部分，也是村民赖以生存和发展的基石，村民们一直保留着尊重山水和梯田的自然理念和风俗习惯：坚持对梯田进行传统"三犁三耙"式精耕细作，每年的播种和收获季节，外出务工村民赶回家乡，完成基础的劳作后再出门务工；坚持将森林划分为柴火林、水土涵养林和寨神林三类，只有柴火林才能被采伐；村内推选护林员，专门承担巡山护林、防火防盗伐、防无关人员意外闯入的职责，像保护眼睛一样守护大山。

同时，当地政府不断加强自然资源保护和管控力度，将村内所属梯田划入永久基本农田，红河州《哈尼梯田保护管理条例》严禁弃耕抛荒和使用高毒性农药进行梯田耕作；通过移土培肥、梯田建设等措施，提升梯田质量，加大地质灾害治理和防护力度。人与自然和谐共生理念的坚持和践行，让云南省红河哈尼族彝族自治州元阳县阿者科村筑牢了"绿水青山"的自然本底和人文根基。

（2）坚持自然保护和文化传承，发展生态旅游产业，促进"两山"转化

为解决乡村人口空心化、文化传承断档和旅游无序开发等问题，平衡好保护与发展之间的关系，2018年1月，中山大学旅游学院保继刚教授团队应元阳县政府邀请，为云南省红河哈尼族彝族自治州元阳县阿者科村专门编制了"阿者科计划"，实施"内源式村集体企业主导"的旅游开发模式，通过与当地政府合作、外部技术援助，鼓励村民居住在村里，保持原有生产生活方式和村内核心人文景观，把村民作为"自然生态—社会—文化"系统的重要组成部分，防止社会资本入村无序开发和大拆大建；整体保护村寨并统一向游客收取费用，收入归全体村民所有，让村民成为自然生态的拥有者、保护者和受益者。主要开展了四方面工作。

第一，成立公司。云南省红河哈尼族彝族自治州元阳县政府与村集体联合成立阿者科村集体旅游公司，由政府出资30%建设游客中心、厕所等旅游基础设施，村民以房屋、梯田等旅游吸引物和资源入股70%，政府持股部分不参与分红；向上级政府申请村集体经济发展资金100万元作为启动资金，由公司统一组织村民整治村寨，经营旅游接待，村民对公司经营进行监管。

第二，严格保护。为旅游开发划定四条底线：不租不售农房和梯田、不引进社会资本、不放任本村农户无序经营、不破坏传统；公司与村民签订的旅游合作协议将"保护

管理梯田"作为重要内容，规定"村民负责景区内梯田的正常维护，并按季节耕种、管理、收割；崩塌的梯田要及时修护，保持梯田原有景观；不得随意撂荒梯田，不得随意在梯田里种植水稻以外的作物"。同时，政府每年投入专项资金用于森林和水源保护、基础设施维护，开展传统村落保护和民居修缮。

第三，开发产品。为了保护村内自然环境和文化遗产的原真性，阿者科村将产品定位为"小团定制产品、深度体验产品"，重新将捉鱼赶沟、纺织染布、插秧除草等哈尼族传统生产生活活动进行设计，推出了传统工艺、自然野趣、哈尼文化等主题性体验产品，全村各家根据自身条件参与旅游接待，即使老人也可以通过演示传统工艺增加收入；实现"一水多用、一田多收、一户多业"，培育稻鱼鸭综合生态种养模式；农户可经营野菜采摘、餐馆、梯田捉鱼、织染布艺体验等文化旅游项目，贫困村民还可参与清洁工、售票员、向导等9类岗位。

第四，全面营销。驻村团队通过拍摄云南省红河哈尼族彝族自治州元阳县阿者科村优美的人文与自然美景小视频，在短视频社交平台上定期更新，吸引大量游客前来观光"打卡"。同时，元阳县通过政策引导、持续培育和立体推介等措施，打造"元阳红"等优质品牌，形成了梯田红米、梯田鱼、梯田鸭、梯田茶等一批标准化的元阳梯田生态产品，提升了综合竞争力。

（3）坚持维护村民利益，创新利益联结机制，增进民生福祉

为了增强云南省红河哈尼族彝族自治州元阳县阿者科村发展的内生动力，让村民在坚持传统文化和自然保护中获得可持续的收益，"阿者科计划"创新构建了以保护自然生态、传承哈尼文化、维护村民利益为导向的分配机制，旅游发展所得收入30%归村集体旅游公司，用于日常运营和后续开发建设，70%归村民分配。以自然资源入股和鼓励村民保护自然、传承文化的分红机制，盘活了自然资源资产，打通了生态产品价值实现的渠道，促进了村民增收致富，也极大地激发了村民保护梯田、传统民居的积极性，实现了保护与发展的良性循环。

【参考文献】

[1] 中国网.元阳哈尼梯田：千年传统下的生态之路[EB/OL].（2021-06-04）[2023-07-04]. https://china.com.cn/txt/2021-06/04/content_41584087.htm.

[2] 中国民族报.哈尼梯田：耕作文化遗产凝聚着生态智慧[EB/OL].（2017-11-02）[2023-11-02]. https://www.minzunet.cn/eportal/ui?pageId=595416&articleKey=629693&columnId=614623.

[3] 北青网.哈尼梯田的生态智慧[EB/OL].（2021-11-01）[2023-10-21]. https://t.ynet.cn/baijia/31662021.html.

[4] i自然.生态产品价值实现案例|云南省元阳县阿者科村发展生态旅游实现人与自然和谐共生[EB/OL].（2021-12-29）[2023-10-29].https://article.xuexi.cn/articles/index.html?art_id=16585432131631477592&item_id=

[5] 世界旅游联盟.中山大学：旅游脱贫的"阿者科计划"[EB/OL].（2020-09-22）[2023-08-22].https:// article.xuexi.cn/articles/index.html?art_id.

【思考题】

1. 结合自己的理解，谈谈为什么说哈尼梯田是生态环境和民族文化的共生之作？
2. 试分析元阳县阿者科村发展生态旅游的主要成效。
3. 哈尼梯田的绿色营销如何开展？

（五）案例五：云南民族村——绿色文明与民族文化的和谐共生

云南地处中国西南边陲，在漫长的历史长河中，山区地形相对封闭隔绝，使云南各民族形成了相互区别、多姿多彩的风俗习惯。云南全省总面积394万平方千米，其中山地面积占全省总面积的84%。多样的自然地理环境造就了丰富多样的民族文化，也构成了旅游业发展中吸引国内外消费者的重要资源。为了利用云南特有的民族文化资源实现新的价值，也为了创造一个打破地理界限，集中展示多样民族文化的空间，针对云南各民族分布的具体特点，云南省政府于1991年在省会城市昆明建设了综合多民族风情和文化的主题公园——云南民族村。

1. 云南民族村概况

云南民族村位于昆明滇池国家旅游度假区内，地处昆明市区南部。景区内以自然村落式的民族民居建筑为主，民居基本按照1∶1的比例建筑，融村寨景观、园林绿化为一体。村内有云南主要的彝、白、傣、苗、景颇、佤、哈尼、纳西、傈僳、独龙等25个少数民族的村寨，加上纳西族支系的"摩梭之家"和具有昆明典型建筑风格的建筑群落"昆明故城"，以"滇池大舞台""民族团结广场"为代表的综合演绎场所和以"留香茶艺馆""吉象园""非物质文化遗产保护中心""一村一品""玛达咪咖啡屋"等集文化展示、表演和互动为一体的场所，使云南民族村成为一个以民族文化展示为主，民族文化产品生产和经营为辅的综合型民族文化主题公园，力图做到融经济发展和文化传承为一体的新型民族文化展示空间。

2001年1月10日，云南民族村被国家旅游局授予"国家AAAA级旅游景区"称号；同年3月，获得ISO9002国际质量体系认证证书；2007年，先后获昆明市首批"精品公园绿地"中"精品公园"和"国家旅游名片"称号；2009年6月，又被云南省文化厅授予"云南省非物质文化遗产保护传承基地"称号。同时，云南民族村还是"国家民委民族文化基地""CIOFF中国委员会民间传统文化基地""国家民委全国首批民族工作联系点"。经过30年的建设和发展，云南民族村已经成为云南旅游、文化和民族文化产业发展的知名品牌，推动了云南多元民族文化的发展，成为云南文化产业建设和发展的重要品牌，也成为世界知名、国内一流的民族文化主题公园。

2. 云南民族村中"绿色"资源展示

云南民族村作为昆明滇池国家旅游度假区的一个重要组成部分，荟萃了云南各民族优秀的人文景点和自然景观，是反映和展示边疆各民族社会生活的窗口。景区内建有造型各异的少数民族民居建筑、五彩缤纷的衣着服饰、妙趣横生的婚俗礼仪、多姿多彩的民族节庆、优美诙谐的音乐舞蹈，兼有博览、游乐、度假、餐饮服务等各种综合配套设施。下面以民居建筑、民族服饰、民族饮食为代表，深度剖析和挖掘云南民族村中的"绿色"资源。

（1）"绿色"的民居建筑

云南民居建筑丰富多彩，各具特色，最能生动直观地呈现云南民族文化的多样性特征。有翠竹芭蕉掩映、云烟缭绕的傣家竹楼，有青山白云绿水相互映衬、白壁灰瓦、精美别致的白族庭院，有在深山密林中半隐半露、古拙大方的木楞房，有屹立在雪山草地之间、牛羊马犬来往其下的雄伟庄重的藏族民居，有精巧的汉族、彝族"一颗印"，有简洁朴素的土掌房，等等，形态各异，风格不一，形成了云南特色的民族民居文化。

俗话说"一地一风景，一族一习俗"，而每个少数民族都有自己的建筑风格，他们将自己的智慧融入了建筑的一草一木中，颇为特别。云南少数民族民居建筑概况见表11-1。

表11-1 云南少数民族民居建筑列举

民族	代表性民居建筑
白族	三坊一照壁，四合五天井
哈尼族、彝族	土掌房
景颇族、傣族	"干栏式"建筑（竹楼）
纳西族、傈僳族	"井干式"建筑（木楞房）
佤族	四壁落地房
藏族	碉房、帐房

具体而言，云南少数民族民居建筑特色如下。

第一，绿色的规划选址。

在选择良好栖居环境时，云南少数民族追求人与环境高度和谐的自然生态观发挥了巨大的作用。少数民族同胞们在规划选址时大多要考虑该地是否有山林、水流和可供开垦的平坝，而且非常重视对山、水、林的保护和利用。这种追求理想生存与环境发展相融合的自然生态观念始终养护着他们赖以生存的生态环境。

云南哈尼族人根据当地气候和植被的垂直分布特点，将村寨建于海拔800~1500米的向阳山腰坡地，且村寨一般坐南朝北或力求坐西朝东。村寨周围水源丰富、森林茂密、土地肥沃。哈尼族人在村寨划定范围内设立寨门，确定寨心、寨神林，沿村寨边缘挖井引水入寨。且各家民居建筑围绕寨心往高处蔓延，但忌与寨神林平行或高于神祇位置,否则被视为不尊重寨神,对人不利。哈尼族对自然的崇拜体现在居住地规划选址的方方面面,并且以民俗、生活规范等方式传播和应用。

第二,绿色的空间布局。

云南许多少数民族民居建筑的空间布局在满足生产、生活、生态功能的前提下,自发形成了具有独特艺术形式和功能特征的创造性空间语言。

以云南花腰彝族的土掌房为例,从平面布局来看,整个建筑空间趋于方整,每块空间各有各的用途。为了适应生产生活的需要,民居建筑"大门"分三间,左间为厨房、柴火间或关牲畜用,右间堆放杂物,中间为过渡空间。中间上方设有接待亲朋的客房,也称"八尺房"。建筑中间有天井,天井两端有楼梯。后半部建筑空间又被规整为上层的堂屋和婚房,以及下层的子女住房和主人住房。由于云南花腰彝族聚居地多为山地,少见平坦地块,居民将屋顶处理成平台的空间形式,且户户相通、层层叠叠连成一片,增大户外活动空间。该平台平日用来晾晒衣物和农作物,每逢农闲或佳节便成了族人欢聚的大舞台。

第三,绿色的构造方式。

云南各地自然环境差异较大,居住在这里的少数民族根据聚居地的自然环境条件进行民居建筑的构造。其构造方式主要体现在民居建筑构架、屋顶和墙体三个方面。

各少数民族汲取汉族木结构建筑经验,探索构建出符合周边自然环境的建筑构造形式。例如,大理白族处于地震频发区域,为提高民居建筑抗震性能,匠师们利用天然弯曲的木材做成无中柱举架大梁和多柱短梁的五柱落地式举架,并在接点的卯榫结合方式上创造了"木锁"工艺;各少数民族民居建筑的屋顶顺应当地季节气候特征而设计。例如,景颇族、德昂族、佤族生活在常年多雨、光照强烈的地区,当地居民便将屋顶建造成利于排水、遮阳,并能增加散热的大屋檐、歇山顶形式;各少数民族民居建筑的墙体构造与当地的气候条件密切相关。例如,香格里拉藏族为保温抗寒建造了开窗小、进深大的厚重夯土墙;西双版纳傣族民居将建筑外墙做成能通风透气、减弱湿气的竹编墙以应对湿热多雨的气候。

第四,绿色的建筑材料。

借助材质及建造技术来适应气候,表达情感,承载文化,是建筑与地域环境相协调的基本手段。材料的"地域性表现"强调的是材料与"地域环境"之间的关联性。云南少数民族民居建筑在材料的选取和应用上恰恰证明了这一点。

生活在滇西北地区的少数民族善于利用地方性材料建造住屋,其做法是非常生态的。香格里拉藏族独特的"闪片"屋面在材料选择上可谓是别具一格。"闪片"即用楔劈手法将当地组织松散、木纹平顺的冷杉剖切而成木片,也称"劈杉为瓦"。该材料具有轻便耐冻、易翻修、可再生等特点。将其交错覆盖于木檩之上,再压上瓦石,便可利用自然留有的搭接空隙来通风透气,且能避免漏雨。滇西地区森林茂密,木材资源丰富,居住在这里的傈僳族、普米族、怒族和纳西族利用优越的自然条件,选取木材作为建筑材料,最大限度地发挥其物质特性,创造出适合居住生活的民居样式,这种民居样式随即被称作"木楞房"。傈僳族木楞房将木楞横架于住屋四周结合处，木楞两端做凹槽以便咬合；底梁上铺木板，中留土穴做火塘；木板或茅草覆盖屋顶，石头加以固定。普米族木楞房在正房四角立大柱，中央立一方柱；圆木垒砌成四周墙壁，屋脊架"人"字形横梁，木板或瓦盖顶。怒族木楞房用圆木叠墙，其四角交叉处用凿子凿榫，加固造屋架；屋顶用茅草、木板或特有的薄石板盖顶。纳西族木楞房以圆木做料，尺度等长，两端砍口，首尾相连，围成墙体；后架檩条，铺木片瓦，压上石块，缝隙抹牛粪或泥，以避风寒。

云南少数民族民居建筑历经岁月的考验，始终秉承着民居建筑与生态环境和谐发展的自然生态观，遵循自然规律、适度开发自然资源，其空间布局巧妙，构造方式精湛，用材因地制宜，是极具生态智慧的建筑形式。

（2）"绿色"的民族服饰

由于特殊的地理环境和历史原因，居住在云南的少数民族都有自己独特的服饰，不仅千姿百态、风格独特，而且文化底蕴深厚、历史悠久，构成了云南民族文化资源中最为丰富、最为绚丽的一部分，同时也是最古老、最庞杂的一部分。云南少数民族服饰概况见表11-2。

表11-2 云南少数民族服饰列举

民族	代表性民族服饰
白族	男子多着白色对襟上衣，外穿镶花边黑领褂，下穿白色或蓝色肥宽裤子，头缠白色包头，肩挎工艺考究又实用的绣花挎包；妇女穿白衬衣，着艳红色、蓝或浅蓝色领褂，下穿灰蓝、绿色布料加绣花边裤脚的裤子，脚穿绣花鞋，腰系加工精致，上面镶边处绣有花、鸟等图案的绣花短围裙
彝族	男子多穿黑色窄袖且镶有花边的右开襟上衣，下着多褶宽脚长裤；妇女一般上身穿镶边或绣花的大襟右衽上衣，戴黑色包头、耳环，领口别有银排花
傣族	男子穿无领对襟或大襟小袖短衫，下着长管裤，以白布、水红布或蓝布包头；妇女上着各色紧身内衣，外罩紧无领窄袖短衫，下穿彩色筒裙，长及脚面，并用精美的银质腰带束裙
纳西族	男子穿长袍马褂或对襟短衫，下着长裤；妇女上穿大襟宽袖长袍，袖口捋至肘部，外加紫色或藏青色坎肩；下着长裤，腰系用黑、白、蓝等色棉布缝制的围腰，上打百褶，下镶天蓝色宽边；背披"七星羊皮"，羊皮上端缝有两根白色长带，披时从肩搭过，在胸前交错又系在腰后
藏族	常穿藏袍，长身，皮筒包面镶边，既无口袋，也无纽扣。平日里男袍多为素色，镶以宽大黑边，节日盛装则要穿有彩色镶边的袍子；女袍边饰更为艳丽

具体而言，云南少数民族服饰特色如下。

第一，绿色的原材料。

云南少数民族传统制作衣服的材料基本包括两大类：一为植物类，如草叶、树皮及棉麻织品；二为动物类，如兽皮、毛纺织品和蚕丝制品。在云南，古有"桐华布"，今有"火草衣"，"树叶为衣"是云南各民族的服饰传统，可谓山野本色、妙趣无穷。在现实生活中，苦聪人除用葛藤制缠腰带外，还将芭蕉叶和椰树皮用细藤条或篾丝串起来，沿腰围一圈，系紧为衣，男女皆然。西双版纳傣族则用箭毒树皮制作衣服。勐腊县的克木人直到现在还用枸树皮制作衣服。哈尼族用棕树皮制作的衣服比较成型和完整。棕树皮衣分上衣、裤子，上衣是立领、斜襟、钉纽扣，按棕树皮纤维的顺序，向下做衣袖和衣摆，缝合也用棕树丝。这是树叶衣发展的最高阶段。兽皮衣是与树叶衣、草编衣一样古老而方便的服饰。我国自古就有"衣其羽衣"的文献记载。到了唐代，南诏国内"俗无丝棉，披波罗皮（虎皮）"。又说，"土多牛羊，无布帛，男女悉披牛羊皮"（樊绰：《云南志》卷四）。"披牛羊皮"，一直延续至今，无论是彝族普遍穿的羊皮褂，还是纳西族女子的"披背"（七星披肩），都反映出兽皮衣的传统。

云南南部农业民族善于种植棉、麻和饲养桑蚕，衣饰多以自织的棉布、麻布或丝绵材料制成。北部民族以动物类材料为主要服装材料。云南高原地区一些地方的游牧、渔猎民族即属于这一类型，服饰多用鱼皮、兽皮或牲畜的皮毛制成。他们善于毛纺织，藏、彝等族多用自制的羊毛细布制作氆氇或毛毯、外套、衣裙、礼帽、靴鞋等。而在非高原地区，纺织是各民族传统的手工艺，壮、苗、侗、傣、瑶族等农业民族均擅长纺织棉布、麻布，织锦技术也十分高超。

第二，绿色的加工工艺。

勐腊县的克木人用枸树皮制作衣服，从枸树干上剥取1米多长的树皮，在水里浸泡20天左右，取出用木棒捶打，洗去汁液和灰黑色外皮；晒干后再搓压，使其纤维柔软，再用砍刀在边缘剜割成适合身体用的形状；最后在上方穿上系带，以系带打结裹身为衣。

少数民族服饰尤其重视刺绣。刺绣的方法很多，有辫绣、绞绣、锁绣、堆绣、皱绣、镶绣、锡绣、盘绣、镂空绣、十字绣、雕花绣、数纱绣、打籽绣、马尾绣等。云南民族服饰很少有不挑花刺绣的，无论是衣襟、袖口或是胸肩裤脚，都有精美的图案装饰，特别是一些特殊部位的装饰物，如围腰、头巾、腰带、绑腿、挎包、荷包等。刺绣是少数民族妇女的艺术劳动，融进了对大自然的赞美，对生活的热爱，对未来的憧憬和对爱情的祝愿等情感，在织与绣的过程中揉进了女性的古朴、温柔与贤淑。

蜡染、扎染也是比较典型的云南少数民族服饰的装饰手法。擅长于蜡染的民族有苗族、侗族、水族、布依族等，其中苗族蜡染工艺技高一筹，丹寨苗族便以蜡染织物为主要服饰材料；大理则是扎染的故乡，扎染织物不仅用来制作衣服还用来制作窗帘、桌布和被单等，用途非常广泛。蜡染和扎染的工艺原理相似，都是设法屏蔽部分织物使其不能上色，与上色部分相结合来构图，形成一些朴实的图案。这种古老的艺术对现代染色也很有启发，用激光形成化纤织物的隐色花纹就是借鉴了该工艺原理。

第三，绿色的图案设计。

云南少数民族服饰图案丰富，意义深远。所谓"一身穿戴，多种信息"，便是对其服饰的"写真"。云南被称为"植物王国""动物王国"，在云南少数民族的服饰图案中也有所体现。纳西族的"七星披肩"是青蛙图腾崇拜；彝族服饰上的绣虎斑纹是老虎崇拜；苗族崇拜牛，便将头饰打扮成"牛角形"；傣族崇拜大象，则在织锦上织出大象图案；不少民族妇女的衣服饰件上绣有蝴蝶、蜜蜂、马樱花等图案。

云南少数民族特别珍惜热爱他们的生活环境，大量服饰图案充分体现了这一点。景颇族妇女的筒裙多用羊毛线织成，通常为黑底，也有红底，上面用红、绿、黄、蓝、紫等颜色毛线编织出瓜果种子、草木花朵、飞禽脚印等精致图案；西双版纳的傣族衣襟上的竹子，形象纤柔；河口瑶族衣尾上的大树，造型高大挺拔；滇东北的彝族、汉族妇女的裤管、围腰、鞋带上则绣满了蝴蝶、蜜蜂、谷雀、梅花、牡丹、佛手。云南少数民族独特的服饰图案，是对现实生活的反映，他们远离城市的喧嚣，用独特古朴的方式将服饰、人与自然融为一体。

第四，绿色的生态寓意。

大理白族妇女服饰的结构、色彩、线条具有鲜明的特色：浓艳得庄重，映衬得调和，醒目不失大方，明快不失韵律。这一风格生动地体现了大理风光对白族人民审美观潜移默化的陶冶，苍山白雪、洱海碧波、风花雪月、古城遗风，白族女子的头巾集大理风光的"风""花""雪""月"于一体，粗犷与秀美并存，古朴与浪漫同在。

丽江女性的"七星"披肩是纳西族最典型的服饰。纳西族女性任劳任怨，"七星披肩"取意于"披星戴月"，寓意女性日出而作、日落而息的勤劳品质。现在纳西族还流传一句谚语："娶个纳西婆，万事不用愁。"可见妇女在纳西族中的位置。"靠山吃山，靠水吃水。"各地各民族的物产不同，其服饰必然受到制约和影响。云南少数民族多生活在青山绿水之间，他们的审美心理与周围环境紧密相连，"哪里有竹要茵茵，哪里就有傣族人家"。

傣族是一个性格温柔善良、重和睦、轻纷争的民族。他们最爱孔雀，把它称为"吉祥鸟"，因为"哪里有孔雀，哪里就是安宁的地方"。傣家人把孔雀作为自己民族性格的象征，作为自己民族的审美对象，把孔雀的形态、动作编成舞蹈，衣着服饰上点缀孔雀的图案。这充分体现了傣族人民渴望和平、自由、安宁的古朴情愫。

云南的民族服饰种类繁多，文化底蕴深厚，各民族把自己对大自然的热爱，对美好事物的感受，对劳碌一生的体验，对社会道德的崇尚，都用服饰文化这一特殊语言表现出来。每一件服装、每一种服饰、每一件绣品都反映出云南少数民族质朴的审美情趣与深厚的生活哲学。

（3）"绿色"的民族饮食

作为我国多民族的边疆省份，云南自然条件优越，是著名的"动物王国"和"植物王国"。由于云南民族众多，加之各地的经济文化、气候物产、风俗习惯的差异，云南省各民族的饮食资源在长期发展中，逐渐形成了各具特色的风味。每一种食物的产生和味道的形成都与其所处的地理环境、气候条件、人们的生活习俗、地域文化等有很大关系，一个民族饮食特色的形成需要经过长时期的沉淀和凝聚，它能反映出该地区居民的生活习俗，同时成为颇具神秘感和吸引力的人文旅游资源。

以云南主要的9种少数民族为代表，表11-3简单列举了云南少数民族的饮食资源。

表 11-3　云南主要少数民族饮食资源列举

民族	代表性饮食资源
彝族	"砣砣肉"、"转转酒"、牛羊汤锅、油炸蚂蚱、荞粑粑、锅巴油粉
哈尼族	"白旺"、"街心宴"、竹筒鸡、生炸竹虫、蜂蛹酱、清汤橄榄鱼
白族	大理砂锅鱼、生皮、炖梅、雕梅、饵块、乳扇、三道茶、喜洲粑粑
傣族	香茅草烤鸡、牛撒撇、油炸麻酥、酸肉、火烧鱼、菠萝饭、竹筒饭
壮族	辣血旺、烧鸭、盐风肝、脆熘蜂儿、五香豆虫、油炸沙虫、皮肝糁
苗族	狗肉、辣骨汤、酸汤鱼肉、糯米饭、小黑药炖鸡
回族	"全羊席"、牛干巴、牛、羊杂碎、油茶、油香、馓子
傈僳族	漆油炒鸡、排骨鲊、烤乳猪
拉祜族	灌肠、猪骨头生、腌肉、豆豉、卤腐、腌酸菜

除了以上9种少数民族的特色饮食，如喜食辣椒的佤族所食用的鸡肉烂饭，擅长腌制的纳西族制作的腊猪头肉、肉灌肠、腊肋骨、吹肝、烤肉、琵琶肉，藏族的酥油茶、手抓羊、琵琶肉、青稞酒、糌粑，布依族的花米饭、青苔冻肉，普米族的猪膘肉，怒族的咕嘟饭、石板糌粑、漆油焖鸡、烧羊肚、漆油茶、咕嘟酒，阿昌族的过手米线、火烧猪肉、酸粑菜、苏子粑粑、黄花饭，基诺族的酸蚂蚁蛋汤、包烧山蜘蛛等等，都是特色鲜明的民族风味饮食。

具体而言，云南少数民族饮食特色如下。

第一，绿色的原材料。

自然界的原材料在云南少数民族饮食中得到了充分的利用，云南少数民族制作菜肴的主要原材料虽说少不了各种肉类及蔬菜瓜果，但很多在汉族地区的传统菜肴中是难得一见的。如生活在西双版纳的傣族有着食用昆虫的饮食习惯，如竹虫、蚂蚁蛋等。当地人常吃的油炸竹虫是生长在竹子体内的一种高蛋白小虫，以新鲜的竹子为食，是热带雨林中特有的食材。而生活在香格里拉的藏族同胞，则选用当地的特产糌粑作为主食，并配上香甜可口的酥油茶。

第二，绿色的加工技法。

在加工技法上，除了传统的煮、蒸、炒、炸，云南少数民族还擅长使用烧烤、腌制甚至是生食等方法。比如"包烧"——西双版纳傣族特有的一种加工食材的方法，是以天然的芭蕉叶或木东叶将食材包裹，用炭火将其烧熟；又如"生皮"——大理白族的传统待客名菜，是用稻草燃火将生猪的皮子烧透、去毛，刮洗干净后切成薄片或丝状凉拌食用。

第三，原生态的地域特色。

由于地理环境和社会风俗的差异性，生活在云南不同地区的少数民族饮食风味和习俗各不相同，地域特色十分明显。如傣族的"紫米菠萝饭"，将菠萝切开一个口，掏去菠萝肉,把洗净的紫糯米放入菠萝内进行蒸煮,既有菠萝的香甜又有紫米的香气,吃起来甜而不腻,还有补血润肺的食疗功效。又如普米族的"猪膘肉",又叫"琵琶肉",是将猪宰杀后抽去全部内脏、骨头,用盐和花椒腌在腹内,然后把猪皮缝合,待腌制后食用。再以少数民族都喜欢喝的茶为例,藏族喜欢喝用酥油和浓茶加工成的酥油茶;白族有用"三道茶"待客的风俗,代表着"一苦,二甜、三回味"的人生寓意;哈尼族居住的广大山区则是中外驰名的"普洱茶"的家乡。这些独特的风味成为对旅游者颇有吸引力的旅游资源。

第四,高雅的艺术美感。

饮食常讲究色、香、味、形,以达到物质与精神高度统一的享受。云南少数民族饮食中也带有艺术美感。在品尝美味佳肴的同时,可以给食客带来美的感受。例如在白族宴会中的拼盘,正中放置用胡萝卜雕刻的花,象征花开富贵。周围采用糖醋排骨、卤白肉、卤猪肝、卤猪肚、卤猪耳、卤猪蹄、午餐肉、腌鸭蛋8种食材拼成,大多数以腌菜垫底。众多的材料使得菜肴色彩丰富,令人赏心悦目,客人也可以根据个人口味喜好,挑选自己喜欢的食用。

第五,绿色环保的器皿餐具。

盛放食物的器具也十分讲究。如用来盛放大理砂锅鱼的砂锅,最上乘的是在祥云制造。人们形象地称其保温吸热性能为"煮三年不涨,涨三年不冷",用祥云砂锅炖煮的肉食嫩烂、汤鲜色白;楚雄彝族的传统餐具也体现出浓郁的彝族风情。大多为木制和皮制漆器,造型独特,美观耐用,以黑色做底色,用红、黄等颜色描绘上各种花纹。这些精美的器皿不仅绿色环保,还大大增强了食客在饮食过程中的趣味性,也对食物背后的故事和文化有了进一步的了解和认识。

3. 云南民族村的发展思路

根据旅游市场的发展趋势及云南民族村的具体实际,综合考虑云南民族村的开发条件、影响因素等,云南民族村将以云南民族文化、康乐环境、自然和区位条件为基础,以民族休闲度假、民族文化和昆明历史文化等3种类型旅游资源为重点,以民族观光、特色餐饮、旅游购物等作为一般开发对象,相互补充,展现云南民族村以"民族文化欢乐园,休闲度假目的地"为主要定位的特色,不断增强云南民族村的内在吸引力,实现观光与度假相结合、以度假为主的项目集群,形成适应旅游市场不断变化的可持续发展的产业体系。

"走趟云南民族村,等于游遍彩云南。"经过30年的打造与经营,云南民族村文化形象在旅游市场上成功塑造,靠口碑相传焕发出地方和业内的品牌效应,蜚声海内外,在昆明和云南旅游行业中占有一定且逐步上升的市场份额。云南民族村这个云南旅游业的窗口已经向世界打开,它既是民族的,也是世界的。云南民族村在展示云南民族文化的同时,也逐渐成为传承和保护民族文化的基地,它已不单纯是一个旅游景区,而是成为一个云南民族文化的品牌,成为云南旅游的象征。

【参考文献】

[1] 杨丽君.云南少数民族饮食资源的旅游开发研究[J].楚雄师范学院学报，2017（3）：70-75.

[2] 李楠，包蓉.自然生态观在云南少数民族传统民居建筑中的体现[J].美与时代（城市版），2018（8）：3-4.

[3] 吴秋英.云南少数民族服饰的古朴美[J].装饰，2005（12）：85-86.

【思考题】

1.从绿色营销的角度，谈谈如何对云南少数民族饮食资源进行开发和利用？

2.云南传统民居包含了干栏体系、井干体系、合院体系、土掌房体系及其他落地式住屋等体系，不同体系的建筑形式通过不同的方法适应自然生态环境，展现其独特的自然生态观。你认为此描述是否合理？请举出实例。

3.2017年年底，云南省民族宗教委组织开展了全省"民族文化'百名人才'文化创意专题培训班"，培训班选取了在全省具有一定品牌影响力的产品、具有一定产业规模的29名民族文化"百名人才"进行培训，并重点记述其中17位"百名人才"的文创体验，希望借此展示云南省民族民间传统文化产业化取得的成绩，探究其存在的问题与出路。你认为此类活动的意义何在？

第十二章

绿色新能源

一、绿色能源市场

绿色能源（Green Energy），为应对全球生态问题，开发、利用无污染或较少排放污染物、能够直接用于生产生活的能源，显著特征为排放少、污染程度小、环保。绿色能源包括核能（Nuclear Energy）（如大亚湾核电站、秦山核电站、方家山核电站等）和可再生能源（Renewable Energy）（包括风能、太阳能、水能、生物质能、地热能等非化石能源）。

在气候变化加剧、俄乌地缘冲突难解、汇率频繁波动等多种因素的影响下，欧盟的能源困境、通货膨胀依然难解，未来能源安全将越来越重要。为破解地缘冲突、全球气候变化、通胀等困境，全球将不得不引入更多的绿色能源。欧盟作为能源风暴中心计划在未来5年内增加2100亿欧元投资绿色能源，到2030年将欧盟能效目标从9%提高到13%，将可再生能源消费中的比重从40%提高至45%。据国际能源署（International Energy Agency）公布的《2022年可再生能源报告》，未来5年可再生能源设备安装速度将是前5年的2倍，其中光伏发电和风能占增量电能的90%以上；中国将贡献全球可再生能源新增装机容量的50%左右，美国、印度的可再生能源新增装机容量也将显著增长。同时，大多数国家将能源产业政策偏向绿色或清洁能源，可再生能源将迎来历史性的转折点。为履行国际承诺，实现碳达峰（2030年前）、碳中和（2060年前），我国必须走低碳转型与非清洁能源替代、高效清洁的绿色低碳发展道路。当前，中国单位GDP能耗是世界平均水平的1.5倍，是美国、日本、德国等发达国家的2~3倍。从能源结构看，煤炭生产与消费的碳排放量占中国碳排放总量的70%~80%，油气生产消费的碳排放约占15%，为此我国必须用30年时间去完成发达国家50~70年时间的碳减排任务，每年排放下降率高达8%。据国家能源局的统计数据：截至2022年10月初，中国可再生能源发电装机达11.46亿千瓦。其中，水电装机、风电装机、光伏发电装机、生物质发电装机分别为4.06亿千瓦、3.48亿千瓦、3.58亿千瓦、4060万千瓦。同时，水能发电、风能发电、光伏能发电、生物质发电分别连续18年、13年、8年、5年持续居全球首位。"十四五"是碳达峰的攻坚期、关键期、窗口期，加快构建以新能源为主体的新型电力系统，加快构建清洁低碳安全高效的能源体系。到"十五五"末，力争非化石能源在一次能源消费的占比达25%左右，力争风电、太阳能总装机容量达到12亿千瓦以上。

绿色能源市场现状如下。

第一，绿色能源发展势头良好。

能源是国民经济发展的驱动力和支柱，是社会得以繁荣发展的重要物质基础。随着世界经济增长及国际社会对地缘冲突、能源安全、生态环境、气候变化等可持续发展问题的持续加码，全面调整能源产业政策、加快开发高效清洁的可再生能源、提高能源效率已然成为全世界大多数国家的共识。当前，全球能源发展进入以高效、清洁、多元化为主要特征的能源转型阶段，投资重心向清洁绿色化能源转移，从而推动全球绿色能源发电装机容量持续增长，绿色能源发电已然成为全球发电的中坚力量。根据 EIA（美国能源信息署）估计，到 2023 年，全球可再生能源发电占全球电力市场比重将达 30%~40%，发电装机容量增加总量可达 920 吉瓦。目前中国能源仍以煤炭、石油和天然气等天然化石能源为主，能源开发与利用一直处于低效率和高消耗之中。据《中国海洋能源发展报》数据显示，2022 年全球一次能源消费中，煤炭、石油的一次能源消费比重增加 0.3%，天然气一次能源消费比重降 0.6%，风能、核能等非化石能源一次能源消费比重基本持平；2022 年，我国能源消费结构中，煤炭占一次能源消费量的比重为 58%，清洁能源占一次能源消费量的比重为 26%，清洁能源比重上升 0.6%。

在政策大力推动下，中国绿色能源发展驶入快车道。据《中国核能发展报告》显示，我国在运核电机组达 53 台（装机容量 5560 万千瓦），是 2018 年的 1.3 倍（2018 年为 39 台）；在建核电机组 23 台（装机容量 2419 万千瓦），比 2018 年增加 4 台，在建核电机组规模持续保持世界领先地位。当前，核电发电量在我国电力结构比重为 5% 左右，核能累计发电量超过 3.3 万亿千瓦时，相当于减少 CO_2 排放 24 亿吨以上。据《新时代的中国绿色发展》数据显示，2022 全年新增光伏装机 87.41GW，同比增长 60.3%，光伏装机总量累计达 392.61 吉瓦，其中 2022 年，风电装机容量、太阳能发电装机容量同比增长分别为 11.2%、28.1%。中电联数据显示，2022 年 1—11 月，规模以上水电发电量同比增长 0.9%（11282 亿千瓦时），四川、云南和湖北为水电发电量前三强（三者占全国水电发电量的 65.5%，增速分别为 3.8%、11.4%、-23.8%。从氢能产业的上游看，我国年均制氢约 3300 万吨（全球第一产氢大国）；从氢能产业的下游看，到 2060 年，我国氢能需求将达 1.3 亿吨，其中工业需求比重为 60%。据《中国海洋能源发展报告》数据显示，2022 年我国海洋石油产量同比增长 6.9%（5862 万吨），增产量占全国石油增产量的 50% 以上；海洋天然气产量同比增长 8.6%（216 亿立方米），增产量约占全国天然气产量增量的 13%。据《2022 全球海上风电报告》数据显示，2021 年全球海上风电新增并网容量 21.1 吉瓦，中国占全球新增海上风电新装机容量的 80%，中国连续 4 年成为新增海上风电装机最多的国家。当前，我国生物质能资源非常丰富，一是农作物播种面积有 1.6 亿公顷，储藏生物质约 7 亿吨/年；二是现有森林面积近 2 亿公顷，储藏生物质 8 亿~10 亿吨/年；三是宜林地 5400 多万公顷，亦潜藏着巨大生物质能。

第二，全球绿色能源交易市场发展日趋成熟。

目前众多大型公司更关注商业的可持续发展，尤其是部分公司以 ESG 标准[①]为准绳，更加看重顾客在购买物品和服务时，以不破坏环境为前提所带来的满足和愉悦。以谷歌、联想、阿里巴巴、百度等为代表的绿色先锋公司，一方面推进能源特别是绿色能源的效率，另一方面兼顾经营收益的增长。大部分公司都会选择可再生能源提供的电力

---

① ESG 是英文 Environmental（环境）、Social（社会）和 Governance（公司治理）的缩写，是一种关注企业环境、社会、治理绩效而非财务绩效的投资理念和企业评价标准。基于 ESG 评价，投资者可以通过观测企业 ESG 绩效、评估其投资行为和企业（投资对象）在促进经济可持续发展、履行社会责任等方面的贡献。

供应，来完成公司的二氧化碳减排目标或可再生能源利用目标。

当前，代表性购买绿色电力的方法有以下4种。

第一种方式是购买可再生能源证书（RECs）。购买RECs使买方有权声明该企业使用的是绿色能源或可再生能源，同时向外展示其营运或活动不会带来碳排放。我国深圳、香港等地已开发可再生能源电力或绿色电力证书，并已进行市场交易。

第二种方式是与公用事业公司达成绿色供给协议。签订协议的公司可以选择购买非可再生能源产生的电力，也可以选择购买可再生能源产生的电力，但必须向环境友好型客户或者具有生态环境保护导向的顾客履行将相应电量用于绿色交通、绿色购买、减碳等"绿色"用途。

第三种方式是公司自行购买可再生能源发电设备。一般做法为在仓库屋顶或工厂厂房旁的空地安装太阳能板阵列，在公司主营业务范围内产生的诸多废料就地建设生物质发电厂，或根据地理条件建造风电机发电厂。

第四种方式是购电协议（PPAs）。购电协议可以分成A、B两类。A类称为"私线"交易模式，即公司与可再生能源营运商签订合同来建造风能、太阳能或者其他绿色能源，通过专用电缆传输至公司局域网使用。B类称为场外交易方式，即以约定价格从电网公司购买约定电量（约定价格包括平衡太阳能、风力或者水能发电间歇性所产生的费用，电网公司必须同等采购绿色能源或清洁能源的发电量）。

以上各种方式均有优缺点，购买可再生能源证书较为简单便捷，且不会导致购买者购电价格偏高，大多数公司均选此方式。与公共事业公司签订绿色供给协议的方式亦相对简单，购买者无须承担电价变动的风险。绿色能源供给协议政策规制是非常有效的，特别是对于欧洲大陆，关键是绿色能源信息的披露与系统化的监督。公司自行购买可再生能源发电设备大型公司或者产业园区来说是可行的，对中小微型企业则存在规模性限制与成本偏高的风险。购电协议则是购买者相对比较自由，能够根据电量的盈亏有效调节，并能在规模效益与成本效益之间找到有效的均衡。从实践看，欧洲国家购电协议的需求较为旺盛。据伦敦ICIS（全球大宗品市场信息服务商）发布的企业购电协议统计数据，截至2022年11月，公司已签署协议购买清洁能源26.6吉瓦，与2021年同期相比增加3.2吉瓦。微软、谷歌、脸书、道达尔、布里斯班机场、亚马逊等的购电协议在市场中做出大部分贡献。如欧洲企业购电量达1895兆瓦，微软（购买900兆瓦）则贡献了近50%的比例。

二、云南绿色能源

"绿色能源牌"是云南省"三张牌"中的关键"牌"。云南拥有丰富的水能、风能等能源资源，还有锡、铜、铁、锂、磷、稀土等82种矿产资源，通过持续探索已形成矿电结合产业发展模式。云南"十四五"规划提出："推进重点产业和重要领域绿色改造，发展生态利用型、循环高效型、低碳清洁型等产业。推动能源清洁低碳安全高效利用，实施燃煤替代。"[①] 在"十四五"期间，云南以"建设国家清洁能源基地"为发展目标。具体而言，加快建设金沙江、澜沧江等国家水电基地，将继续推进乌东德、白鹤滩、托巴、溪洛渡、糯扎渡、黄登、观音岩等重大水电工程建；大力推动风电项目、光伏项目建设布局，因地制宜发展生物质能；加快昭通页岩气勘探开发，构建多元供气格局，推进天然气发电示范项目建设，力争到2025年，全省电力装机达到1.3亿千瓦左右，昭通页岩气产量达40亿立方米/年，绿色电源装机比重达到86%以上。此外，继续推动水风光储一体化发展，加快建设800万千瓦风电和300万千瓦光伏项目；统筹平衡电、煤、油、气有序发展，解决好"丰紧枯缺"结构性缺电问题，构建安全智能的坚强电网系统，提升能源调剂裕度。持续推进绿色能源战略与绿色先进制造业深度融合。引领、带动、支撑绿色硅、稀贵金属等先进制造业发展，建成世界一流"中国铝谷"，打造绿色硅精深加工基地，构建绿色制造体系、绿色产业体系、绿色制造服务体系、绿色技术创新体系，力争把清洁资源优势转化为经济优势、发展优势。

典型案例：云南能投集团可再生能源战略规划

云南省能源投资集团有限公司（以下简称"云南能投集团"）是省属国有重要骨干企业，以能源、现代物流、绿色能源新材料为三大主业，是省能源战略实施和能源产业改革创新发展平台。云南能投集团坚持走绿色低碳高质量发展之路，全面助力云南省建成国家清洁能源基地、国家级新型电力系统先行示范区。云南能投集团功能定位为：云南绿色能源产业发展主力军；2025年发展目标为：集团权益装机超3000万千瓦，其中新增风光新能源电力装机1500万千瓦以上。

云南能投集团四大主要业务板：一是水电。实现参股水电的提质增效，以控股梯级开发为主推动"三江"[金沙江（长江上游）、澜沧江（湄公河上游）、怒江（萨尔温江上游）]流域大水电开发。二是火电与煤炭。按照"水火同济"发展原则，控股建设一批大中型火电、煤电一体化和燃气发电项目，优化省能源供应结构。同时，通过市场化运作，积极参与省内煤炭资源的整合与开发。三是新能源。加快对云南省新能源资源的开发利用，以风电、太阳能、生物质能等发电为重点，并积极推动其他新型能源产业的发展。四是节能及能源相关其他产业。开展节能和合同能源管理业务，实施省能源"节能管理"工作，落实云南省节能减排目标。打造云南电力装备制造板块，推动云南省高端电力装备制造业、高新技术及新能源装备产业的发展。

1. 优先发展水电

极力争取掌控"三江"流域大水电资源，获取留存电量，推进梯级控股开发。支持澜沧江上游和金沙江中游龙头水库的开发建设，发挥股东作用，增强话语权和对电力、电量的控制能力，重点支持好金沙江下游向家坝、溪洛渡、白鹤滩、乌东德4个巨型电

---

① 努力成为我国生态文明建设排头兵[EB/OL]. [2023-01-23].https://baijiahao.baidu.com/s?id=1686409717890414859&wfr=spider&for=pc.

站的开发，完成金沙江下游开发公司的组建工作。

向家坝水电站位于云南省昭通市水富市与四川省宜宾市叙州区交界的金沙江下游河段上，是金沙江水电基地最后一级水电站。该电站是中国第三大水电站，全球第十一大水电站，是西电东送骨干电源点。电站至上海的±800千伏直流特高压国产化示范工程是国内输送电压等级最高最先进的电力系统。电站累计发电量突破3000亿千瓦时，可替代同等规模的燃煤火电厂，相当于累计减少原煤消耗约14000万吨，累计减少CO_2排放约25000万吨、NO_2（二氧化氮）约170万吨、SO_2（二氧化硫）约300万吨，不仅可以节约煤炭资源，而且可减少燃煤污染，持续改善、提高四川盆地环境质量。

溪洛渡水电站位于云南省永善县与四川省雷波县接壤的金沙江峡谷段，是典型的"三高"[坝高（300米级）、地震烈度高（基本烈度Ⅷ度）、水流速高（接近50米/秒）]三大[流量大（最大泄量约50000立方米/秒）、地下厂房大（顶拱跨度超30米）、机组大（单机容量770兆瓦）]水电，是金沙江峡谷段最大的一座水电站，是中国第二大、世界第三大水电站。该电站可替代同等规模的燃煤火电厂，相当于每年可减少燃煤4100万吨，减少CO_2排放量约1.5亿吨，减少NO_2排放量近48万吨，减少SO_2排放量近85万吨。

白鹤滩水电站位于云南省昭通市巧家县与四川省凉山州宁南县接壤处，是金沙江下游干流河段梯级开发的第二座梯级电站，是中国第二大、世界第二大水电站。白鹤滩水电站每年可节约标煤约1968万吨，减少CO_2排放量约5160万吨，相当于种植21.22万公顷阔叶林或少建近6座年产400万吨的大型煤矿。

乌东德水电站，位于云南省禄劝县和四川省会东县交界的金沙江干流上，是中国第四、世界第七大水电站。全面投产发电后年均发电量将达389.1亿千瓦时，可替代同等规模的燃煤火电厂，相当于累计减少原煤消耗约1815.8万吨，累计减少CO_2排放约3242.5万吨、NO_2约22.049万吨、SO_2约38.91万吨。

2. 积极发展新能源

云南能投集团全面挖掘云南丰富的风力资源，设立马龙公司、大姚公司、会泽公司3家全资子公司，控股泸西县云能投风电开发有限公司。4家风电公司聚焦绿色能源主业，以风电开发与运营为核心。当前共建成运营7个风电场。

通泉风电场位于曲靖市马龙区境内，处于云南省风能资源最佳开发区域之一，是目前国内叶轮直径最大的高海拔山地风电机组。建成后总装机容量为350兆瓦。

大中山风电场位于楚雄大姚县境内，建成后总装机容量为40兆瓦，在2022年电力行业风电运行指标对标结果比对中荣获"AAAA级"风电场称号。

大海梁子风电场位曲靖会泽县境内，在电力行业风电运行指标对标结果比对中，2019年、2022年均被评为"AAAAA级"风电场称号。

永宁风电场位于红河州泸西县、弥勒市境内，处于云南省风能资源最佳开发区域之一。建成后总装机容量750兆瓦。

3. 能源科技应用

云能智慧公司为云南能投集团的全资子公司。云能智慧公司致力于打造新能源汽车服务产业生态，开展新能源汽车应用推广与充电基础设施建设。

在新能源汽车推广应用方面，服务板块包括公务用车、新能源网约车、新能源物流车、新能源巡游出租车。与首约科技（北京）有限公司合作，计划推广新能源网约车5000辆。同时，借助数字智能技术，已完成"云能行"App建设，从而实现绿色能源从产业端到消费端的转化。

在充电基础设施建设方面，云能智慧公致力于充电设施的研发、生产、建设和运营。当前，在省内建成充电站点66个，共计668台，总功率27243千瓦。计划在昆明市建设充电桩不少于800个、充电站点共计80余个。同时，借助数字智能技术，已经完成"云能充"App的开发、运行。"云能充"的功能包括智能寻桩、司机之家、预约充电、免费Wi-Fi、茶水、休息、餐饮等。

【参考文献】

[1] 索比光伏网.总量超6.75GW！欧洲企业购电协议（PPAs）需求持续旺盛[EB/OL].（2021-05-24）[2022-01-19].https://www.sohu.com/a/468216986_418320.

[2] 中国电力企业管理.全球绿色能源交易市场发展趋势解读[EB/OL].（2017-07-05）[2022-01-19]. http://www.chinasmartgrid.com.cn/news/20170705/624442.shtml.

[3] 前瞻经济学人.2018年全球绿色能源（清洁能源）行业市场现状与发展趋势分析[EB/OL].（2019-02-21）[2022-1-19]. https://www.qianzhan.com/analyst/detail/220/190221-7320b5bd.html.

三、光伏产业

光伏产业（Photovoltaic），是指以硅材料的应用开发形成的光电转换产业链条。光伏产业链包括硅料、铸锭（拉棒）、切片、电池片、电池组件、应用系统等6个环节。上游为硅料、硅片环节，中游为电池片、电池组件环节，下游为应用系统环节。从全球范围来看，产业链6个环节所涉及企业数量依次大幅增加，光伏市场产业链呈金字塔形结构。

中国有荒漠面积108万平方千米，主要分布在光照资源丰富的西北地区。1平方千米面积可安装100兆瓦光伏阵列，每年可发电1.5亿度；如果开发利用1%的荒漠，就可以发出相当于中国2003年全年的耗电量。在中国的北方、沿海等很多地区，每年的日照量都在2000小时以上，海南更是达到了2400小时以上，我国是名副其实的太阳能资源大国。

随着碳中和政策的逐步推行，许多国家都在探索新的能源利用方式，光伏发电因其无限性、清洁性等优点逐渐走进人们的视野。同时，行业技术的进步使得光伏度电成本不断下降，目前已接近火力发电成本，推动光伏发电产业化快速推进。据中国光伏行业协会（CPIA）预测，到2025年，乐观情况下，全球光伏新增装机规模达330吉瓦，复合年增长率为20.5%。另据2019年国家发展改革委能源所发布的《中国2050年光伏发展展望》，到2050年，光伏将成为中国的第一大电源，光伏发电总装机规模达到50

亿千瓦，占全国总装机的59%，全年发电量约为6万亿千瓦时，占当年全社会用电量的39%。2020年，中国仍是太阳能光伏市场的引领者，以48.2吉瓦的新增装机容量独领风骚，这一数字较2019年的30.1吉瓦增长了60%。2020年，太阳能光伏年度装机容量增长的同时传导到了屋顶和公用事业规模细分市场中。然而，分布式与集中式太阳能光伏市场，呈现截然不同的态势。屋顶太阳能光伏总装机容量从上一年的41.6吉瓦，增长到了60.6吉瓦，新增了46%，预计到2025年可达96.3吉瓦，而公用事业到2025年可达169.4吉瓦。在CPIA对光伏产业的未来预期中，着重强调了产业的绿色化、低碳化、智能化、垂直化、跨界化。绿色化：越来越多的企业在安装光伏发电；低碳化：越来越多的企业在降低能耗；智能化：越来越多的企业在开展智能制造；垂直化：越来越多的企业在做产业链垂直扩展和整合；跨界化：越来越多的光伏企业在进军储能等其他行业，越来越多的非光伏企业在进军光伏。

云南的绿色能源装机占比84%，高出全国平均约46个百分点；绿色能源发电量占比90.5%，高出全国平均约67个百分点，据新华社称，这里是"绿色样本"。当前，云南已成为全球最大的绿色单晶光伏生产基地，聚焦建设"世界光伏之都"的总体定位，并正在打造全球最大的绿色硅材加工一体化制造基地。目前，已有隆基、晶澳、阳光3家全球光伏龙头企业落户云南。

云南实施的绿色光伏能源典型项目如下。

曲靖市是云南省副中心城市和全国经济总量百强城市，被称为"绿色晶硅光伏之都"。目前该市正在重点打造新能源电池、绿色硅光伏、绿色铝精深加工、高端食品、精细化工五大千亿级支柱产业集群，隆基股份、晶澳太阳能、阳光能源、信义玻璃等全球硅光伏上下游龙头企业均已落户曲靖，形成了单晶硅棒、单晶硅片、电池片、组件等产业链布局，产业集群效应充分彰显，曲靖市也成为国内唯一拥有完整硅光伏产业链闭环的城市。2021年12月22日，中国有色金属工业协会授予曲靖市"绿色晶硅光伏之都"牌匾。未来，曲靖将携手硅光伏行业龙头企业，推动硅光伏产业规模化、集群化发展，力争到2025年形成20万吨多晶硅、100吉瓦单晶硅棒、100吉瓦切片、50吉瓦电池片、40吉瓦组件、300万吨光伏玻璃产能规模，实现产值2000亿元以上，让"世界光伏之都"的美好蓝图变为现实。

昆明市东川区"光伏+生态修复"项目，共有16座村级光伏扶贫电站，装机容量达36.54兆瓦，占昆明市光伏总容量的70%，覆盖8个乡镇、119个贫困村，关联贫困户7299户26993人。为东川县近3万贫困人口打造了一套高效扶贫放心工程。据了解，该项目单日发电量足够1万户家庭使用，发电收益将使119个贫困村年集体经济提高达20万元以上，在当地起到积极的示范作用。"光伏发电+生态修复"模式，创新利用光伏组件收集雨水，实现生态修复、农田滴灌、绿色抵御石漠化等功能，促进绿色低碳发展。该扶贫项目采用了代表光伏前沿科技的隆基Hi-MO 4组件，延续了高效低衰减的产品特性，在组件功率经过持续升级最高可达450瓦，组件转换效率可达20.7%。项目充分利用光伏阵列的阻风固沙与遮阴增湿作用，在保护原生植被的基础上，因地制宜种植耐旱植物、农作物，试养殖高原鹅，光伏阵列在减少水分蒸发、保水蓄水的同时保持了植被生长所需的基本光照，加速植物群落自然演替和生态修复进程，促进土壤改良和局地小气候改善。而光伏板下设置的 5G 气象站能够自动监测采集温度、湿度、风速等环境参数，在旱季为滴灌系统提供智慧数据，管理人员仅需在手机端操作，就能实现自动滴灌。该"光伏"项目成为自动化、智能化的"光伏生态修复"项目，形成了集生态培育、集水灌溉、清洁能源、景观游憩、科普展示于一体的综合协同新型产业发展模式。

云南红河州红河县年平均日照时数可达 1962 小时，年平均气温 20.2℃，极端最高气温 42℃，热辐射资源丰富，加之山地荒坡多，生态环境十分适宜建设光伏发电站。红河县阿底坡集中式光伏电站是在闲置的荒山荒坡发展光伏发电项目，属于集中式电站，光伏板通过智能调整角度接收阳光，由设备将光能转换成电能，整个过程不排放污染物，也不排放温室气体。现在每天发电量为 16 万千瓦时左右，可利用小时数为 4 小时，收益 12 万元左右。总投资 4.2 亿元，装机 7 万千瓦全容量并网发电，年发电收入可达 7585 万余元。

典型案例：隆基——零碳光伏样板

隆基绿能科技股份有限公司（以下简称"隆基"），以"善用太阳光芒，创造绿能世界"为使命，构建单晶硅片、电池组件、工商业分布式解决方案、绿色能源解决方案、氢能装备五大业务板块，形成支撑全球零碳发展的"绿电"＋"绿氢"产品和解决方案，致力于打造全球最具价值的太阳能科技公司。

1. 主动响应

隆基始终在为全球低碳经济发展及气候目标实现做出积极贡献。2018 年"COP24"上，隆基率先发表以清洁能源制造清洁能源的"Solar for Solar"理念。2019 年"COP25"上，隆基面向全球发布《中国 2050 年光伏发展展望报告》。2020 年，席卷全球的新冠疫情也没能阻挡隆基气候行动的脚步，隆基股份成为唯一同时加入 RE100[①]、EV100、EP100[②] 和 SBTi[③]

---

① RE100 是由气候组织召集，与非营利性组织 CDP（碳信息披露项目）合作进行的一项行动，旨在促进全球最具影响力的企业使用 100% 可再生能源电力。目前已经有宜家集团、英国电信、德国商业银行、电动车方程式、H&M 公司、荷兰皇家电信、雀巢、飞利浦、励德爱思唯尔集团、汤姆逊电子集团、联合利华公司以及中国亿利资源集团等加入全球的 RE100 活动。

② EV100 是气候组织旗下全球倡议，鼓励企业及个人在日常出行中使用电动汽车，减少空气污染、应对气候变化，并在 2030 年前使电动交通成为新常态。EP100 是气候组织的另一项全球倡议，鼓励企业通过能源目标整合、业务策略调整，从而达到提升能源效率，实现节能减排的目标。

③ 科学碳目标倡议（SBTi）是由全球环境信息研究中心（CDP）、世界资源研究所（WRI）、世界自然基金会（WWF）和联合国全球契约组织（UNGC）合作发起的国际倡议，是全球商业气候联盟（We Mean Business Coalition）的组成部分。旨在为企业提供设定基于气候科学减排目标的清晰指导框架，以确保企业所设定温室气体排放减排幅度和速度的目标与《巴黎协定》中控制全球温升幅度小于 2℃的目标相一致。科学碳目标（SBT），为企业设定基于科学的温室气体减排目标提供清晰的框架，并提供明确的参照基准线，以确保企业的减排目标足够高，并且能够在低碳未来保证持续发展的能力。设立科学碳目标有助于企业提升竞争优势和品牌形象，推动企业创新和降低管理风险，并能减少浪费和提升效率，最终为企业带来诸多收益。

4项国际倡议的中国企业,并敢于回应CDP[①]气候变化的相关问卷。2021年公司又发布了首个"零碳工厂"计划,加速隆基股份气候行动之路。在"COP26"上,隆基发布首份《气候行动白皮书》,用实际行动树立中国企业的责任与担当。

在履行四项国际倡议方面,隆基完成了全价值链温室气体排放核算和鉴证,2020年可再生电力使用比例达到41.83%,相当于减少温室气体排放135万吨二氧化碳当量。截至2020年,隆基已经在28个生产经营场所中的4个安装了能源管理系统,综合能源利用效率较2015年提高了49.77%。

结合未来的发展规划和SBTi要求,隆基首次提出了自己的减排目标:以2020年为基准,2030年运营范围内的温室气体排放下降60%,在2030年采购的每吨硅料、每瓦电池片和每吨玻璃的碳排放强度相比2020年下降20%。

2. 绿色工厂

隆基2019年、2020年、2021年均获得"国家级绿色工厂"称号,并计划在2023年将保山隆基生产基地打造为隆基首个"零碳工厂",其不但自身践行"绿色工厂"的理念,还将"低碳清洁"的绿色生产理念推广到供应链中。

2010年,隆基成为首个同时加入"三个100"倡议的中国企业。2021年1月,隆基作为光伏行业首家企业率先发布《绿色供应链减碳倡议》,获得150余家供应商响应。此次倡议带动了更多的行业参与者,对产品的绿色属性进行有效管理,减少其制造、运输、储存以及使用等过程的能源资源消耗和污染物排放,持续提升隆基供应链绿色化发展,助力能源变革、节能减排、共同推动低碳乃至零碳生产的实现。

隆基通过严格执行环评和环保"三同时"制度,在项目选址时严守"生态保护红线",开展项目时调查环境现状,评估区域资源禀赋和生态环境保护要求,避免项目建设和未来生产运营对生态环境、生物多样性造成影响。隆基秉承的绿色制造,核心离不开精细化的节能管理,为此,隆基积极落实EP100承诺,建立能源管理体系,成立节能管理组织,制定节能目标和考核办法,安装能源管理系统,建立激励机制推动节能降耗项目落地,发挥环境和经济效益,打造隆基绿色核心竞争力。在管理环境方面,隆基以ISO14001环境管理体系为基础,不断完善环境管理制度和组织架构建设,并制定能源及资源使用强度的年度下降目标,落实目标跟进与考核工作,建立规范化、常态化、精细化的环境管理机制,确保隆基各生产基地在日常运营中将绿色发展理念落实到位。隆基还制定了《环境监测管理制度》,通过对各厂区排污口、污染物和噪声监测、排放及处置标准的管控进行详细规范,各工程也依据制度和制定的EHS方案[②],每月检查、每年评估,不断改进生产工艺,确保运营中始终保持高环保标准。云南保山隆基硅材料

---

① 碳信息披露项目(CDP)是一个成立于2000年的非政府组织,致力于为大型企业提供一个渠道,使它们可以通过参与精心设计的问卷调查来衡量和披露其温室气体排放及有关气候变化的战略目标。主要包含低碳战略、碳减排核算、碳减排管理、全球气候治理四个方面内容。

② EHS是环境(Environment)、健康(Health)、安全(Safety)的缩写。EHS管理体系是环境管理体系(EMS)和职业健康安全管理体系(OHSMS)两个体系的整合。

有限公司是"绿色工厂"的典范。

3. 解决方案

隆基为用户提供了多样化、定制式的解决方案。

（1）解决方案一。助力电力行业全面实现碳中和，包括友好型电站方案、源网荷储方案、源网荷储方案。友好型电站方案即指对电网友好、环境友好、系统友好、收益友好的"四好"电站，根据安装场景不同，分为大型平地、一般山地、复杂山地和大型水面电站。源网荷储方案即过优化负荷实际需求情况，整合电源、电网资源，以灵活储能等先进技术和体制机制创新为支撑，以安全、绿色、高效为目标，创新电力生产和消费模式，为构建源网荷高度融合的新一代电力系统探索发展路径，实现源、网、荷、储的深度协同。源网荷储方案即以光伏为主要电源，增加风、水、火等其他电源组成的电源一体化互补供应系统，提供风光火水储、抽水蓄能等多种能源互补的一体化解决方案，致力于绿色电力更加可靠、持续、稳定的供应。

（2）解决方案二。"光伏+行业"的全场景方案，包括工业行业、建筑行业、交通行业、农林牧渔、生态修复等。工业行业方案包括"光伏+制氢"的绿电绿氢方案、高耗能行业的脱碳方案以及石化行业的绿色电力替代方案。建筑行业整体方案包括：建筑光伏方案及光伏建筑方案。交通行业解决方案是指基于分布式光储系统的高速公路智慧能源服务平台，促进交通行业绿色能源发展。农林牧渔光伏解决方案，即光伏电站可以与农林牧渔相结合，实现板上发电，板下种植、畜牧、养鱼，通过对土地的综合利用，获取光伏发电及农林牧渔的双重收益，不仅能在消费端助力农村用电电气化，还将作为乡村振兴的新支点，建设美丽乡村，发展绿色经济，惠及普通百姓。生态修复解决方案，即针对土地荒漠化、闭坑矿山、盐碱地、苦咸水等系列生态问题，提供"光伏治沙""光伏+矿山修复"等生态修复方案。

（3）解决方案三。户用方案，包括标准化户用方案与多场景解决方案。标准化户用方案以常见的平屋顶、斜屋顶为主，运行模式多为自发自用、余电上网，根据客户屋顶类型进行合理设计，保障客户项目高效运行。多场景解决方案致力于特殊应用场景下的光伏项目，以别墅、平改坡、阳光房等为主，将光伏组件和应用场景匹配。

【参考文献】

[1] 隆基新闻.阳光普照云南，脱贫攻坚40218户！[EB/OL].（2020-01-16）[2021-01-16]. https://www.longi.com/cn/news/5648/.

[2] 隆基新闻.越南可再生能源局副局长点赞北京可再生水厂光伏项目[EB/OL].（2020-01-17）[2023-01-07]. https://www.longi.com/cn/news/5732/.

[3] 云南网."光伏"助推东川绿色低碳发展[EB/OL].（2022-01-09）[2023-01-09].https://yndaily.yunnan.cn/pad/content/202201/09/content_43219.html.

[4] 云南网.红河县利用光热资源发展产业绿色光伏照亮山区振兴路[EB/OL].（2021-07-21）

[2023-07-21].https://yndaily.yunnan.cn/html/2021-07-21/content_1427628.htm?div=-1.

[5] 清光水色满庭芳.光伏产业探究[EB/OL].（2021-09-04）[2023-09-04].https://baijiahao.baidu.com/s?id=1709977781770791313&wfr=spider&for=pc.

[6] 未来智库.光伏行业深度报告：全球长期增长空间开启，中国制造引领行业发展[EB/OL].（2021-04-01）[2023-05-02].https://baijiahao.baidu.com/s?id=1695821552793916136&wfr=spider&for=pc.

【思考题】

如何实现组织用户与个人用户购买绿色能源的偏好与持续购买力？

第十三章

绿色硅产业

在工业领域,硅被称为"工业味精""半导体之王""光伏产业的火车头"。硅产业包括硅光伏、半导体、有机硅、合金新材料等多个产业链,下游产业在国民经济中应用领域更为广阔,在我国经济社会发展中具有特殊地位。当前,中国已成为全球硅产业最大的生产国和消费国。云南硅矿藏量超过30亿吨,工业硅产量居全国前列,具备发展硅光伏全产业链得天独厚的条件。国家发展改革委印发施行的《西部地区鼓励类产业目录(2020年本)》中载明,云南省新增中西部地区"绿色硅产业"生产、精深加工及其应用的全产业链,2017年12月云南省人民政府出台《关于推动水电硅材加工一体化产业发展的实施意见》,2021年《云南省国民经济和社会发展第十四个五年规划和二〇三五年远景目标纲要》《云南省工业绿色发展"十四五"规划》提出要聚焦绿色硅产业的发展,依托水电清洁能源优势延伸硅产业链,积极构筑硅光伏、硅电子、硅化工和碳化硅产业链,深入推进绿色能源战略与绿色硅等先进制造业深度融合,打造"世界光伏之都",让绿色硅成为云南未来发展的核心竞争力。

一、硅产业链前后端关系解析

硅产业前端为硅石开采,上游为工业硅,中游主要为多晶硅、单晶硅、有机硅中间体及单体,下游为硅光伏(太阳能电池)、硅电子(半导体硅切片、芯片、集成电路等)、有机硅精深产品(硅橡胶、硅树脂和硅油)、硅合金等分支(图13-1)。

单晶硅片、电池组件,硅树脂、硅橡胶、硅油,电子元器件、芯片是硅产业链后端,光伏发电、集成电路、日用消费品是硅产业链的应用端。

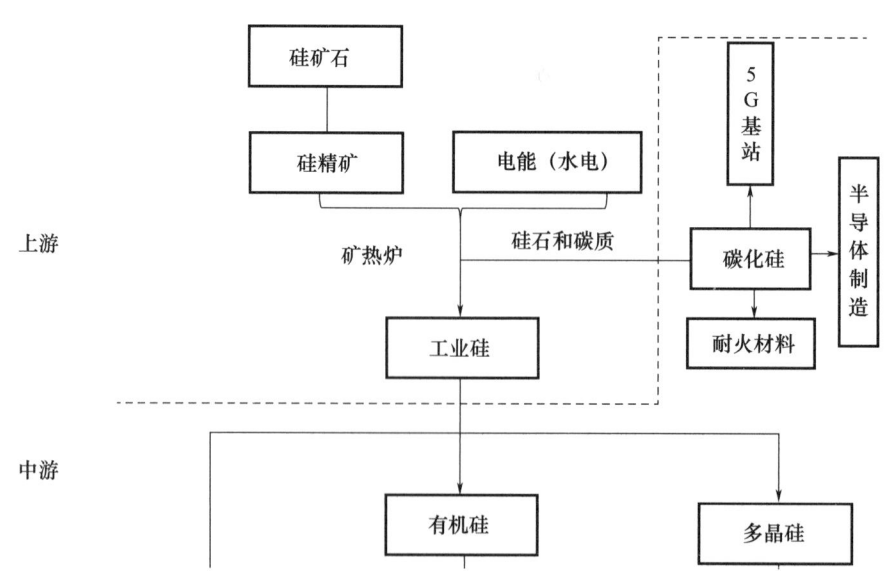

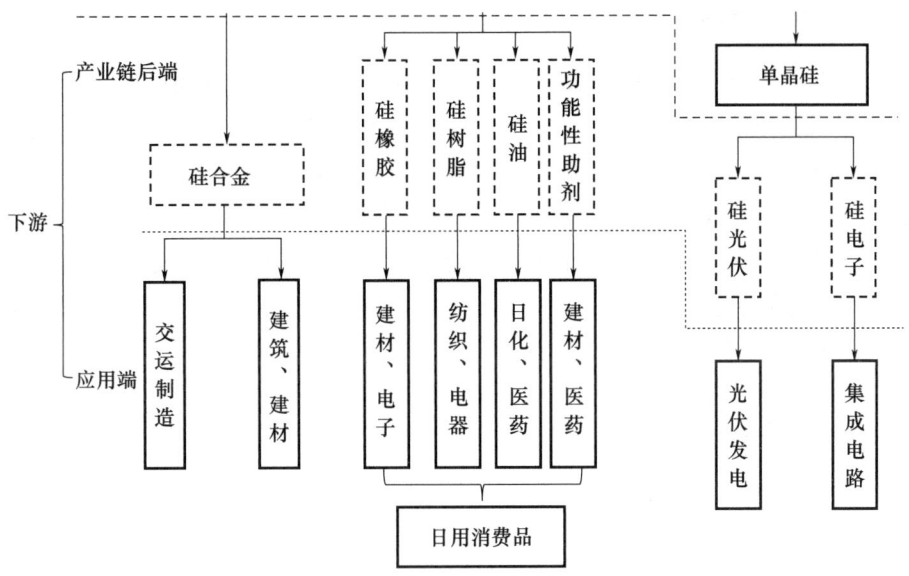

图 13-1 硅产业链总体发展导向图

（一）产业链的前后端关系

工业硅（金属硅）属于硅产业的前端产品，是多晶硅、单晶硅、有机硅等硅中端及下游产业最基础的原料。多晶硅又作为硅光伏、硅电子下游产业的二次原料。

（二）产品所属的行业类别

硅矿石的开采属于采矿业。

工业硅的提取阶段属于冶金产业。

工业硅到有机硅属于化工产业，有机硅的下游精深加工环节属于化工新材料产业，硅基新材料制造各类生活日用品属于消费品制造产业（轻工产业类别）。

工业硅到多晶硅属于化工产业，多晶硅到单晶硅、硅光伏属于装备制造产业，硅光伏发电属于新能源产业。

单晶硅制取硅半导体属于新材料产业，硅半导体制造各类电子产品属于电子信息制造产业。

硅产业的相关产品的进出口产业属于国际商贸业。

二、云南省硅矿、硅企、硅产业的现状

硅是半导体和光伏产业的基础原料，目前99%的半导体和95%的太阳能电池都是由硅制造的。截至2021年年底，全省建成工业硅产能130万吨，建成多晶硅产能5万吨、单晶硅棒93吉瓦、单晶硅片99吉瓦、电池片5吉瓦，有机硅单体20万吨。2022年1—11月，全年绿色硅产值预计将达1073亿元，增长130.9%。

（一）硅矿石格局

硅矿石作为工业硅冶炼的主要原料，占成本的 10%~15%，云南省是国内硅石矿分布较广、查明资源储量较多的省份。[①] 硅石矿主要分布在昭通地区及滇西的保山、德宏、怒江等州市，已探明硅藏量超过 30 亿吨，以年开采量 100 万吨计算，可开采 3000 年，主要特点是硅矿纯，品位好，杂质少，开采价值高。[②]

云南省硅石矿聚集度最高是在昭通市盐津县，占全省的 89%；其次是德宏州，占全省硅矿石资源的 7%，主要分布在陇川、潞西、盈江、梁河等地；最后是集中在保山市，占全省的 3%，主要分布于龙陵龙新至象达、昌宁大田坝至柯街一带。

（二）硅企格局

截至 2021 年年底，云南省绿色硅企业 18 家（见表 13-1）。

表 13-1　云南硅产业龙头企业统计表

序号	产业类别	龙头企业
1	硅光伏	丽江隆基、保山隆基、楚雄隆基、曲靖隆基、荣德新能源等
2	硅电子	闻泰科技、AST 硅片生产、安世半导体、锦州阳光、河北晶龙等
3	硅化工	合盛硅业、通威集团、云南能投等

（三）硅产业发展基本情况

云南省总面积约 39 万平方公里，占全国面积的 4.11%，具有丰富的自然资源和矿产资源，矿产资源主要以有色金属矿产资源为主，以及丰富的水电资源，为云南打造"绿色硅谷""光伏之都"奠定了基础，丰富的硅矿石资源与电力资源推动了云南水电硅材一体化发展。[③]

2018 年以来，按照省委、省政府打好"绿色能源牌"总体部署。云南省把促进水电清洁能源优势和硅资源优势、工业产业基础相结合，培育和引进行业领军企业，提升创新驱动能力，促进集群发展，积极推动绿色硅材产业一体化发展，着力提升云南产业链高质量发展水平。西安隆基、锦州阳光、河北晶龙、通威集团、晶科能源和江西宇泽等一批重点龙头企业陆续落地，绿色硅材加工一体化产业快速发展，"工业硅—多晶硅—单晶硅棒—单晶硅片—电池片—组件"光伏制造全产业链已基本形成，资源优势正

[①] 董娇雄. 走进中国工业硅产区系列（二）"绿色硅材，光伏之都"[EB/OL].[2022-02-09].https://news.mysteel.com/22/0530/18/O86F89C63D2074172.html.

[②] 云南滔滔江水背后的千亿产业——隆基入滇"路线图"[EB/OL].[2022-02-09].https://www.163.com/dy/article/DI5K1JQ00519LPER.html.

[③] 董娇雄. 走进中国工业硅产区系列（二）"绿色硅材，光伏之都"[EB/OL].[2022-02-09].https://news.mysteel.com/22/0530/18/O86F89C63D2074172.html.

逐步转化为经济优势。

2019年1月，云南省工业和信息化厅授予保山工贸园区硅基产业园、华坪工业园区石龙坝清洁载能产业示范园、禄丰工业园区金山片区、曲靖经济技术开发区南海子片区4个硅材聚集区"云南省水电硅材加工一体化产业示范基地"称号。

2020年，全省绿色硅材加工一体化产业实现产值约300亿元，连续2年实现倍增，拉动全省规模以上工业增速约1个百分点。绿色硅材一体化产业总消纳电量约90亿千瓦时，有力推动全省工业经济的快速发展。截至2020年年底，全省已建成投产水电硅材项目7个，完成投资153亿元，形成0.6万吨多晶硅、4.7万吨单晶硅、13吉瓦硅片、200兆瓦组件产能；在建项目10个，总投资176亿元，新增7.2万吨单晶硅、16吉瓦硅片、40万吨有机硅产能，实现坩埚、石墨等原燃辅料配套，项目全部建成达产后，将实现产值800亿元以上；全省工业硅总产能约130万吨（其中已建项目产能约50万吨，在建项目产能约80万吨）。

截至2020年年底，全省共建成单晶硅棒（片）产能约70吉瓦，约占全国产能的30%，"十四五"时期，将形成220吉瓦单晶硅棒、212吉瓦单晶硅片、70吉瓦电池片和20吉瓦组件的产能规模。[①]

2021年，保山通威一期、曲靖晶澳二期、能投有机硅一期等项目相继投产，建成多晶硅产能5万吨（通威一期）、单晶硅棒93吉瓦、单晶硅片99吉瓦、有机硅单体20万吨，全省绿色硅产业产值突破500亿元。

2022年1—11月，全年绿色硅产值预计将分别达1073亿元，增长130.9%。隆基、晶澳、晶科、通威等知名光伏企业促进了硅光伏产业链的延伸，单晶硅产量达18.57万吨、同比增长46.8%，云南成为全球最大的绿色单晶硅光伏材料生产基地。[②]

1. 工业硅格局

在保山、德宏、临沧、大理、丽江、怒江、曲靖、文山、玉溪等州（市）都有工业硅生产企业，云南工业硅生产依托"水电优势＋硅石矿资源优势"形成成本优势，集中在云南西部、西南部，以及东部地区，生产区域主要在德宏、保山、怒江等地区，且形成了产业链一体化发展格局。[③] 根据调研统计，云南已建成工业硅生产企业71家，其中德宏36家，保山11家，临沧7家，怒江7家，文山7家，大理2家，丽江1家。矿热炉161台，6300千伏安矿热炉10台于2018年年底淘汰，8000千伏安矿热炉2台，其余均为12500千伏安及以上，20000千伏安以上的矿热炉11台，产能103.6万吨，在建拟建的工业硅项目9个，项目新增产能36.6万吨。其中保山4项，昭通2项，曲靖

---

① 云南省国家鼓励类产业企业优惠政策新闻发布会[EB/OL].[2022-02-09]. https://invest.yn.gov.cn/ZWPublicInfo.aspx?id=19388.

② 昆明市工业和信息化局. 绿色能源与绿色制造双轮驱动　前三季度云南电力固投同比增105.1%[EB/OL].（2022-11-16）[2023-02-09].https://gxj.km.gov.cn/c/2022-11-16/4582704.shtml.

③ 董娇雄. 走进中国工业硅产区系列（二）"绿色硅材，光伏之都"[EB/OL].[2022-02-09].https://news.mysteel.com/22/0530/18/O86F89C63D2074172.html.

1项，德宏1项，临沧1项。建成后，矿热炉达到172台[①]，产能137.5万吨，产能和产量均位居全国第二位，能够为延伸发展多晶硅、单晶硅、硅基合金、有机硅以及下游硅光伏、光电子和精细化工等产业提供核心原料支撑。[②] 2021年全国产能500万吨左右，云南产能占比全国产能的26%，其中云南永昌硅业产量排名第一，年产工业硅10万吨。

全省工业硅总产能控制在130万吨以内，其中保山40万吨，占全省的30.8%。2020年年末，保山市有工业硅生产企业12家，生产工业硅22.36万吨，占全国工业硅产量190万吨的11.77%，占全省产量60万吨的37.27%。产值27.08亿元，增加值5.24亿元，在全省州（市）中排第一位。为延伸发展下游多晶硅和单晶硅等绿色硅材产业提供核心原料支撑。

从云南工业硅布局来看，云南工业硅发展充分利用了地域优势，实现水电硅材一体化建设，有效降低了生产成本，同时发挥了工业硅的历史基础，横向与纵向共同发展，更好地满足我国延向东南亚、南亚以及欧美国家的工业硅、有机硅以及光伏产品的进口需求。

2. 多晶硅格局

2022年，全省建成多晶硅产能近7万吨/年（见表13-2）。

表13-2 多晶硅项目产能

投产时间	项目名称	产能
2015年	云南冶金集团多晶硅产业化项目	3000吨/年
2017年12月	云芯硅材电子级多晶硅	7200吨/年
2021年12月	保山通威集团一期高纯晶硅项目	5万吨/年
2022年6月	大理立新硅材料有限公司多晶硅项目	1万吨/年

2021年12月，信义玻璃控股有限公司与云南省曲靖市麒麟区人民政府签订合作协议，投资230亿元推动信义多晶硅、光伏组件盖板、优质浮法玻璃生产项目落户曲靖，项目建成后，可实现年产20万吨多晶硅和2万吨白炭黑，日熔化1400吨浮法玻璃、2400吨光伏盖板。

2022年6月，信义硅业多晶硅一期项目年产6万吨多晶硅列入云南省2022年度省级重大项目清单。2023年2月，项目开工建设。

3. 单晶硅格局

2020年年底，全省已形成30万吨单晶硅拉制和41吉瓦切片生产能力，云南已经成为全球最大的绿色单晶硅光伏材料生产基地，并正在成为全球最大的绿色硅材加工一体化制造基地。2021年，隆基绿能、晶科能源等已建成单晶硅棒（片）产能73吉瓦，

[①] 2018年工业硅企业数据。

[②] 文山州硅全产业链发展规划（2021—2030年）[A/OL].[2022-02-09].http://www.ynws.gov.cn/info/5476/289493.htm.

其中保山隆基设计产能为21吉瓦,实际产量可达30吉瓦,单晶硅棒约4.69万吨(20吉瓦产能)(见表13-3)。

表13-3 单晶硅项目产能

投产时间	项目名称	产能
2017年8月	保山隆基一期单晶硅棒项目	年产5吉瓦单晶硅棒
2019年2月	曲靖阳光能源硅材料有限公司硅棒和单晶硅片项目	年产3000吨硅棒和1.22亿单晶硅片
2019年5月	曲靖阳光一期单晶硅及硅片项目	年产2吉瓦单晶硅及硅片
2019年9月	保山隆基二期单晶硅棒项目	年产6吉瓦单晶硅棒
2019年12月	曲靖晶龙电子材料有限公司单晶硅棒项目	年产3吉瓦单晶硅棒
2019年12月	楚雄隆基一期单晶硅切片项目	年产10吉瓦单晶硅切
2020年1月	宇泽半导体(云南)有限公司楚雄一期生产线	年产5吉瓦单晶硅棒和3吉瓦切片
2020年11月	曲靖隆基一期单晶硅棒和切片	年产10吉瓦单晶硅棒和切片
2020年12月	曲靖阳光二期3单晶拉棒及切片项目	3.6吉瓦单晶拉棒及切片
2020年12月	保山隆基三期单晶硅棒项目	10吉瓦单晶硅棒
2021年12月	丽江隆基一期单晶硅项目	6吉瓦单晶硅

2020年,曲靖经开区成功签约隆基二期、隆基年产30吉瓦单晶电池、阳光三期、晶澳二期等项目。2022年2月,大理湖南建鸿达实业集团有限公司年产10吉瓦单晶硅棒及单晶硅切片在项目签约落地。① 2022年4月,文山壮族苗族自治州与宇泽(江西)半导体有限公司签订框架协议,计划在广南县建设年产30吉瓦单晶硅棒及30吉瓦切片项目。2022年10月,楚雄市与宇泽半导体(云南)有限公司签约建设年产20吉瓦单晶硅拉棒和20吉瓦切片项目,项目全部建成达产后,楚雄市将形成50吉瓦单晶硅拉棒和50吉瓦切片产能规模。

2022年2月,宇泽半导体(云南)有限公司三期年产20吉瓦单晶硅拉棒及8吉瓦切片项目开工建设。2022年11月,宇泽半导体(云南)有限公司二期年产7吉瓦单晶硅棒和8吉瓦切片项目完成80%。

曲靖晶澳二期20吉瓦硅棒及切片项目、曲靖隆基年产10GW单晶硅棒和切片建设项目、祥云湖南建鸿达实业集团有限公司年产10GW单晶硅棒及单晶硅切片项目、大理立新硅材料有限公司年产1万吨再生硅材料项目列入云南省2022年度省级重大项目清单。

华坪隆基三期10吉瓦单晶硅棒生产线建设项目、楚雄市宇泽半导体(云南)有限

---

① 大理州工业项目集中落地祥云:找准支点撬动园区开发[EB/OL].[2022-02-09].https://aiqicha.baidu.com/yuqing?yuqingId=c9b787abfb62c290b1a7cbf429da37df&type=report.

公司年产 20 吉瓦单晶硅拉棒及 8 吉瓦切片生产线（三期）建设项目列入云南省 2022 年度"重中之重"项目清单。

4. 硅光伏格局

2019 年，全省建成投产硅光伏项目 11 个，已形成单晶硅棒产能 45.2 吉瓦、单晶硅片产能 31 吉瓦、光伏组件产能 200 兆瓦。在建拟建项目 11 个，预计将新增多晶硅产能 18 万吨、单晶硅棒产能 35.6 吉瓦、单晶硅片产能 46.6 吉瓦、光伏组件 10 吉瓦。

曲靖市成为云南省光伏产业基地，2022 年 1—7 月，全市硅光伏产业实现产值 117.9 亿元，同比增长 377.1%；实现增加值 28.1 亿元，同比增长 292.7%。[①] 目前已引入西安隆基、晶澳科技、阳光能源等行业龙头企业 3 家、配套企业 5 家；建成投产项目 5 个，形成硅棒产能 40 吉瓦、切片产能 40 吉瓦；在建项目 2 个、产能 40 吉瓦硅棒及切片。2022 年，曲靖市硅光伏产业主产业链已经基本布局完成，集群化已初步形成。上游环节包括多晶硅料、单晶硅棒及多晶硅锭、单晶及多晶硅片，中游环节包括单晶及多晶电池片、晶硅组件、薄膜光伏组件，下游环节包括逆变器及光伏发电系统。围绕"多晶硅—单晶硅棒—单晶硅片—电池片—组件配套产业光伏电站"全产业链，截至 2022 年 7 月，曲靖市硅光伏产业，上游现已建成 40 吉瓦硅棒及 40 吉瓦切片产能，在建产能 40 吉瓦硅棒及 40 吉瓦切片，包括阳光能源三期年产 20 吉瓦单晶硅棒及 10 吉瓦切片项目、隆基二期 20 吉瓦硅棒。信义多晶硅光伏玻璃项目、晶澳三期年产 10 吉瓦高效电池和 5 吉瓦高效组件项目，目前正有序推进中。已签约项目主要处于产业链上游、中游以及配套产业，包括宇泽 20 吉瓦硅棒及切片项目，常州高特新材料有限公司年产 5 万吨专用光伏辅材项目，浙江嘉鸿塑业科技有限公司年产 500 万套光伏配套包材生产项目，石金科技碳纤维复合保温材料生产项目，陕西宝德赛肯硅泥回收项目。正在积极洽谈项目主要集中于产业链中下游，包括隆基股份年产 20 吉瓦组件项目、阿特斯阳光电力有限公司、东方日升新能源股份有限公司组件项目等。全市已建成投产光伏发电项目 240 个，总装机 27.375 万千瓦。分别是集中式光伏发电电站 7 个，总装机 14 万千瓦；集中式光伏扶贫电站 3 个，总装机 10 万千瓦；村级光伏扶贫电站 190 个，总装机 3.355 万千瓦；光伏扶贫户用系统 40 套，总装机 0.02 万千瓦。在建集中式光伏发电项目 6 个，总装机 59.5 万千瓦，计划总投资 28.6 亿元，包含 29.5 万千瓦的 3 个金沙江下游"风光水储"基地项目和 30 万千瓦的 3 个"保供给促投资"光伏项目。

2021 年 12 月，楚雄州第一片高效太阳能电池片正式下线。晶科能源（楚雄）有限公司试样生产的第一片高效太阳能电池片正式下线，该电池片采用 PERC 技术，功率为 7.6~7.7 瓦，电池测试效率 23.2%~23.3%，初步达到预期目标，处于同期业内中上水平。目前，晶科能源（楚雄）有限公司已经形成 6 吉瓦高效太阳能电池片产能，2022 年 1—

---

① 曲靖市人民政府关于市政协六届一次会议第 272 号提案办理意见的函 [EB/OL].[2022-12-19]. http://gxj.qj.gov.cn/#/Article?id=6836.

9月已生产太阳电池片4吉瓦，实现产值39亿元。2022年1—9月，楚雄市绿色硅光伏产业实现产值66亿元。

5. 硅电子格局

2018年，昆明市引进云硅智能小镇、紫光芯云产业园等工业和信息化项目，2018年5月，云南城投集团开工在昆明高新区东区马金铺建设云硅智能科技小镇。重点发展硅半导体电子产业、电子信息制造产业（智能手机），辅助发展硅切片。建设成集5G手机芯片、电池、半导体封装测试、智能终端设备制造的半导体全产业链科技产业城。计划建设年产不低于2000万部智能终端整装生产线、年产600万片集成电路级大尺寸单晶硅、半导体分立器件芯片生产或封装测试、中低端手机芯片设计总部基地及PCBA版生产基地，硅电子产业链培育起步。

2021年7月23日，闻泰科技一期智能制造园区生产线投产后，首台"云南造"5G手机成功下线，标志着云南省首个产能超千亿级的5G制造园区诞生，向全球重要5G终端智能制造地迈进。2021年，闻泰实现工业总产值154亿元，跻身云南民营经济前三名。按照规划，未来，闻泰科技将加强产业链上游PCB、触摸屏等环节布局，通过强化下游整机制造和完善上游产业链配套两个路径，打造智能终端制造产业生态，使昆明成为全球重要的智能制造高地之一。

2021年，云南省人民政府、昆明市人民政府分别与华为签署战略合作协议，就落地华为云南区域总部达成一致。华为云南区域总部落地后，将建设集科研成果展示中心、信息技术应用创新中心、云南区域华为技术服务中心、华为生态合作中心等四维于一体的科技生态园区，围绕消费端、硬件端、内容端三大细分产业环节，打造区域信息辐射中心的核心区。2022年7月，昆明市土地和矿业权交易网公示显示，华为技术有限公司摘得昆明市某地块，将用于华为云南区域总部建设。

2022年4月27日，昆明市滇中新区、安宁市与上海杉杉锂电材料科技有限公司签订合作协议，在安宁工业园区建议年产30万吨硅基锂离子电池负极材料一体化项目，目前，项目正在加快推进，预计2023年8月投产。

当前，昆明市围绕"端、屏、算、光"（智能终端、显示屏、算力设备、光电器件）四大领域，积极承接发达地区电子信息制造业转移，提升电子信息产业规模和竞争力，2021年，全市电子信息制造业实现产值279亿元，同比增长11.1%，占规模以上工业总产值比重达5.7%。12家电子信息制造业企业年产值突破亿元大关。其中，闻泰科技5G智能终端制造项目投产，2021年生产智能手机超过900万部，实现产值超过150亿元。积极引进摄像头模组、电芯、声学器件、连接器等供应链配套企业，拓展智能穿戴设备、智能家居、车用智能网联终端等产品，推动昆明智能终端制造业迅速上规模。云南浪潮智能制造生产基地正式投产，成为云南省第一个落地、投产、运营的信息技术应用创新PC（个人电脑）、服务器生产基地，PC与服务器实现"国产昆明造"。依托京东方（创视界）、云南北方奥雷德光电等企业，建设硅基微显示国家级创新中心，推动现有8英寸/12英寸微显示器生产线持续投产，2021年生产产值超过 4000 万元。积极布局 Micro/MiniLED 等新型 LED 显示领域，并围绕上游硅基 OLED 驱动芯片、核心器件及材料、设备等领域完善产业链，做大新型显示产业规模。支持北方夜视、先导稀材等重点企业建设国家级先进光学加工中心，加快红外探测器、微光像增强器、微光整机等领域发展，打造西南地区最大的新型光电子器件和光模块制造基地。①

6. 有机硅格局

目前，云南的大型有机硅项目有云能化工 40 万吨/年单体及配套项目、云南合盛硅业有限公司水电硅循环经济 80 万吨有机硅配套 80 万吨工业硅项目、云南众合硅基新材料有限公司年产 8.5 万吨有机硅新材料项目。

（1）云能化工 40 万吨/年单体及配套项目

2019 年 3 月，云南能投集团与云南煤化集团共同投资，在曲靖沾益工业园区建设年产 40 万吨有机硅项目。项目总投资 42.7 亿元，占地 106.67 公顷，分两期建设，每期 20 万吨。一期项目已于 2019 年 12 月开工建设、2021 年 7 月投产；二期项目 2021 年年底开工建设。主要生产硅橡胶、硅油、硅树脂及硅烷偶联剂四大类产品。下游产业链可延伸至日化用品、医疗、汽车、航空航天、电气电子、建筑等领域。每年消耗盐酸 5.5 万吨、工业硅 10 万吨、甲醇 22 万吨、纯碱 4500 吨及氢气 1000 吨，项目全部建成投产后单体产能排名全国第三，预计年产值可突破 300 亿元，实现利税 20 亿元，提供就业岗位 5000 个以上。已签约有机硅产业项目 11 个。

2022 年 8 月，云南省有机硅绿色制造工程研究中心揭牌仪式在云能硅材年产 40 万吨有机硅项目举行。

目前，沾益工业园区的云能硅材一期年产 20 万吨有机硅生产装置成功产出产品。②

（2）云南合盛硅业有限公司水电硅循环经济 80 万吨有机硅配套 80 万吨工业硅项目

2019 年 12 月 5 日，合盛硅业与云南省人民政府签署了《战略合作框架协议书》，携手打造绿色水电硅材加工一体化基地。在云南昭通建设合盛硅业昭通水电硅循环经济项目，实施内容包括年产 80 万吨有机硅单体（含配套 80 万吨工业硅、50 万吨煤制有机原料）及硅氧烷下游深加工项目。2022 年 5 月，项目开工建设，项目的建设内容主要为：80 万吨有机硅单体，配套 80 万吨工业硅及 60 万吨洁净型煤加工。项目分为两期建设，其中一期建设内容为 40 万吨有机硅单体装置，并配套 38 万吨工业硅及 60 万吨洁净型煤加工；二期建设 40 万吨有机硅单体装置，并配套 32 万吨工业硅。项目建成后的最终产品包括：有机硅单体、含氢硅油、107 胶、混炼气相胶、混炼沉淀胶、高沸硅油、三元共聚硅油、密封胶、二甲基硅油等。

---

① 昆明市工业和信息化局关于昆明市第十五届人大一次会议第 151233 号建议答复的函 [EB/OL]. [2022-02-09].https://gxj.km.gov.cn/c/2022-07-11/4445263.shtml.

② 沾益：抓牢重点项目引擎 激发高质量发展新动能 [EB/OL].[2022-02-09].https://baijiahao.baidu.com/s?id=1720391364523948544&wfr=spider&for=pc.

（3）云南众合硅基新材料有限公司年产 8.5 万吨有机硅新材料项目

云南众合硅基新材料有限公司年产 8.5 万吨有机硅新材料项目是沾益工业园区花山片区有机硅产业园引进的第一家有机硅下游产品企业。该项目主要依托云能投 40 万吨有机硅材副产品发展下游配套产业链，是有机硅产业链强链延链补链的重要一环，项目的投产，开启了有机硅产业园向精深加工领域的拓展。2022 年 9 月，项目完成管廊主体结构全段贯通。

7. 碳化硅格局

2017 年 11 月，由中国钢研科技集团有限公司与保山硅基产业园合作投资 32 亿元的中科钢研碳化硅、碳化硅电力电子芯片和器件碳化硅项目在保山硅基产业园龙陵"园中园"举行开工仪式。

目前，云南省开展碳化硅生产的企业主要有彝良云港硅业公司、云南省盈江星云有限公司碳化硅微粉分公司、禄劝德力碳化硅制品有限公司、云南省石林碳化硅制品厂、石林剑峰碳硅制品有限公司。

2022 年 6 月，云南省科技厅印发《重点产业关键核心技术攻关行动方案（2022—2025 年）》，将碳化硅作为要重点支持研发的战略新材料。

三、云南省硅产业 SWOT 分析

云南认真贯彻落实习近平总书记考察云南时的重要讲话和重要指示精神，努力把云南建设成为我国面向南亚、东南亚辐射中心，深度融入"一带一路"建设、长江经济带发展等国家重大发展战略，加快对接落实 RCEP 规则，深度拓展融入 RCEP 大市场，努力构建云南全方位开放新格局，联通中国与东南亚、南亚、东亚三大市场，与各邻近国家建立互利、共赢合作关系，云南将更深程度融入世界经济体系。

（一）硅产业发展优势分析（Strength）

1. 区位优势突出

云南是中国通往东南亚、南亚的窗口和门户，地处中国与东南亚、南亚三大区域的接合部，共有 27 个口岸，其中一类口岸 21 个、二类口岸 6 个，与缅甸、越南、老挝三国接壤；与泰国和柬埔寨通过澜沧江—湄公河相连，并与马来西亚、新加坡、印度、孟加拉国等国邻近，是我国毗邻周边国家最多的省份。从云南向东可与珠三角、长三角经济圈相连；向南延伸，可通过建设中的泛亚铁路东、中、西三线直达河内、曼谷、新加坡和仰光；向北可通向四川和中国内陆腹地；向西可经缅甸直达孟加拉国吉大港沟通印度洋，经过南亚次大陆，连接中东，到达土耳其的马拉蒂亚分岔，转西北进入欧洲，往西南进入非洲。目前全面建成的 11 条出入境公路、10 条出入境铁路和 3 条出入境水运航道，让云南汇集西南、华南地区对南亚、东南亚的大部分进出口物流，并由此成为第三亚欧大陆桥东段最重要的枢纽。

云南公路、铁路、航空和水运网络日趋完善，初步形成通往东南亚、南亚、东亚国家的3条便捷的国际大通道。一是西路通道，沿滇缅（昆畹）公路、中印（史迪威）公路和昆明至大理的铁路西进，有多个出境口岸，可分别到达缅甸密支那、八莫、腊戍等地，并直达仰光；还可经密支那到印度雷多，与印度铁路网连接后通往孟加拉国的达卡、吉大港和印度的加尔各答港。泛亚铁路西线中缅通道境内段大瑞铁路加快推进，大临铁路已开通运行。二是中路通道，由澜沧江—湄公河航运、昆明至打洛公路、昆明至曼谷公路和西双版纳机场构成，通往缅甸、老挝、泰国并延伸至马来西亚和新加坡。2008年3月21日，昆明至曼谷国际大通道中国路段全线贯通；2021年12月2日，泛亚铁路中线中老铁路（昆明至万象）建成通车，从昆明至景洪仅需3小时左右，至老挝万象10小时左右。从昆明通往老挝、越南和缅甸的高速公路境内段已全线贯通，境外段中老高速万荣至万象段已建成通车。三是东路通道，以现有滇越铁路、昆河公路及待开发的红河水运为基础，通往越南河内、海防及其南部各地。2009年11月1日，中越双方联合设计建造的中越红河公路大桥正式通车，该桥与新河高速、蒙新高速相连接。红河公路大桥与中越铁路大桥、南溪河公路大桥一起构成连接中越两国交通网络的重要枢纽。泛亚铁路东线中越通道境内段全线建成通车，境外段实现米轨直通、准米轨换装联运。2013年5月30日，中国第四条能源进口战略通道中（滇）缅油气管道全线贯通，包括原油管道和天然气管道，使海上进口原油和缅甸天然气资源原油运输绕过马六甲海峡，从西南地区输送到国内。同年9月30日，中（滇）缅油气管道开始输送天然气。全省运营民航机场15个，始发航线近500条，开通南亚东南亚通航点数量居全国第一，实现南亚、东南亚国家首都和重点旅游城市全覆盖；澜沧江—湄公河国际航运货运潜力持续释放。

2. 矿产资源丰富

云南被称为"有色金属王国"，现已发现各类矿产150多种，探明储量的矿产92种，其中25种矿产储量居全国前三位，54种矿产储量居全国前十位，居全国首位的矿种有锌、石墨、锡、镉、铟、铊和青石棉。云南矿产资源共有九大类：黑色金属矿产、能源矿产、有色金属及贵金属矿产、化工非金属矿产、稀有及稀土矿产、特种非金属矿产、冶金辅助原料矿产、建材非金属矿产及彩石矿产等。

3. 能源体系完备

云南现代能源产业体基础设施不断完善，供给能力大幅跃升。国家水电基地基本建成，全省电力装机跃上1亿千瓦台阶，居全国第七位，2020年年底，水电装机已达7556万千瓦，居全国第二位；金沙江、澜沧江流域已投产大型水电站20座，装机累计4599万千瓦；昭通页岩气勘探开发取得突破，累计产气超过1亿立方米；区域性国际能源枢纽已具雏形，中缅油气管道稳定运行，成为我国第四大能源进口通道；原油、成品油、天然气三大管网格局基本形成，全省油气管道总里程超过6000千米。风能、太阳能、地热、生物质能等新型能源具有很大的资源优势，风电装机容量为70万千瓦，有效风能密度可达160瓦/平方米以上，太阳能可开发储量的76%，有效利用时数可达6000小时；省内124个县有地热天然露头点共654处，居全国之首；累计天然热流量

16.4 万大卡 / 秒，全国名列前茅。

综上，云南省具备硅石资源和电力资源两方面的优势，从而将电力优势和资源优势充分结合，就地转化为经济优势，为全省工业经济发展提供新的增长点。

（二）硅产业发展劣势分析（Weakness）

1. 产业体系不健全，产业链条短

由于受技术、人才、资金和产业政策等因素影响，目前我省硅产业发展极不平衡，仅曲靖市的硅光伏产业链相对完善，其他工业园区只完成产业链的部分产品，全省有机硅、硅电子还处于初级阶段，产业链的后端产品种类单一，碳化硅产业链方向的发展还处于起步阶段，产能小。

2. 产业链招商引资难度大

目前围绕光伏硅、硅电子、有机硅中下游引进的项目少、项目储备不足的状况仍然突出。洽谈、签约项目多，但实际能够落地的项目少，如有机硅和碳化硅项目。且受全球市场价格、产业政策等不确定因素，支持千亿级产业的压力较大。

3. 要素保障能力不足

在调研中，企业反映了如下问题：一是工业园区基础设施配套薄弱，政府配套能力不足，与硅产业相关的产业功能板块规划不足。二是融资渠道不畅，导致在建项目建设推进协调困难大、工期慢。三是承接产业及产业链配套成本（PPP 运营费用）高，运营压力大。四是项目建设的土地、林地、用能、用电等指标不足，制约产业链项目的落地。五是地方政府签订的部分招商引资优惠政策，由于地方财政压力造成兑现困难和滞后，不利于后续进一步扩大招商引资和全产业链发展。

4. 人才队伍严重短缺

产业发展离不开人才实力，需要建设一支结构合理、素质优良的创新人才队伍，激发各类人才的创新活力和潜力，让其掌握的知识和技能应用于企业建设中，促进企业改革发展和科技进步，发挥企业的经济效益。硅产业的发展需要大量的科技人才，目前专业技术人才和从事制造加工工艺的专业人才严重短缺，用工成本高导致招工难，工作强度大导致人员流动大。

（三）硅产业发展机遇分析（Opportunity）

1. 产业政策带来发展机遇

国家先后出台《中国制造 2025》《智能光伏产业创新发展行动计划（2021—2025 年）》等多部促进硅产业发展的政策文件和战略规划，明确将硅及其下游精深加工产业作为鼓励类产业，同时作为国家战略性新兴产业。云南省也出台《云南省人民政府关于推动水电硅材加工一体化产业发展的实施意见》《关于加快光伏发电发展若干政策措施》《云南省"十四五"制造业高质量发展规划》《云南省光伏产业发展三年行动（2022—2024 年）》《云南省产业强省三年行动（2022—2024 年）》《云南省"十四五"产业园区

发展规划》《云南省智能光伏电站装备产业发展三年行动计划（2022—2024年）》等文件和规划，将水电硅材作为全省的主导产业，同时将硅基新材料作为全省八大产业之一的新材料产业发展的重点类别。以上产业政策和发展战略都为硅产业园区产业发展带来了很大的机遇。

2. 硅产业研发人才培养进一步推动

云南省瞄准世界一流水平，深化与国际国内高校、科研院所及知名企业合作，引进高水平专家和团队，依托昆明理工大学等高校和科研院所建成的"硅冶金与硅材料省级创新团队""云南省硅材料工程技术研究中心""云南省高等学校硅冶金与硅材料工程研究中心""硅材料国际合作研究室"等平台，组建硅材及加工应用研究院，推进国家级工程研究中心建设。

3. 州（市）重视绿色硅产业发展

昆明市、楚雄州、保山市、文山州、德宏州等州（市）积极开展硅产业前期工作，已委托相关单位编制硅产业的相关规划。各园区相关部门已启动总规、环评、安评等，对园区重大项目采取"一企一策、一事一议"的形式，对在园区投资的产业性项目实行帮办制度和跟踪服务责任制。

4. 国际国内硅产业市场需求扩大

自《巴黎协定》签订以来，世界能源格局变化巨大，绿色低碳成为国际能源主流发展路线，秉承清洁低碳发展理念已是大势所趋。

光伏产业作为具有重大开发价值的新能源产业，其清洁高效及可持续利用的特点使得各国都先后投入至该产业的开发与利用中，预计光伏产业将成为未来新能源领域的核心主导产业。

硅电子产业已经提升至国家战略层次。未来要坚持创新发展，着力突破电子级多晶硅、单晶硅生产的关键核心技术，促进硅产业向高端迈进，满足我国集成电路、高端芯片等现代制造业发展。

有机硅在越来越广阔的领域展示其优越性能并发挥作用，新材料、生物医疗、新能源、高端装备制造及日用品等新兴应用领域对有机硅的消费需求均保持年均增长率10%~15%的快速增长。

综上，国际市场和国内市场需求都为各类硅产业带来了巨大的市场前景。

5. 新一轮科技革命和产业变革为云南原材料工业发展注入了新动能

"十四五"期间，新一轮科技革命和产业变革加速演进，5G、人工智能、工业互联网等成为原材料工业发展的新型基础设施，云计算、物联网、智能终端等数字技术成为原材料企业竞争力的核心要素，提高智能生产、智能管控、智能服务等方面能力，渗透到研发设计、生产制造、过程管理等各个环节，促进产业链协同创新，催生和孕育出新业态和新模式。

6. 双循环新发展格局为云南原材料工业发展指出了超越引领新路径

"十四五"期间，我国将构建以国内大循环为主体、国内国际双循环相互促进的新发展格局，深刻影响国内产业资源配置、集群区域布局、产业结构升级。云南作为连接东南亚的战略支撑点和交通枢纽，发挥区位优势、资源优势、开放优势，积极主动融入双循环新发展格局，紧抓国内国际两个市场，吸引全球优质要素资源，以创新驱动、高质量供给引领和创造新需求，是云南原材料工业抢占未来发展制高点、融入新发展格局的必由之路。

7. 战略性新兴产业的深化发展为云南原材料工业发展带来新空间

随着国家对战略性新兴产业支持力度的不断加大，新一代信息技术、高端装备制造、节能环保、新能源等领域将快速发展，为高性能合金及其制品、高性能特种钢材、无机非金属新材料及其制品等各领域提供广阔的市场空间，特别是在5G、大飞机、新能源汽车等新技术新产业革命的作用下，硅产业将进入新一轮发展期。

8. 乡村振兴和消费升级战略的实施为云南原材料工业发展提供新需求

随着乡村振兴战略的实施，高效节能工程、农村环境问题治理等领域，也将为原材料工业带来新的需求和机遇。同时，随着城乡居民收入水平提高、消费需求不断升级，消费者对产品高品质的需求，材料的优良性能和稳定品质尤为重视，要求原材料工业加大研发力度，向高端化和绿色化方向发展，生产出多功能、高品质的材料产品，以满足消费者不断呈现的新需求。

9. 《区域全面经济伙伴关系协定》（RCEP）的签订为云南原材料工业发展提供了更高水平对外开放的新平台

随着我国"一带一路"深入推进，特别是RCEP的正式签署，我国将进一步扩大对东南亚的市场开放。云南省地处中国经济圈、东南亚经济圈和南亚经济圈交接处，抓住RCEP签署重大机遇，对外主动参与中国—中南半岛经济走廊，孟中印缅经济走廊，中缅、中越、中老经济走廊建设等对外基础设施建设，扩大云南原材料工业市场空间，加快产能、产品、产业"走出去"，积极参与和推动南亚、东南亚国家产业链供应链保障合作。

（四）硅产业发展挑战分析（Threats）

1. 资源开发与环境保护的矛盾

随着工业化和城镇化进程加快，资源承载力和环境容量约束将进一步显现，"十四五"期间，我国将实行更严格的资源管理、节能减排政策，在资源利用、能源消耗、环境保护等方面要求更加严格。原材料工业是碳减排的主战场，是实现我国"3060"目标的关键领域。为实现"双碳"目标，原材料工业亟须加快构建绿色低碳体系。同时，云南部分地区资源开发超环境容量，产业结构升级面临的环境压力越来越大，土地、劳动力等生产要素价格持续上升。因此，努力构建高效、清洁、低碳、循环的绿色制造体系，已成为新时代云南原材料工业发展的核心任务。园区产业必须切实转变发展方式，优化产业空间布局，更加注重资源集约利用和环境保护，实现可持续发展。

2. 经济发展的不确定因素增加

目前，全球经济复苏遭遇新挑战，未来经济前景存在诸多风险，不确定性、不稳定性因素增多，联合国发布的《2023年世界经济形势与展望》预测，2023年世界经济增长将从2022年的约3%降至1.9%。从国际上看，全球经济形势依然错综复杂、充满变数，受全球贸易争端、需求下降、投资疲软等各种不利因素影响，经济增长动能不足；从国内来看，中国经济持续经受供给冲击、需求收缩、预期转弱三重压力的考验；从省内来看，全省经济平稳快速增长的基础还不牢固，基础设施依然滞后，软环境还有待进一步改善，资金瓶颈等矛盾依然突出。

3. 州市间硅产业的互补性不足

目前云南省硅产业主要布局在昆明、曲靖、楚雄、昭通、保山和文山等地，其中昆明高新区主要发展硅电子半导体材料，曲靖经开区、楚雄禄丰主要发展硅切片和硅光伏、电子级单晶硅，昭通昭阳和曲靖沾益主要发展有机硅，保山隆阳区主要发展多晶硅、单晶硅和硅光伏。全省硅产业布局存在布点的重叠性，地区产业之间上下游链接不紧密，差异化发展竞争优势不突出。

综上可见，云南的区位优势、硅石资源的储量以及硅产业现有的基础，使硅光伏、硅电子、有机硅的发展机遇与挑战并存，优势与短板同在。但总体而言，优势大于劣势，机遇大于挑战，只要坚持突出优势、把握机遇、抓住机遇，就能迎接挑战、克服劣势、战胜困难，硅产业发展将取得更大成就。

四、云南省硅光伏、硅电子、硅化工和碳化硅产业建设思路

根据《云南省人民政府关于推动水电硅材加工一体化产业发展的实施意见》《云南省"十四五"原材料工业发展规划》《云南省国民经济和社会发展第十四个五年规划和二〇三五年远景目标纲要》《云南省工业绿色发展"十四五"规划》等对绿色硅产业发展做出的规划，依托现有产业基础和资源分布情况，通过现有企业转型升级和招商引资，围绕"硅光伏、硅化工、硅电子"等细分领域，按照"优化提升硅光伏产业链、大力培育硅电子产业链、着力构建硅化工产业链、积极推进碳化硅产业链、不断增强研发创新能力"的发展思路，着力突破硅基材料产业关键核心技术和工艺，大力研发推广高端、高质、高效技术产品，促进云南省绿色硅产业精深加工和终端制造。

按照《云南省"十四五"原材料工业发展规划》"一核、两带、多点"的产业空间布局"，以昆明为全省硅材料工业创新核心区，推动曲靖、玉溪、楚雄围绕硅产业上下游协调联动发展，以资本和技术密集型产业为导向，重点发展绿色硅中下游及配套产业，提升产业综合竞争力和辐射带动能力，促进全省原材料工业转型升级。在保山、大理、临沧、德宏主要发展绿色硅中上游产业，在怒江打造硅上游基础原材料基地，在丽江打造光伏硅晶材料制造基地，在昭通打造硅基新材料产业基地。按照《云南省"十四五"制造业高质量发展规划》，重点在曲靖市、楚雄州、保山市、昭通市、丽江市发展绿色硅精深加工。曲靖市、楚雄州重点发展绿色硅精深加工产业。保山市、昭通市、丽江市重点发展以绿色硅精深加工等为代表的新材料产业。

（一）理论依据

1. 产业梯度转移理论

梯度转移理论源于弗农提出的工业生产的产品生命周期理论。不发达国家和地区的"核心与边缘"或"中心与外围"构成了该区域的"二元经济结构"。产业技术与经济在核心与边缘区、中心与外围区之间存在一定顺序的梯度递减关系。技术水平高的区域在经济和技术发展到一定高度时，就存在产业结构升级的需求和技术产品生命周期老化的现象，其相应产业就会按照梯度的递减关系逐渐向边缘地区进行转移，带动边缘地区的技术水平提高。

2. 产业发展增长极理论

增长极理论最早由法国经济学家佩鲁提出，指经济增长在不同部门、行业或地区，呈现以不同速度不平衡的增长趋势。主要原因在于某些推进型产业（主导部门或企业）在某些地区或大城市聚集和优先发展而形成的生产、贸易、信息、人才等经济要素和经济活动中心恰似一个"磁场极"，能够产生较强的吸纳辐射作用，不仅促进自身的发展，还通过吸引和向外扩散作用带动其他部门和所在地区以至周围地区的经济增长。

"增长极"有两个含义：一是在地理含义上指区位条件优越的地区；二是指具有创新能力、规模大、增长迅速、关联效应大的推进型主导产业部门。根据增长极理论，欠发达地区市场机制不完善，资本稀缺，信息不充分，因此，应把有限的人力、财力、物力投入区位条件较好的地区和重点部门，形成积聚经济，使之具有能在短期内促进特定地区经济增长的作用，从而影响和带动周边经济增长与发展。

3. 韦伯工业区位理论

该理论由德国经济学家韦伯提出，其核心就是通过对运输、劳力及集聚因素相互作用的分析和计算，找出工业产品的生产成本最低点作为配置工业企业的理想区位。

（1）以运输成本定向的工业区位分析工厂企业自然应选择在原料和成品二者之间总运费为最小的地方，只有在原料、燃料与市场间找到最小运费点，才能找到工业的理想区位。

（2）劳工成本影响工业区位趋向的分析使用单位原料或单位产品等运费点的连线即等费用线的方法加以分析。同时，还考虑了劳工成本指数（每单位产品的平均工资成本）与所需运输的（原料和成品）总质量的比值即劳工系数的影响。

（3）集聚与分散因素影响工业区位的分析促使工业向一定地区集中的因素，又可分为一般集聚因素和特殊集聚因素。

（二）硅产业发展思路

1. 优化提升硅光伏产业链

按照云南省人民政府《关于加快光伏发电发展若干政策措施》《云南省光伏产业发展三年行动（2022—2024年）》的发展规划，优化提升硅光伏产业链。

将曲靖打造成为光伏产业核心区，推动保山、楚雄、丽江、昭通等重点地区实现错位发展，带动大理、德宏、昆明、红河等具备发展潜力及配套能力的地区协同发展。发挥大理州滇西区位、物流优势，联动周边重点发展区，引导光伏制造项目向祥云经济技术开发区集约布局。优化整合德宏州工业硅产能，结合资源、环境承载力和出口通道优势，与周边重点发展区协同联动，合理推动光伏制造项目向园区有序布局。发挥昆明市制造业基础和比较优势，重点发展电池片、组件、逆变器、智能光伏产品等，与产业核心区、重点发展区耦合共生、融合发展。依托红河州有色、稀贵金属产业基础和中国（云南）自由贸易试验区红河片区优势，围绕出口导向及配套环节，联动重点光伏产业园区发展。

以曲靖经开区、禄丰产业园区、保山产业园区、华坪产业园区、蒙自经开区、安宁产业园区等为主，加快发展硅光伏产业。

以提高电池光电转化效率为目标，重点开展高纯晶硅、高效率大尺寸光伏行业用单晶硅片关键技术与装备研发，突破高效单晶产品核心技术，提高产品薄片化、高效化；引进下游光伏组件、光伏电池生产等深加工企业，构建完善的"光伏级多晶硅—单晶硅—硅片—电池片—组件"硅光伏产业链，建立完备的光伏玻璃、边框、银浆、高纯石墨、高纯石英、逆变器等硅光伏产业配套体系，基本建成"光伏之都"。做强做大硅光伏制造产业，推进智能光伏产业链技术创新，加快大尺寸硅片、高效太阳能电池及组件等的研制和突破。充分利用全省光伏组件等产能优势，探索发展光伏+5G通信、光伏+储能、光伏+新能源汽车、光伏+建筑、光伏+制氢等多元化新应用场景，着力构建"绿色能源—绿色硅光伏组件—绿色光伏应用"循环经济产业链，进一步打响"绿色能源牌"。

打造光伏产业集群和战略基地，具体规划见表13-4。

表13-4　光伏产业集群和战略基地

核心布局	重点产业
曲靖高新技术产业开发区、楚雄高新技术产业开发区、曲靖经济技术开发区、云南昭阳经济技术开发区、云南禄丰产业园区、云南保山产业园区、云南祥云经济技术开发区、云南华坪产业园区、云南龙陵产业园区	光伏产业集群和战略基地，打造"光伏之都"
曲靖经济技术开发区	承接硅光伏产业链，打造除工业硅外的硅光伏全产业链产业集群。发挥曲靖经济技术开发区光伏产业基础和龙头企业带动作用，延长产业链，提高附加值。推动光伏产业协同发展，以当地化工园区为支撑，结合电力供需形势有序发展多晶硅，巩固提升单晶硅棒（片）环节优势，补齐光伏下游及配套产业短板，加快形成并扩大电池片和组件产能规模，加快实现全产业链发展
曲靖高新技术产业开发区	承接硅光伏产业链，打造除工业硅外的硅光伏全产业链产业集群。推动光伏产业协同发展，以当地化工园区为支撑，结合电力供需形势有序发展多晶硅，巩固提升单晶硅棒（片）环节优势，补齐光伏下游及配套产业短板，加快形成并扩大电池片和组件产能规模，加快实现全产业链发展

续表

核心布局	重点产业
楚雄高新技术产业开发区	重点发展以单晶硅棒、硅片、电池片等为主的硅产业集群。发挥单晶硅片产能规模优势及电池片引领优势，推动在建电池片项目加快建成投产，促进组件、逆变器等项目落地，完善配套产业，做优光伏制造中下游环节
云南禄丰产业园区	从单晶硅棒到电池片的中游产业集群。发挥单晶硅片产能规模优势及电池片引领优势，推动在建电池片项目加快建成投产，促进组件、逆变器等项目落地，完善配套产业，做优光伏制造中下游环节
云南昭阳经济技术开发区	发挥昭阳经济技术开发区及相关片区优质硅矿资源优势，推进化工园区及配套设施建设，适度有序推动光伏玻璃、石英坩埚等发展
云南保山产业园区	以多晶硅和单晶硅棒为主的上游硅材料产业集群。发挥保山产业园区多晶硅、单晶硅棒等上游产业规模优势，打通工业硅向多晶硅转化堵点，做强光伏制造中上游环节，因地制宜、合理有序延伸下游产业链
云南龙陵产业园区	上游硅材料、单晶硅棒产业集群
云南华坪产业园区	上游硅材料、单晶硅棒产业集群。增强华坪产业园区产业承载能力，推动单晶硅棒等在建项目加快建设，巩固提升单晶硅产业基础，引导企业扩产增效

2. 提升光伏硅生产技术

（1）多晶硅：支持低能耗、低成本多晶硅生产，提高产品质量和稳定性，扩大突破高纯电子级多晶硅。研究推广多晶硅生产、后处理等环节的自动化与智能化。推动建立多晶硅生产在线应急指挥联动系统。

（2）硅棒/硅片：支持大尺寸单晶硅棒拉制，提升单炉投料量。研究大尺寸、低损耗、超薄片切割技术。推广自动化生产线及物流线、全自动一体化检测设备、硅片打码读码设备，建立硅片信息追溯系统。

（3）晶硅电池：推广自动制绒、自动上下料、自动导片机、自动插片机、双面双测、在线缺陷分析等应用，提升工序间自动化传输和智能感知衔接能力。持续提升p型晶硅电池转换效率，开展n型TOPCon、HJT、IBC等高效电池的研发与产业化。

（4）光伏组件：支持开发应用多主栅、无损切割、高密度封装等高效组件生产技术，加快钙钛矿、叠层等新型电池组件研发与产业化。开发长寿命、高安全的BIPV光伏构件、光伏瓦，支持建筑屋顶光伏行动。研发推广组件生产自动化设备，加强组件尺寸统一标准制定实施。

（5）逆变器：开发基于宽禁带材料及功率器件、芯片的逆变器。提升逆变器系统安全性实时监测处理、在线PID抑制与修复、智能支架跟踪、高性能IV扫描诊断、组件级监控等智能化技术。建立逆变器质量追溯机制，提升逆变器制造效率和产品可靠性。光伏材料、零部件与装备。开发高质量封装胶膜、光伏玻璃和背板产品，开展高效封装用导电胶、异形焊带、智能接线盒等辅材辅料的研发与应用。推动新型高效电池用关键部件及关键设备产业化,开发柔性薄膜电池大面积均匀积沉技术。

3. 突出重点打造产业链

重点延伸和做强电池片,依托单晶硅棒(片)产能规模优势加快发展电池片,促进单晶硅片就地消纳,提高电池片环节竞争力。结合光伏发电资源和周边区域市场有序发展组件环节。优化整合上游工业硅产能,推动兼并重组,引导优质资源与高效产能匹配,提高产能集中度和技术装备水平,提升工业硅省内消纳比例。统筹优化多晶硅产能布局,对于正在洽谈或拟建的多晶硅项目,相关州、市在履行各项审批手续前,要深入论证建设必要性、可行性,落实相关安全准入条件,认真分析评估对能耗双控、碳排放、产业高质量发展、环境质量和电力供需形势的影响,省发展改革委、省工业和信息化厅、省能源局等加强指导、严格把关,避免"一哄而上"。发挥省内化工、石英砂、银粉、石化等现有企业的基础优势,完善资源、要素、园区配套,加快电子化学品、光伏玻璃、光伏银浆、胶膜等光伏配套产业发展。依托打造光伏制造全产业链带动光伏产品生产制造装备、光伏应用系统部件等关联产业协同发展,形成完善的硅料、硅片、装备、材料、器件等产业链条及配套能力。

4. 开展智能光伏产业创新提升行动

支持昆明、曲靖、楚雄、保山、昭通、丽江、大理、红河、德宏等州(市)结合地方实际,差异化布局多晶硅、光伏玻璃、电池片、组件、光伏建筑一体化(BIPV)、逆变器、支架、铝边框、银浆、背板等光伏产业链缺失、薄弱环节,优化产业布局,加快构建形成区域集中、产业集聚、优势互补、配套协同的光伏产业发展格局。

(1)加快推动技术创新研发。开展低能耗、低成本高纯晶硅、高效率大尺寸单晶硅片关键技术研发,提高产品低损耗、薄片化、高效化。支持提升 p 型晶硅电池效率,鼓励支持开展 n 型钝化接触电池(TOPCon)、晶体硅异质结太阳电池(HJT)、全背电极背接触异质结太阳电池(IBC)、钙钛矿、叠层等高效电池的研发与产业化,鼓励生产长寿命、高安全的 BIPV 光伏构件、光伏瓦等。引进生产高效封装用导电胶、异型焊带等辅材,提升电子浆料、光伏背板、光伏玻璃、电子化学品等关键光伏材料高端产业化能力。支持上下游企业以资本、技术、品牌为基础开展联合攻关,推进产业提质、降本、增效。依托现有产业基础和资源分布情况,通过现有企业转型升级和招商引资,在昆明、曲靖、昭通等州(市)布局 160 万吨左右的光伏玻璃生产项目和适度规模的光伏银浆,在曲靖布局建设 5000 万套组件用铝边框生产能力,引导并支持昆明布局建设 EVA(乙烯-醋酸乙烯共聚物)背板项目,满足 20 吉瓦光伏组件的关键辅料需求,打造产业配套优势。

(2)加强系统对接,深化全链合作。鼓励支持硅料与硅片企业,硅片与电池、组件及逆变器、光伏玻璃等企业,组件制造与发电投资、电站建设企业深度合作,支持企业通过战略联盟、签订长单、互相参股等方式建立长效合作机制,开展多方式产业链端合作机制。

(3)提高智能制造水平。推动光伏制造与工业互联网、人工智能、大数据深度融合，加强光伏产业智能工厂和数字化车间建设，鼓励企业有序开展智能化升级改造。研究推广多晶硅生产、后处理等环节的自动化与智能化；推广自动化生产线及物流线、全自动一体化检测设备、硅片打码读码设备，建立硅片信息追溯系统，提高光伏产品制造全周期信息化管理水平。

（4）实施全链条绿色、低碳发展。实施智能光伏电站装备产业清洁生产，引导企业围绕生产废弃物开展回收应用技术研究和装备技术研究，建立各环节废物利用回收系统。鼓励产学研合作，开展硅粉高值化再生硅碳负极材料研究及应用、退役光伏组件回收处理成套技术与装备研究。建立光伏电站装备产业链全生命周期管理和碳足迹核算。鼓励支持建设零碳工厂、绿色低碳园区。

（5）推进园区低碳生产。积极开展低碳技术创新应用，创新集群低碳管理，加强低碳基础设施建设。引导和支持企业创新污染防治技术，有效解决光伏生产环节有毒、有害废弃物排放。支持园区开展清洁生产改造和先进技术应用，创建绿色低碳示范园区、循环化改造示范园区、绿色低碳工业园区、生态工业示范园区。

（6）支持核心技术研发和成果转化。支持有研究实力的龙头企业、高校、科研院所等加强核心技术群（工艺环节节能减排、大规模并网、储能、光电转化、增大硅片尺寸等关键核心技术）的研发，通过核心技术研发达到延链补链强链的目的，对科技成果来源于省内高校、科研院所并在省内转化的项目，给予成果出让方和成果受让方各财政资金补助。

（7）支持创新研发平台建设。支持龙头企业牵头组建创新联合体，整合高校、科研院所及下游应用产业等创新资源，创建省级、国家级硅光伏产业（技术）创新中心。安排专项资金，支持在光伏领域创建研发平台，参与甚至引领技术、标准等的制定。

（8）落实好既有的项目投资协议，快速推进隆基曲靖二期、保山四期、丽江三期、楚雄三期和曲靖阳光三期、曲靖晶澳二期、楚雄宇泽二期三期项目建设，加强与在谈企业的沟通对接，争取尽早达成协议落地。到 2023 年年底，全省建成单晶硅棒产能 170 吉瓦单晶硅片产能 162 吉瓦，进一步提升在单晶硅光伏材料领域的规模优势。加快推进晶科能源楚雄 20 吉瓦电池片项目、隆基乐叶曲靖 30 吉瓦电池片项目建设，尽快启动隆基曲靖 20 吉瓦光伏组件项目，到 2023 年年底前形成 50 吉瓦电池、20 吉瓦组件生产能力，构建上下游协同发展优势。

5. 大力培育硅电子产业链

根据《云南省"十四五"原材料工业发展规划》《云南省产业强省三年行动（2022—2024 年）》围绕芯片制造、第三代半导体、航空航天、高端装备制造等领域，面向新一代电子信息、5G 通信等产业，推动核心基板材料、电子浆料及其基础材料（玻璃粉、陶瓷粉、贵金属粉末、有机载体）的研发，尽快实现低温共烧陶瓷用电子浆料、5G 通信元器件用电子浆料等产品的产业化。

（1）拉长新材料特色产业链条。大力发展硅基先进光电子微电子材料，面向半导体、电子信息、芯片制造和封装等领域需求，重点发展电子级多晶硅、碳化硅衬底单晶等电子信息新材料产品。

（2）优化电子信息产业布局。以昆明市、曲靖市、玉溪市、楚雄州、红河州、德宏州、保山市等州（市）为主，布局发展电子信息产业。依托昆明高新区做强上游电子浆料、电子信息材料产业，建设集大尺寸单晶硅片生产、半导体分立器件芯片生产、半导体封装测试、智能终端制造等为一体的集成电路产业和半导体元器件配套产业。依托昆明经开区、昆明空港经济区、玉溪高新区等，打造全国有机发光二极管（OLED）微型显示器生产基地。

（3）发展新一代半导体材料。以昆明高新区、昆明经开区、昆明空港经济区、玉溪高新区等为载体，培育和发展新一代半导体材料。结合已有基础，优先发展碳化硅等第三代半导体材料、新型硅基集成电路材料、12英寸硅抛光片和8~12英寸硅外延片、锗硅外延片等半导体材料。积极引进一批国内外知名企业和新型研发机构，发展超净高纯试剂、电子气体、高纯金属有机源、光刻胶、掩膜版、抛光材料、靶材等半导体材料。

（4）做优光电子微电子材料。加快推进6英寸碳化硅单晶片，ITO靶材项目建设。

（5）依托昆明高新区、昆明经开区、曲靖经开区、曲靖高新区等，发展以电子级多晶硅、单晶硅、电子元器件制造、集成电路和碳化硅制备技术开发和量产为核心的硅电子产业链，以云硅智能小镇为依托，积极培育和引进电子级多晶硅、碳化硅等硅电子材料生产加工企业。以云芯硅材电子级多晶硅为依托，努力构建电子级硅晶材料及切片、芯片设计、芯片制造、封装测试等相关多元配套的多规格、全流程硅半导体及电子元器件产业链和产业基地。重点支持闻泰5G智能终端制造项目投产和扩产，积极引进摄像头模组、电芯、声学器件、连接器等供应链配套企业，拓展智能穿戴设备、智能家居、车用智能网联终端等产品，推动昆明智能终端制造业迅速上规模。依托京东方（创视界）、云南北方奥雷德光电等企业，建设硅基微显示国家级创新中心，推动现有8英寸/12英寸微显示器生产线持续扩产。积极布局Micro/MiniLED等新型LED显示领域，并围绕上游硅基OLED驱动芯片、核心器件及材料、设备等领域完善产业链，做大新型显示产业规模。大力支持浪潮信息云南智能制造生产基地建设，持续提升服务器和PC产品制造能力，做大做强"昆明算力"，为打造面向南亚东南亚数据中心及核心通信节点提供算力基础设备支撑。大力支持北方夜视、先导稀材等重点企业建设国家级先进光学加工中心，加快红外探测器、微光像增强器、微光整机等领域发展，打造西南地区最大的新型光电子器件和光模块制造基地。①

6. 打造"1452"的5G产业格局

"1"是以5G通用芯片为1个战略突破，"4"是发展AAU（PCB集成电路板、滤波器、天线）、新型塔杆基础设施及服务、光纤光缆、小微基站等4个产业，"5"是在智慧医疗、智慧旅游、工业互联网、智慧城市及智慧物流等5个领域创新应用，"2"是拉动

---

① 昆明向千亿级电子信息产业进军[EB/OL].[2022-02-09].https://gxj.km.gov.cn/c/2021-06-03/3966377.shtml.

5G科技服务业与5G生产性服务业2个配套服务关联产业。拓展本地5G及智慧城市市场，吸引华为5G通用芯片及智能终端生态领域的研发基地、制造基地、应用基地、领军人物和高层次人才落户昆明。依托闻泰、紫光等领先企业的终端产业基础，突出以商招商和产业链招商，推动5G相关基础产业的升级与改造，为龙头企业生产进行协作配套。

7.加快构建硅化工产业链

根据《云南省"十四五"制造业高质量发展规划》，依托云南在工业硅、磷化工、氯碱化工等方面的产业基础，不断延伸从基础原材料、有机硅单体、中间体到各类下游产品，积极构建"工业硅—有机硅—硅橡胶/硅树脂/硅油/硅烷偶联剂—新型建材/高端日化—电力电网/新能源汽车/高端装备"产业链。

（1）支持龙头企业发挥技术和市场优势，大力发展有机硅单体，积极引进有机硅下游生产企业，围绕建筑材料、电子电器、消费品制造、医疗器械等行业应用需求，延伸硅油、硅橡胶、硅树脂、硅烷偶联剂等下游产品，拓展有机氟硅材料、超高分子聚合物、黏合剂、密封剂、防护涂料、绝缘浸渍漆等产品。以昭阳经济技术开发区、曲靖高新技术产业开发区、祥云经济技术开发区为重点，打造硅化工产业集群。加快推进合盛硅业昭通80万吨有机硅、能投化工沾益40万吨有机硅项目建设，同步开展招商引资，配套发展硅油、硅烷、硅胶及下游深加工产品，到2024年，力争全省形成80万吨有机硅单体产能布局，硅化工产业产值达到300亿元左右。依托曲靖高新区、昭阳经开区、保山产业园区、禄丰产业园区等，加快发展以有机硅单体为基础，硅烷、硅油、硅橡胶、硅树脂等为延伸的硅化工产业链，积极引进有机硅下游黏合剂、密封剂、防护涂料、绝缘漆浸渍等生产企业，打造有机硅产业集群。

（2）围绕云南昭阳经济技术开发区发展有机硅产业集群。以曲靖高新技术产业开发区、云南昭阳经济技术开发区、云南祥云经济技术开发区、云南保山产业园区等为核心布局，重点延伸发展硅油、硅橡胶、硅树脂、硅烷偶联剂等下游产品，拓展有机氟硅材料、超高分子聚合物、黏合剂、密封剂、防护涂料、绝缘浸渍漆等产品。以曲靖高新技术产业开发区、云南昭阳经济技术开发区、云南祥云经济技术开发区、云南保山产业园区等为核心布局，重点延伸发展硅油、硅橡胶、硅树脂、硅烷偶联剂等下游产品，拓展有机氟硅材料、超高分子聚合物、黏合剂、密封剂、防护涂料、绝缘浸渍漆等产品。

8.积极推进碳化硅产业链

依托优质煤炭、硅石资源和清洁能源，适时发展碳化硅和以碳化硅为基础的碳化硅晶体、不定型新型耐火材料和碳化硅纤维等下游加工应用产业链，构建碳化硅产业集群。以云硅智能小镇为依托，积极培育和引进碳化硅生产加工企业。

9.不断增强研发创新能力

按照《云南省"十四五"工业和信息化技术进步规划》对绿色硅产业提出的加快构建完善以企业为主体、市场为导向、政产学研用相结合的绿色硅产业研发创新体系。不断深化与国内外高等院校、科研院所、研发机构和知名企业的技术合作，积极引进高水平专家和团队，组建绿色硅产业研究院，建设国家级研发创新平台。持续推进硅光伏、硅化工、硅电子等领域的研发创新与技术攻关，引领产业高质量发展。

依托昆明理工大学等高校和科研院所建成的"硅冶金与硅材料省级创新团队""云南省硅材料工程技术研究中心""云南省高等学校硅冶金与硅材料工程研究中心""硅材料国际合作研究室"等平台、人才及技术力量，引导绿色硅龙头企业在滇筹建研发中心，推进国家级工程研究中心建设。在硅基等重点领域，建设并完善一批新材料制造业创新平台、生产应用示范平台，大力开展联合技术攻关、中试及工程化试验等，加快新材料开发及产业化步伐。鼓励支持企业建设新材料性能测试评价和技术服务中心，整合测试评价、设计应用、大数据等平台资源，形成一批专家评价队伍，开展材料性能检测、质量评估、模拟验证、数据分析、表征评价和检测论证等公共服务。

【参考文献】

[1] 李志华，贺礼国. 内蒙古晶硅产业发展中存在的问题和对策 [J]. 北方经济，2020（11）：45-48.

[2] 马海天. 困境下砥砺前行期待中茁壮成长：2019年硅产业市场情况与发展趋势 [J]. 中国有色金属，2020（5）：43-44.

[3] 王凯荣. 中国硅产业发展机遇与挑战并存 [J]. 中国有色金属，2019（19）：42-43.

[4] 张小红. 中国硅产业发展潜力巨大 [J]. 中国有色金属，2016（23）：46-48.

[5] 马倩. 多晶硅产业发展与环境保护问题探析 [J]. 科技创新与应用，2015（34）：65.

[6] 蒋潇，周红卫，陈会明，等. 中国多晶硅产业分析及预测 [J]. 新材料产业，2013（3）：32-36.

[7] 蒋潇，周红卫，陈会明，等. 国内外多晶硅产业的特点与差距 [J]. 新材料产业，2013（02）：36-40.

[8] 云南省人民政府. 云南省国民经济和社会发展第十四个五年规划和二〇三五年远景目标纲要 [A/OL].（2021-02-09）[2022-03-29].https://www.yn.gov.cn/zwgk/zcwj/yzf/202102/t20210209_217052.html.

[9] 中华人民共和国中央人民政府. 智能光伏产业创新发展行动计划（2021—2025年）[EB/OL].（2021-12-31）[2022-02-09].http://www.gov.cn/zhengce/zhengceku/2022-01-05/content_5666484.htm.

[10] 云南省人民办公厅. 云南省人民政府关于推动水电硅材加工一体化产业发展的实施意见 [EB/OL].[2022-02-09].https://www.yn.gov.cn/zwgk/zfgb/2017/2017ndessq_1541/szfwj_1543/201904/t20190419_145802.html.

[11] 云南省工业和信息化厅. 云南省智能光伏电站装备产业发展三年行动计划（2022—2024年）[EB/OL].[2022-02-09].https://www.yn.gov.cn/ztgg/ynghgkzl/sjqtgh/xdjhfa/202212/t20221212_251667.html.

[12] 关于促进光伏产业健康发展的若干意见 [EB/OL].[2022-02-09].http://www.gov.cn/zhengce/content/2013-07/15/content_2632.htm?ivk_sa=1024320u.

[13] 云南省人民政府.云南省人民政府办公厅关于印发云南省"十四五"环保产业发展规划的通知 [EB/OL].（2022-06-09）[2023-02-09].https://www.yn.gov.cn/zwgk/zcwj/zxwj/202206/t20220609_243003.html.

[14] 云南省人民政府.关于印发云南省全链条重塑有色金属及新材料产业新优势行动计划的通知 [EB/OL].（2021-12-16）[2023-02-10].https://www.yn.gov.cn/ztgg/lqhm/lqzc/djzc/202202/t20220223_236886.html.

[15] 云南省人民政府.关于印发云南省"十四五"原材料工业发展规划的通知 [EB/OL].（2021-12-27）[2022-02-10].https://www.yn.gov.cn/ztgg/ynghgkzl/sjqtgh/zxgh/202201/t20220104_234042.html.

[16] 云南省网上新闻发布厅.《云南省加快光伏发电发展若干政策措施》解读新闻发布会 [EB/OL].（2022-04-22）[2022-05-10].https://www.yn.gov.cn/ynxwfbt/html/2022/zuixinfabu_0422/4633_2.html.

[17] 云南省人民政府.《云南省人民政府关于印发云南省"十四五"制造业高质量发展规划的通知》政策解读 [EB/OL].（2022-05-13）[2022-08-10].https://www.yn.gov.cn/zwgk/zcjd/bmjd/202205/t20220520_242311.html.

[18] 流程工业网.云南印发《云南省产业强省三年行动（2022—2024年）》[EB/OL].（2022-08-01）[2022-02-10].https://chem.vogel.com.cn/c1206741.shtml.

[19] 云南省人民政府.《云南省"十四五"产业园区发展规划》政策解读 [EB/OL].（2022-09-05）[2022-02-10].https://www.yn.gov.cn/zwgk/zcjd/bmjd/202209/t20220908_246858.html.

[20] 云南省人民政府.关于印发《云南省"十四五"和信息化技术进步规划》的通知 [EB/OL].（2021-12-08）[2022-02-10].https://www.yn.gov.cn/ztgg/ynghgkzl/sjqtgh/zxgh/202112/t20211213_231529.html.

[21] 云南省人民政府.关于印发云南省"十四五"原材料工业发展规划的通知 [EB/OL].（2021-12-27）[2022-02-10].https://www.yn.gov.cn/ztgg/ynghgkzl/sjqtgh/zxgh/202201/t20220104_234042.html.

[22] 云南省科学技术厅.云南省科学技术厅关于印发《重点产业关键核心技术攻关行动方案（2022—2025年）》的通知 [EB/OL].（2022-07-01）[2022-09-10].http://kjt.yn.gov.cn/html/2022/tongzhigonggao_0701/5808.html.

【思考题】

请你考察一家企业，其在绿色发展方面做得好的方式主要体现在哪些方面？还有哪些方面需要改进？

第十四章

绿色社区

绿色社区,又称"生态社区和可持续社区",强调人群聚落和自然环境的生态关系整合,主要表现在原本的自然生态环境、建筑等基础设施、社区社会服务及文化管理与居民家庭各方面的有机融合,突出"生态环境优美、社区服务完善、文化教育发达、人际关系和谐、社会秩序稳定和生活质量优良"的地域性特征,是人居环境的理想模式。[1]社区作为国家社会治理的最基础单位,是实践绿色消费、生态环保、垃圾分类等绿色生活理念的主要平台,也是落实绿色可持续发展等相关政策的着力点。在我国,绿色社区最先由环保领域的社会组织引进并被政府接纳和推广,云南省积极推进绿色社区并提出在2060年前,城乡建设方式全面实现绿色低碳转型、美好人居环境全面建成,城乡建设领域碳排放治理现代化全面实现。当前在沿海发达地区已探索和形成的一些比较典型的绿色社区实践案例,对云南省后期推动绿色社区创建,实现2060年的绿色低碳转型目标具有重要学习借鉴意义。

一、案例一:非典型古村落的衰落与绿色复兴之路

(一)案例简介

深圳市坪山区金龟社区是一个距离城区10余千米的城市边缘古村落,属于比较典型的村改居社区,该社区由同石、新塘、平头岭、田作、半坝等居民小组组成,社区内常住人口不足1000人,本地居民人口500多人,外来流动人口400人左右。本地居民中有残疾人8人,60岁以上老年人79人,约占户籍居民的16%,80岁以上高龄老人20多人。自1991年以来,在市政建设过程中核电高压走廊、高压燃气和成品油管道途经该社区,社区自然生态资源丰富,被广东省和深圳市列入重点生态控制和水源保护、重点生态风景林保护等控制及保护区。

金龟社区拥有400多年历史,村中多处保留古商道和客家古建筑,古建筑面积约占村落建筑总面积的30%,与现代建筑混杂交错。但因村落地理位置偏僻,加之村落的历史文化、古建筑等物质和非物质资源方面的开发价值相对较低,社区未被政府列入传统村落保护名录,属于非典型古村落。金龟社区依水而居,村落周边有较丰富的动植物资源,自然风光比较独特。但因社区地理位置比较偏僻,基础设施比较薄弱,受生态保护区、高压走廊等的限制,很多原有企业、工厂搬离社区,政府和社会对社区的关注和支持度比较低,社区在发展过程中困难重重,居民对村落的发展缺乏信心,加之村中的土地已归为国有,村民不再以传统的农业为生,对土地的依赖逐渐减少,有一大部分户籍居民已离开村庄流动到主城区定居,人口外流比较严重,到21世纪初期社区逐渐没落。

在后来的社区建设发展中,在政府为主导、社区党委统筹,企业、社会组织和社区

---

[1] 郭甲嘉,靳敏.绿色社区实践对城市环境治理的启示[J].城市管理与科技,2021(6):56.

居民等多方参与和推动下,以建设"生态美丽社区"为发展方向,不断践行绿色发展理念,通过十多年的建设和努力,金龟社区自然生态资源得到进一步保护和挖掘,社区居民参与能力得到较大提高,社区经济社会发展可持续性增加,社区从一个环境杂乱、发展停滞不前的城市边缘古村落社区,逐渐走向融合生态环境资源的利用保护、文化创意和生态旅游等的绿色复兴典型社区。

(二)金龟社区的"衰落"与发展困境

1. 社区人口外流严重,经济发展缓慢

金龟社区地处坪山区边缘地区,加之受到水资源保护区、高压走廊区等"五区"的限制和影响,投资办厂受到政策限制,导致社区招商引资困难重重,原先投资建厂的企业和工厂也已停产搬离社区,很多产房处于荒废状态,社区发展缓慢,居民生活比较困难。20世纪90年代末很多原始居民开始搬离本社区到外地发展,特别是社区的青壮年外流严重,社区常住人口不足800人,徘徊在"空心村"的边缘。

2. 社区基础设施薄弱,便民服务缺乏

伴随着人口外流,政府对社区的关注和建设投入相对减少,社区没有城市集中供水,没有停车场和公交站,很多古建筑(客家碉楼)年久失修,处于即将塌陷状态。社区除了有一间老年人打牌的活动室,没有其余公共活动空间。社区健康中心、ATM机等随着人口的外流逐渐撤离社区。社区除了有两三家小型商店,没有其他便利店,也没有理发店、菜市场和学校,社区基础设施十分薄弱,缺乏基本公共服务。

3. 社区居民的互助和参与意识薄弱

社区居民之间缺乏互助交流的平台和意识。社区内虽然有几家农家乐,得益于良好的生态环境,吸引了一些游客来这里吃饭休闲。但经营者之间、居民之间互动交流较少,多为自扫门前雪,很少有社区整体的公共意识和发展意识。社区基层力量薄弱,缺乏对社区的整体规划和管理,居民之间没有形成互助关系,在社区发展过程中更多地处于被动的接受和配合,而较少有参与的平台和机会。

4. 社区资源处于"沉睡"状态

金龟社区地处水资源保护区和自然保护区,不能引进工厂等污染企业,但金龟山上野生动植物体系保存完好,是广东省野生植物体系保存较完整的地方之一。村内有金龟河穿过,山上野生动植物繁多,自然生态优美。另外,社区内有清朝年间的古道、碉楼等历史建筑,但这些资源优势没有得到挖掘和开发,多处于"沉睡"状态。

(三)金龟社区的绿色复兴之路

1. 政府主导推动

政府主导推动主要是通过对古村落发展制定战略性规划、阶段性目标,提出时限性要求,用政府的权威,动员目标达成所需资源,通过协调和整合相关职能部门、资源对古村落进行整体性治理。坪山新区成立于2009年,2017年改为区,金龟社区就

是坪山区的其中一个社区。坪山区是深圳市政府与住建部签订的低碳生态示范市中的示范区,在新区综合发展规划中金龟社区被列为"生态修复捆绑资源开发"试点社区,并制定了《坪山新区生态控制线生态修复和社区发展规划——以金龟社区为试点》。区政府、街道办事处、社区党委转变金龟社区的发展之路,通过不断探索推动了社区可持续发展。

第一,把撤出社区的厂房改造成红色主题教育基地。例如,在当地政府的支持下,2019年在金龟社区建立了以"不忘初心、牢记使命"为主题的红色教育馆。馆内收藏和展示着很多珍贵的有关党的文献和文物资料,主要展示从建党到中华人民共和国成立这一重要历史期间的重大历史事件和革命历程。将主题教育馆打造成坪山区20多个社区的党史学习教育基地。第二,社区党委以"生态党建引领金龟绿色发展",打造"党员生态园"。例如,组织党员开展家园清洁、生态环境保护宣传、植树造绿等常态化活动,主动挖掘社区自然生态和历史文化资源,制作生态资源及便民服务手册,参与社区游览导赏、自然观察等服务和推介活动,开展"学习生态知识,争当生态卫士"主题党日活动,学习和提升生态知识,让社区党员成为"生态先锋"。第三,社区党群工作者每周末组织开展"美丽家园,你我共建"系列活动,包括向社区居民及游客开展环保知识宣讲和普及,倡导广大群众投身环境保护行动,践行绿色生活、低碳生活。同时发动社区志愿者参与社区环境保护和美化,清理社区环境、进行垃圾分类,社区道路和环境美化等。第四,在深圳市城市管理和综合执法局的支持下,在社区建立了深圳市首个"垃圾分类主题共建花园——金龟社区共建花园",共建花园最主要的特点是将各类废旧物品改造成微景观,变废为宝,还设置了大型垃圾分类垃圾桶,以及用废弃集装箱改造的环保教育站。共建花园一方面是对社区环境的美化,另一方面也承担着垃圾分类主题教育的功能。此外,社区党委定期召开社区联席会议,召集驻社区各相关单位共同讨论和决策社区的发展。

通过这一系列建设和活动,增强了党员和群体对社区的归属感,提高了生态环保实践能力,已初步形成"共驻、共建、共治、共享"的社区治理创新模式,打造"人与自然和谐共生"的美好社区。

2. 企业合作开发

企业合作经营模式是外来企业在政府和居民的协调下获得经营权,将所有权和经营权分割,采用专业团队对古村落进行有针对性的开发和市场化发展,这种模式有益于采用先进的经营管理模式。[①] 通过挖掘古村落原有的文化价值形成文化产业,在企业战略目标驱动下形成产业体系和服务体系,从经济效益来讲,企业合作经营模式通过技术创新和专业化管理将社区资源进行最大限度的利用,把古村落历史文化要素和自然生态资源转化为经济价值。

在政府的支持和推动下,2013年深圳市金龟智慧谷公共文化发展有限公司、深圳

---

① 夏正超,刘菊.温州社区参与古村落旅游的模式分析[J].经济研究导刊,2015(15):249-251.

市绿野文化传播有限公司相继入驻金龟社区。以社区良好的自然生态环境为依托，智慧谷公共文化发展有限公司在社区主要开展书画培训、陶艺培训以及学生课外社会实践活动的组织等文化活动，并建立了陶艺馆。绿野文化传播有限公司则重点对社区废弃的客家碉楼、菜园等公共空间进行改造，以"绿色、健康、生态、环保"为发展理念，开发以生态为主导的服务运营模式，建立起多元化一中心的乡村露营休闲基地，经过多年的探索和努力，目前已经成功打造"金龟露营小镇"乡村绿色发展品牌。金龟露营小镇依托金龟村悠久的客家古建筑及其非物质文化、优美的自然生态环境，不断升级和打造"绿野营地、萤火虫之家、金龟养生堂"三大品牌。通过搭建集装箱、木屋、帐篷、洞穴，设立烧烤、野炊等项目，建立青少年户外实践教育和情商教育基地，开发开心农场、成年人户外运动和体验项目营造绿色营地。通过对客家古建筑的改造，结合村落生态环境开设"瓦坊茶楼、萤火虫客栈、萤火虫咖啡馆"三大主题营造萤火虫之家。同时，结合金龟社区优美的生态环境，以健康、养生为主题打造金龟社区天然氧吧。"绿野营地、萤火虫之家、金龟养生堂"三大品牌比较充分地涵盖了露营、培训拓展、户外体验、旅居、餐饮、休闲等生态旅游及体验元素，让现代都市人在生态体验中充分感受乐趣，身心得以释放，在美好的体验和感受中迎接自己的工作和生活。在内生和外推的作用下，2014年金龟村的露营小镇作为坪山新区文化旅游新村参加2014年中国（深圳）国际旅游博览会的展示点进行展示，第五届坪山文化旅游节暨露营小镇首个户外运动休闲文化节的分会场也在金龟村设立。在前期企业的带动下，很多私人民宿、咖啡馆、文化教育基地也在金龟社区相继开发和建立。

东部文化公司于2019年在金龟村建立了全国第一家自然主题书房——"金龟自然书房"。"作为全国第一家自然主题书房，以"零废弃"和"自然好书"两大元素相结合，打造室内阅读区、沙龙区、活动区和休闲区等功能区与书房融为一体，成为社区居民和外来游客拥抱自然生活，阅读自然好书的重要空间，书房同时还发挥着学习阅读、美术创作、学术及文化交流活动等公共文化功能，自然书房是一个兼具图书阅读、自然体验等功能为一体的公共阅读文化体验空间，也是倡导爱护自然、理解自然、享受自然的重要平台。金龟自然书房以自然生态为核心，开展了星空夜读、自然读书会、手工亲子体验、自然科普讲座等形式多样的自然和阅读活动，充分发挥书房的公共文化空间服务功能，环境优美的金龟村成了来访市民及旅客必去的"打卡点"。自然书房逐渐发展成为自然教育中心，并针对社区内外人员开展自然体验及教育活动。

企业合作开发社区过程中，金龟村绿色、健康、天然的乡村优势得到利用和开发，打造了一系列优势生态休闲项目。金龟社区正成为一个生态环境优美、生机盎然的绿色生态社区。

3. 社会组织发挥作用

为满足群众日趋多元化的需求，顺应政府职能转变的趋势，2007年广东省深圳市社会工作"1+7"文件的出台，开启了政府购买专业社会工作服务发展的序幕。社会工作发展从试点探索到全面推进，大力推进政府购买社会工作服务，在发展过程中逐步探索出"政府出资购买、社会组织承办、全程跟踪评估"的社会工作服务供给方式。[①]针对不同领域形成"岗位+项目+社区"多元化购买服务模式，在这样的背景下，金龟社区于2011成立了社区服务中心，由所属区级民政部门和社会工作机构签订项目资助服务协议，采用政府购买服务、社会组织负责运营的方式，购买了6名全职社会工作者入驻金龟社区开展社区服务，依托金龟社区的实际，坚持"助人自助"的社工理念，运用"社区+社工+社区志愿者+社区社会组织""四社联动"模式，社区社会工作者整合社区内部和外部资源，以社区居民的需求为导向，为社区居民提供专业化、个性化、多元化的服务。

驻社区社工以扎根陪伴的方式在村落进行前期调查并开展一些基础性服务，与社区居民和驻社区益团体建立了初步的信任关系。在前期需求调查和问题分析的基础上，社工针对金龟社区个人和村落面临的一系列问题和发展需要展开社会工作服务。首先，针对村民人际关系疏远，社会工作者以村落中的儿童青少年、老年人群体和妇女为主要服务对象开展多样性的社区活动，增进村民之间的互动交流并建立互助和信任关系，在此过程中进一步了解村民面临的困难和服务需求，增进社会工作者与村民的互相信任关系建立。其次，2011—2016年，培育和孵化了4个村级社会组织，包括自助游发展协会（见表14-1）[②]。

表14-1　J村社会组织孵化一览表

成立时间	组织名称	参与对象	主要业务
2013年6月	金龟自助游发展协会	社区民宿、咖啡馆、休闲农庄等业主	协会会员协商和制订金龟社区旅游业发展计划；共同保护社区自然生态环境；共同推进社区基础建设，营造本社区旅游服务形象；共同谋求本社区生态旅游业的发展
2014年6月	金龟社区儿童青少年互助成长协会	社区儿童及青少年	为社区儿童青少年提供娱乐、教育、学习、互动、互助的平台和服务，促进互助成长
2015年7月	金龟社区幸福老年协会	社区老年人	开展老年人文娱、康乐活动，为社区老人提供共乐、共享与互助平台，提高老年人的自助能力
2016年6月	金龟社区暖阳美妈协会	社区妇女	开展妇女技能培训及关爱活动；促进社区妇女的团结，构建社会支持网络，倡导和谐家庭关系，实现妇女增能

结合社区丰富的历史文化资源和优美的自然生态环境，中心孵化了金龟自助游发展协会，促进农家乐之间的互助和行业自律，绘制了金龟社区旅游地图，制作和完成了路标设置，有效促进金龟农家乐及生态旅游形象。号召留守在村落中开农家乐、民宿的业主发展乡村旅游业，通过协会开展整体规划，互动交流与合作，利用村落资源共同谋求

---

① 民政部.广东省社会工作十年发展报告[R/OL].(2016-11-07)[2020-5-30].http://mzzt.mca.gov.cn/article/sggzzsn/jlcl/201611/20161100887284.shtml.

② 普忠鸿.社会工作参与城市边缘"非典型古村落"振兴发展的路径[J].楚雄师范学院学报，2019(6)：105-111.

发展；幸福老年人协会以文娱、康乐活动为主题为留守老人提供互助交流的平台；儿童青少年互助成长协会为留守儿童及青少年提供教育、娱乐、互助成长的平台；暖阳美妈协会是一个社区妇女社会组织，以协会为平台社会工作者促进村落中的妇女相互支持和帮助，构建支持网络，并开展相关技能培训实现社区妇女增能。社会工作服务团队通过公益项目创投，向政府申请服务项目等方式，协助社会组织及村民链接社会资源，在5年内驻村社会工作团队为金龟村争取链接的社会服务项目超过60万元，为开展社区福利服务和村落发展提供了资金保障。在项目执行过程中社会工作者和居民共同参与完成，并通过项目启动仪式、监督评议会、项目总结会等方式邀请驻村不同单位和代表参与监督，在村民的监督和参与下保证项目执行过程的透明性和公平性。

驻社区的社会组织团队对社区发展性服务进行探索，通过多年的探索逐渐意识到，社会组织在参与社区服务和发展过程中，关注社区弱势群体为其提供直接的服务是重要的，但把社区的福利性服务和社区的整体发展联结起来更为重要，社区社会组织团队在社区发展性服务方面进行了很多的探索。结合金龟社区丰富的自然生态资源和历史文化价值，进一步挖掘其无形的价值，同时在保持历史文化的基础上加以改造和发展。①社区历史文化调查和挖掘。通过访谈社区老人了解社区历史，包括古道、客家古建筑等的历史。②社区识别系统的营造。在社区发展过程中充分发挥社区居民的作用，发动自助游发展协会会员的和社区居民的参与，寻找和挖掘社区代表之物，如能代表社区的花、树以及其他社区重要景点，对这些社区"宝贝"进行挖掘和保护，并通过画册、视频的方式收集整理社区的这些资源，制作成"金龟印象"向社区居民和外界进行宣传和推介，绘制社区地图，供社区居民和游客更进一步的认识社区。开展"成长之窗"儿童青少年自然体验营项目，建立社区自然体验班，收集和制作植物标本形成"植物集"，建立一个植物展览柜，组织坪山区其他社区儿童来金龟了解参观自然体验营，感受金龟优美的自然生态环境，体验制作叶画、植物标本、露营、户外写生等活动，收集自然笔记，形成自然体验实录。③以自助游发展协会为平台，组织社区业主参与培训、学习及合作等以提升社区能力，并在此过程中培养和挖掘组织领袖，促进个人、组织及社区之间的情感、意识或价值的连接。具体行动包括邀请专家针对协会会员及社区党委等核心成员开展生态旅游规划，发展协会和社区党委协调推进，统一制作社区旅游路标，开发社区登山道等活动，通过这些行动进一步培养协会会员的能力，同时在活动中建立会员的伙伴关系。④通过"社区保育项目、兴业惠民"等民生项目开展社区美化运动、环保倡导，中心定期对社区的过期药品、废弃电池等有害垃圾进行回收处理，同时招募志愿者组建"生态小先锋"。并通过社区会议等集体行动，推动社区各发展主体的沟通和协同，共同商讨古村落的保护与发展，提供更多学习及互动的机会，促进反思，协助和支持不发展主体之间的伙伴关系发展，构建社区发展联盟，促进社区内部的凝聚力，为社区可持续发展凝聚本土力量。⑤社会组织积极联动外部资源，通过外部力量参与金龟社区老旧墙体绘画和改造、开辟登山道等社区营造活动，联合周边各社区开展自然生态体验、古村寻宝等活动，通过内外力量进一步推广古村的自然生态旅游。通过前期行动吸引政府更多部门关注社区的建设和发展。

社会工作在金龟社区的介入和服务过程中,一方面注重村民基本公共服务需求的满足以及村民之间互助关系的培养,另一方面注重村落历史文化和自然生态资源的挖掘。结合金龟社区实际,发挥金龟社区优美的自然生态环境,以"绿"为主打,通过"人、文、地、产、景"社区营造行动,创意空间、自然体验营等特色服务项目,打造美丽金龟,构建幸福家园,实现"美丽金龟,自然生活"人与自然和谐相处的美好状态。

(四)绿色金龟的发展成效

在政府、社区党委、社会组织、社区本土发展协会及居民等多方利益主体的参与及整合联动下,金龟社区转变发展思路,社区自然生态和文化资源优势得到有效的利用和开发,社区从没落走向绿色复兴之路。金龟社区从21世纪初期企业、工厂搬离社区,人口外流,经济发展困难重重的状况,走上绿色生态发展之路,实现社区经济和社会持续健康发展。

在金龟社区的绿色发展之路上,除了政府主导的自上而下的推动,在社会组织扎根陪伴、培育和支持下,进一步激发了社区居民参与生态社区的建设意识,培养参与能力,促进村民有序参与村落的发展,让居民成为村落发展的主体。随着社区资源的进一步激活和发展,有很多已搬离社区的原始居民逐渐回到金龟社区,投入社区发展生态旅游业中,成为推动社区生态旅游业发展的重要参与者,开发了一系列生态休闲项目。在发展过程中得到政府相关部门支持,关注力度逐渐增加,支持在社区设立深圳市文博会分会场、支持社区开展(深圳)国际旅游展览会分会场、开通城区到社区的绿色大巴旅游专线。经过多年的努力,社区在生态环保领域得到创造性的突破和发展,深圳市首个"垃圾分类主题共建花园——金龟社区共建花园"在社区建立并取得成效,全国首个"自然书房"暨自然教育中心在社区成立,社区党委组建了"党员生态园",培养了一批"生态小先锋",在社区生态环保发展道路上起到先锋模范作用。

金龟社区被评为坪山区十大人文、自然景观之一,被政府列为"环境卫生示范社区""现代田园都市示范社区"。金龟社区属于城市边缘非典型古村落,大部分非典型古村落没有被列入村落保护名录,在历史文化、生态建筑等物质和非物质资源挖掘利用价值相对较低且区位优势不明显,非典型古村落相对于典型古村落开发价值和发展基础薄弱,造成村落保护主体缺位。一方面容易被政府、企业等外部保护开发主体忽视和边缘化,另一方面作为村落保护主体的村民因缺乏保护发展的意识和能力,很多非典型古村落因缺乏保护而走上衰败之路。金龟村的绿色复兴之路,是社区单一主体行动到政府、企业、社区、社会组织等多元主体联动的实践,是社区发展主体整合、发展机制整合、发展行动及实践整合的整合性发展模式,为城市边缘区非典型古村落发展提供了一种"绿色生态"发展新模式。

二、案例二：桃米村乡土生态建设的典范

（一）桃米村概况

桃米村位于我国台湾的中部，海拔为400~800米，村内自然生态资源丰沛，溪流、森林、湿地、农园，蛙虫、花鸟等随处可见。紧邻一所大学，是去往日月潭路上途经的美丽村落，是一个由传统农业村落转型成乡土生态创意建设的典范村。

（二）桃米村的发展之路

1. 衰落中遭遇地震

伴随着城市化加快，20世纪90年代台湾的很多农村劳动力严重外流，加之人口老龄化，很多村落传统农业没落，台湾桃米村就是一个典型代表。1999年的"9·21"大地震，桃米村离震中较近，村里60%以上的农户受到重创，进一步加剧了桃米村人口外流和传统农业的衰落，村里垃圾满地、环境脏乱，成为一个需要依靠社会救助、发展无力的边缘社区。

2. 生态创意：重建家园

（1）打造昆虫生态体验区——"青蛙家园"

桃米村内青蛙、蜻蜓、蝴蝶等物种丰富，特别是青蛙的种类特别多，结合村落内的湿地开展赏蛙体验，并发动村民进行手工创作，通过用纸、布等废旧物品以及就地取材如石头、木料等制作青蛙图案和雕塑，并结合民俗、村落道路等公共空间为青蛙、蜻蜓营造生态家园，打造昆虫生态体验区——"青蛙家园"，发展青蛙观光、生态旅游等产业，把青蛙栖息地、村民手工艺术、村落生态融合为一体，营造人与自然和谐相处的氛围。

（2）"护溪行动"——保护"生态家园"

桃米溪是桃米村的母亲河，但这条河曾经是所在镇的垃圾填埋场，水源污染十分严重。淘米村在社区重建中进行了封溪宣誓大会，决定对桃米溪两岸进行整治，开展设置封溪告示牌、社区污水处理等护溪行动，生态保护成为村民的共识和价值，并通过护溪行动促进了村民的团结，在社区重建中更加团结，也更加珍视社区环境和水资源，对后期社区开发中不搞大建设大开发，以社区本身的生态资源融合为重点的开发理念产生了重要影响。

3. 生态游：桃米村发展的转型之路

在桃米村的重建过程中，以生态创意为主线，并着力打造乡村生态游。通过耕地生态恢复、旅游观光道路建设、社区环境营造等乡村风貌改造，村民生态知识和导游培训等行动，依托村落本身的自然生态资源，开发青蛙观光、民宿体验、生态游学等生态休闲系列活动，桃米村的生态游受到游客的欢迎，游客接待量逐年增加，每年仅门票收入就有200多万元人民币。据不完全统计，每年桃米村的生态产业可以为村民带来3000万

人民币左右的收入。桃米村转变村落传统农业发展模式，成为新型生态村发展的典范和社区理想国。也成为当前我国研究探索乡村振兴、乡村生态旅游业发展、绿色社区建设等议题的经典案例。

（三）桃米村的发展经验

桃米村在地震后的废墟上重建，从一个环境脏乱、人口流动严重、农业衰落、发展无力的传统边缘社区，成功转型成为一个集生态保护和创意、休闲农业和文化旅游为一体的乡村生态和绿色社区建设的典范。其发展经验，一是注重社区在地资源的开发和营造，在发展过程中注重挖掘社区本身资源，如青蛙、蜻蜓、森林、小溪、农田等，充分利用社区自身拥有的生态资源和环境；二是以"生态桃米村"为建设方向，将现有的生态资源和生态创意、生态文化、生态体验有机结合，构建生态产业，解决生态保护问题，通过生态保护实现生态经济效益；三是桃米村的实践是一种"内生外推"的发展模式，通过村民的参与、社区外部力量如政府、基金会等的参与，实现自上而下和自下而上的整合；四是通过社区能人、知识分子的引领，树立"生态为本"的价值；五是通过村民的集体生态创意行动和互助行为，形成社区生活共同体，促进社区与环境和谐共生的良好关系。

【思考题】

随着中国社会经济与房地产业的蓬勃发展，城市中绝大多数人口已经按照自身居住的业态形成了一种社区化的生活方式，由此诞生了社区营销。社区是社区营销的重要终端。请问，如何通过绿色社区的打造来促进绿色营销？

第十五章

绿色治理之路

一、有色金属行业及其"双碳"目标

有色金属又称非铁金属,是铁、锰、铬以外的所有金属的统称,是国民经济发展的基础材料。我国是世界上最大的有色金属生产和消费国,我国电解铝、精炼铜、铅精矿和精炼锌生产均居世界第一。作为有色金属大国,我国有色金属产业体系完备、市场规模巨大、人力资源丰富、综合优势明显。在有色金属产量方面,国家统计局数据显示,2021年我国十种有色金属产量6454万吨,同比增长5.4%,2020年和2021年两年平均增长5.1%。在有色金属价格方面,据中国有色金属工业协会统计,2021年大宗有色金属价格持续高位运行,铜、铝、铅、锌现货均价分别为68490元/吨、18946元/吨、15278元/吨、22579元/吨,同比上涨40.5%、33.5%、3.4%、22.1%。在有色金属市场需求方面,我国工业目前处于研究新材料阶段,新材料源于传统材料,却又优于传统材料,而它们的改进大多数都需要有色金属的支持。我国属于工业大国,在相当长的一段时间内,工业依旧会占据我国经济的主导地位,这就意味着有色金属的需求量将会一直保持较高的增势。

随着环境问题日益严重,实现资源经济转型和可持续发展成为世界各国的重要议题,世界各国纷纷提出碳减排目标,倡导发展绿色低碳经济。新形势下,中国也明确提出了"碳达峰碳中和"目标(以下简称"'双碳'目标"),为我国经济绿色可持续发展指明方向。有色金属行业是我国四大高能耗行业之一,根据中国有色金属工业协会统计,2020年碳排放总量约为6.6亿吨,占全国总排放量的4.7%,依照目前主流有色金属冶炼工艺的限定能耗水平,冶炼1吨有色金属的碳排放为1~15吨。我国作为世界上最大的有色金属生产国和消费国,有色金属行业对于实现"双碳"目标至关重要。2021年4月,国家有关部门已出台《有色金属行业碳达峰实施方案》,其中指出,到2025年有色金属行业力争率先实现碳达峰,2040年力争实现减碳40%。2022年2月11日,国家发展和改革委员会产业司发布了《高耗能行业重点领域节能降碳改造升级实施指南(2022年版)》(以下简称《指南》)。《指南》中提到,基于行业标杆值、基准值,设立具体改造目标:通过实施节能改造升级,到2025年电解铝能效标杆水平产能比例达到30%;铜、铅、锌标杆水平以上产能比例50%;基准水平以下产能基本清零。《指南》要求,对有色金属冶炼产业,严格政策约束,淘汰落后低效产能;加强技术开发,培育标杆示范企业;稳妥推进改造升级,提升行业能效水平。2022年8月1日,工业和信息化部联合国家发展改革委和生态环境部发布《工业领域碳达峰方案》(以下简称《方案》)。《方案》中明确要求,到2025年,铝水直接合金化比例提高到90%以上,再生铜、再生铝产量分别达到400万吨、1150万吨,再生金属供应占比达24%以上。到2030年,电解铝使用可再生能源比例提至30%以上。根据我国《有色金属行业碳达峰实施方案》,到2025年有色金属行业争取实现"双碳"目标。

作为传统的"双高"行业(高能耗、高污染行业),有色金属行业要想实现"双碳"目标,还需从能源转型和减少工业过程直接排放两个方面着手,无论是能源转型还是减少工业排放都离不开公司层面绿色治理机制的完善,进而提高绿色技术研发,实现节能减排和绿色转型,真正走上可持续发展的绿色低碳道路。结合国家出台的《工业领域碳达峰方案》的具体措施,有色金属行业自身可以做到的几方面包括:一是控制产能及合理布局,对一些过剩落后的产能要进行淘汰,将产能向绿电资源丰富的地区转移;二是推动产业低碳协同示范,多种金属冶炼协同发展,提高资源综合利用效率;三是加强再生有色金属的利用,使用短流程冶炼技术,有效降低冶炼过程的能源消耗;四是加快实施节能减碳改造升级,全面实施清洁生产评估,推动工业节能;五是降碳技术的推广和应用;六是加快新型节能降碳技术的推广,优化能源结构,推动替代化石能源技术。

二、云南有色金属行业和驰宏锌锗

云南位于西南地区,被誉为"有色金属王国",矿产资源丰富,铅、锌、铜、锑、铝等矿产储量在全国名列前茅,统计数据显示,云南82种矿产资源储量居全国前十。依托天然的资源禀赋和地理优势,云南经过多年发展,有色金属行业已经形成包含勘探、开采、分类、冶炼、加工、研发等完善的工业体系,成为云南经济发展的支柱产业。至2016年,云南已初步完成有色金属产业集群布局。"十四五"期间,云南充分发挥水电资源等绿色能源优势,推动有色金属产业技术创新,不断促进绿色能源和有色金属产业融合,发展出一批优质的绿色发展企业。目前云南省上市公司44家,有色金属行业上市公司7家,其中有5家营收过百亿元。

作为云南有色金属上市公司之一的驰宏锌锗成立于2000年,其主要矿山资源品种覆盖铅、锌、锗、银、金等多种金属。驰宏锌锗主要产品为铅锭、锌锭、锌合金和锗系列产品,主要副产品为银锭、硫酸和硫酸铵。经过多年发展,该公司已形成集采矿、选矿、冶金、化工、深加工、贸易和科研为一体的完整产业链。公司自成立以来始终秉承"善待自然、绿色发展"的环保理念,深入贯彻落实习近平生态文明思想,将持续保持行业领先的生态环保优势作为公司核心竞争力来打造。坚持"在保护中发展、在发展中保护",在勘探、开采、冶炼、深加工各生产环节注重各类能源、资源使用效率的提升和对生态环境的保护与恢复,并将业务拓展到稀贵金属回收再生产。驰宏锌锗坚持走绿色发展、循环发展、低碳发展道路,构建起了"风险地质勘探—矿山无废开采—冶炼清洁生产—'三废'循环利用—稀贵金属综合回收—产品精深加工"全产业链模式。坚持以废水零排放,废气超低排放,固废减量化、无害化为目标,积极践行绿色发展,争做行业环保技术的引领者、致力于行业环保标准的制定者和争做行业环保治理的示范者。

(一)驰宏锌锗的绿色治理之路

绿色治理作为公司治理的重要组成部分,是由能为绿色生产、管理、供应链等公司活动提供理论框架的一系列规则构成的治理机制,强调考虑公司活动对环境的影响,利用绿色技术创新促进公司可持续发展。作为低碳经济转型的关键主体,驰宏锌锗的绿色治理经验和效果对有色金属行业上市公司绿色治理有很好的借鉴意义。本文主要从绿色治理架构、绿色治理机制、绿色治理效能和绿色治理责任四个角度介绍驰宏锌锗的绿色治理路径。

1. 绿色治理架构

绿色治理架构从顶层设计层面对公司进行绿色管理，确定绿色使命和愿景，培育绿色文化，是公司提升绿色治理能力的关键。李维安等认为，公司应在董事会中设置专门委员会负责绿色治理，并基于绿色理念完善治理结构，制定科学的绿色管理制度，确保绿色理念贯穿企业经营活动。

绿色治理理念与战略方面，驰宏锌锗以"创新发掘资源价值，绿色铸就金彩事业"为使命，坚持"创新创效，开放共享"的理念，在环保方面倡导"善待自然，绿色发展"，走"珍惜有限，创造无限"的低碳发展模式。

绿色组织和运行方面，驰宏锌锗不断完善公司治理机制，建立了包含股东大会、监事会、董事会、经理层等较为完善的组织结构，形成了权力、决策、监督、经营全责明确、规范协调、相互制衡的管理机制，并在董事会下设公司职业健康安全和生态环境保护委员会，分别成立公司安全环保职业健康部、分（子）公司职业健康安全和生态环境保护委员会、分（子）公司安全环保职业健康部及安全环保科等，构建公司环境保护管理体系，并取得了《环境管理体系 要求及使用指南》（GB/T 24001—2016）认证。

公司根据国家法律法规、标准规范和中铝集团、中国铜业管理制度，制定完善的生态环境保护管理规章制度和内控标准，逐级落实生态环境保护责任，将环境保护目标指标和重点工作纳入绩效考核。做到环保目标、指标任务层层分解，责任到人，严格考核，薪酬挂钩，跟踪督导，进一步明确各分（子）公司和有关部门的环保职责和相关责任。同时，定期梳理国家生态环境保护法律法规、标准、环保典型案例，汇编成册并下发学习。及时组织排查整治各分（子）公司生产运行过程中存在的环境风险和隐患，严格按照"五定"原则（定整改负责人、定整改措施、定整改完成时间、定整改完成人、定整改验收人）予以限期整改，切实做到环保管理"领导到位、责任到位、措施到位、投入到位"。

2. 绿色治理机制

绿色运营方面，从绿色供应链来看，驰宏锌锗秉承善待自然、绿色发展的环保理念，采购活动充分考虑环境保护、资源节约、安全健康、循环低碳要素，优先采购环境友好、节能低耗和易于资源综合利用的原材料与产品，坚持循环经济与环境效益兼顾，从整体上降低企业成本，塑造生态文明的绿色低碳企业形象。

从绿色生产来看，驰宏锌锗依据《中华人民共和国清洁生产促进法》《清洁生产审核办法》等法律法规，以节能、降耗、减排、增效为目的，按照所在地生态环境主管部门要求，积极开展清洁生产审核，将清洁生产理念与生产、管理和经营紧密结合起来。公司坚守"在开发中保护、在保护中开发"承诺，坚持矿产资源开发与生态恢复修复并重。针对矿山地质环境修复与土地复垦、绿色矿山建设等，深化国家政策法规及行业标准学习，结合公司所属矿山实际及评审备案的地质环境修复和土地复垦方案、绿色矿山建设情况，有序开展相关制度及各主力生产矿山地质环境修复和土地复垦、绿色矿山现状摸底调查工作。2021年10月，驰宏会泽矿业麒麟厂取得省级绿色矿山批复。驰宏锌锗持续发力节能减碳，研发升级环保节能生产工艺，粗铅冶炼综合能耗指标达同行业先进水平；坚持以总量管控强度下降为原则，促进能耗分级分类精细化管控；深入开展创先争优，组织申报省级、国家级能效领跑者，推进绿色用能。

另外，公司大力践行绿色办公文化，鼓励员工从细节入手，节约用电、合理利用资源，推行信息化办公，营造绿色办公的良好氛围，让节能降耗成为工作常态。2021年，公司利用信息化办公系统进行业务办理和文件流转3698项；全年视频会议召开930次，累计参会1.59万人次。

绿色投融资方面，公司持续推进污染防治和生态保护工作，在资源高效综合利用、污染物达标排放、节能减排方面投入了大量财力、人力和物力，环保投入到位。2019年，环保投入共计83525.98万元。2020年，公司积极推进环保升级技改，全年投入环保技改项目、实施清洁生产费用、污染防治费用、环境管理费用、环保教育培训费用、环境监测费用等共计75843.17万元。为进一步提升清洁生产水平、环保风险防控水平，积极推进环保技术升级改造项目实施，2021年，环保投入共计54512.16万元。

3. 绿色治理效能

绿色减排方面，驰宏锌锗秉承可持续发展理念，进行技术改良、工艺流程优化等，树立行业环保标杆，增强公司综合竞争力。2021年，通过锗蒸馏残液综合利用研究项目，实现每年废酸减量1000吨、废渣减量3000吨，每年节约成本500余万元；公司所属各分（子）公司均按照有关要求定期开展清洁生产审核，保持清洁生产等级处于国内清洁生产先进及以上水平。驰宏锌锗主要排放污染物包括二氧化硫、颗粒物、化学需氧量和氨氮。2017—2021年，驰宏锌锗主要污染物排放总量由1422.25吨降到630.39吨，大气和水污染物排放量显著降低，绿色治理能效显著（图15-1）。

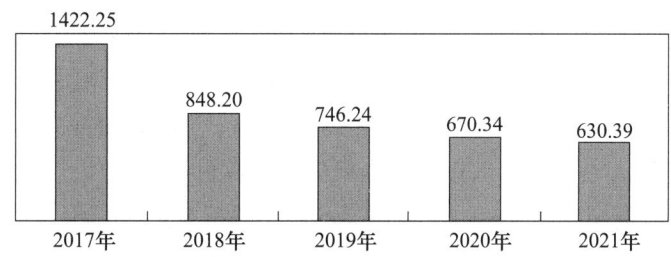

图15-1 2017—2021年驰宏锌锗主要污染物排放量（单位：吨）

绿色节能方面，通过锗金属废料处理工艺研究项目，实现锗直收率从90%提升至96%，每年回收锗金属废料5600千克，每年创效280余万元。2021年，驰宏会泽冶炼粗铅连续两年被认定为"国家级能效领跑者"，驰宏综合利用获"云南省工业企业能效领跑者（铅冶炼）"称号。

为最大限度地节约水资源，公司进一步加强了设备、设施的节水改造。下属各子公司根据生产特点，拟定措施、方案组织实施，采用多种技术手段进行水资源循环利用。冶炼废水治理与综合利用方面，按照清污分流、雨污分流、分质处理、分质回用的原则，在源头减排和末端治理方面采取措施，配套建设有污酸预处理系统、酸性废水处理系统、综合废水深度处理回用系统、雨水收集处理系统、生活污水处理回用系统等。2021年累计消耗新鲜水554.4万立方米，同比减少14.7%。矿山方面采用源头回用与末端处理回用相结合方式，实现选矿废水循环利用，通过各环节的管理控制，最大限度地控制废水的产生量，从而达到控制废水源头的目的。驰宏会泽矿业、彝良驰宏、云南永昌铅锌、驰宏荣达矿业等矿山企业实现选矿废水全部回用不外排。其他分（子）公司通过技术革新，持续提高生产废水回用率，减少新鲜水消耗。

为全面落实"双碳"工作部署，努力实现碳达峰碳中和行动目标，公司组织编制2021—2035年"双碳"工作实施方案，提前谋划、打好基础；通过设备升级、降耗攻关等专项工作，提高能源使用效率，降低温室气体排放，持续推进公司绿色低碳发展。2021年公司完成节能量2.30万吨标准煤，温室气体减排量6.37万吨。二氧化碳排放总量239.18万吨，其中燃料燃烧碳排放量55.58万吨，能源作为原材料碳排放量9.64万吨，生产过程碳排放量1.19万吨，电力消耗隐含的碳排放量172.77万吨。

4. 绿色治理责任

绿色治理责任是指企业对内部员工和外部投资者、供应商、客户、社会公众等的绿色责任履行情况。企业绿色责任的履行主要体现在对外部的绿色公益和对内部员工的包容程度等方面。外部绿色责任履行方面，企业社会责任信息和环境信息的可获得性，一方面能向外部传递企业绿色治理状况信息，另一方面也反映了企业绿色责任履行状况。驰宏锌锗自2011—2021年社会责任和环境报告均可在官网查询，信息披露充分且易获得。外部绿色责任履行方面，一方面，驰宏锌锗深耕价值链，坚持"市场导向、创新引领、信誉为先、服务至上"理念，打造以合作伙伴为核心的营销价值体系，致力于为客户、供应商创造价值，将协同效应最大限度地辐射至供应链的上下游，同时聚焦"五精准两加强"，即"精准定位、精准营销、精准采购、精准管理、精准交货、加强沟通和服务"，重点围绕"信息流共享""资源流整合"与合作伙伴共同打造开放共享、和谐发展的深度合作关系。另一方面，驰宏锌锗积极参与乡村振兴工作，2021年累计投入乡村振兴、援青援藏资金461.46万元，切实做到"脱贫"与"振兴"有效衔接，努力为新阶段农村发展贡献力量；驰宏锌锗主动积极承担社会责任，以饱满的热情投身到各种公益慈善活动当中，广泛参与扶困助学、爱心捐赠、志愿服务等各项社会公益事业，2021年开展公益捐赠累计128万元，组织志愿活动180余场，参与员工1900余人次，用温暖、爱心、责任践行央企使命，共建和谐社会。内部员工绿色责任履行方面，驰宏锌锗始终坚持以人为本的理念，全心全意依靠职工办企业，全力保障员工合法权益，落实困难帮扶、医疗互助、女职工关爱政策，为员工创造良好的工作氛围，致力于提升职工满意度和幸福感。2021年公司在岗职工8538人，职业健康体检率99.83%，组织开展职工教育培训共计 1595 场次，参训人数达 61436 人次。其中内部培训 944 场次，参训人数达 56042 人次；外部培训 651 场次，参训人数达 5394 人次。

（二）驰宏锌锗的绿色治理能力

借鉴孙兴好等人的研究成果，从污染防治、产品管理和可持续发展三个维度选取指标评价驰宏锌锗的绿色治理能力。

1. 污染防治能力

技术创新是企业绿色创新的源泉，而绿色创新能力又是企业处理环境问题和污染防治能力提升的关键。环保和研发投入代表了公司绿色发展意识和绿色技术创新强度，反映了公司对资源利用率和节能减排的关注度（图15-2）。本文选取环保投入和研发投入指标代表公司节能减排和绿色技术创新能力。2017—2021 年，驰宏锌锗研发投入从 0.64 亿元上升到 6.2 亿元，呈波动上升趋势，申请专利由 2017 年的 59 件上升到 2021 年的 120 件，说明公司对技术创新重视程度和技术创新竞争力增强。截至 2021 年年末，公司拥有专利（有效）759 件，其中发明专利 169 件，实用新型 588 件，外观专利 2 件。"复杂低品位氧化矿及锌浸出渣高效协同综合回收技术""锌电解剥锌熔铸成套装备和智能化系统研发及示范应用" 2 项科技成果获得 2021 年度中国有色金属工业科学技术奖一等奖。2017—2021 年环保投入呈波动上升趋势，由 3.87 亿元上升至 5.45 亿元。驰宏锌锗绿色治理意识增强，污染防治能力显著提高。

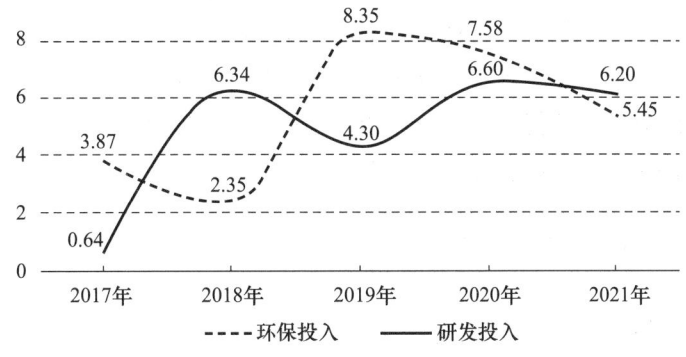

图 15-2　2017—2021 年驰宏锌锗环保投入与研发投入（单位：亿元）

2. 产品管理能力

公司的产品管理能力体现在从材料采购、组织生产到实现销售的整个过程，主要体现在对生产能力的利用效率和对生产过程中资金的管理水平上。基于以上两个角度选取存货周转率和固定资产周转率分别反映驰宏锌锗对材料和设备的利用率及生产管理水平。从驰宏锌锗整个供应链出发，选择应收账款周转率、销售费用占比、应付账款周转率反映其在生产过程中对资金的管理能力。详细数据如图15-3所示。在材料和固定资产管理方面，驰宏锌锗 2017—2021 年存货周转率和固定资产周转率分别由 7.75% 和

1.53%上升到11.89%和2.06%,对材料和设备的管理能力不断提高。

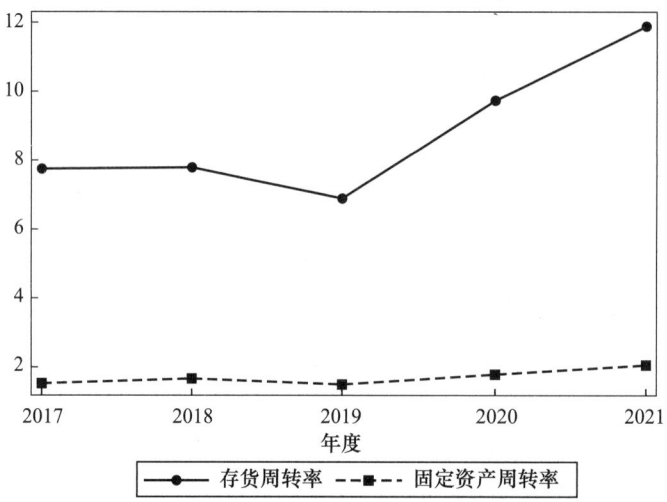

图15-3　2017—2021年驰宏锌锗存货周转率和固定资产周转率

销售管理方面,驰宏锌锗始终将客户的肯定视作企业前进发展的最大动力。公司秉承"责任、开放、诚信、卓越"的核心价值观,为客户提供优良的产品及优质的服务。围绕"6R"管理目标,充分满足客户个性化需求,为客户提供差异化的增值服务,严格制定标准化服务措施,以保证向客户的价值传递。公司每年针对铅锭、锌锭、锌合金、白银、锗产品、硫精矿、硫酸、硫酸铵8类主要产品采用线上线下问卷调查的方式展开满意度调查。经调查分析,2021年度客户总体满意度为96.54%。2018—2021年驰宏锌锗销售费用占比由0.0446%降低到0.0015%(图15-4),但应收账款周转率(图15-5)不断提高,销售管理能力显著增强。

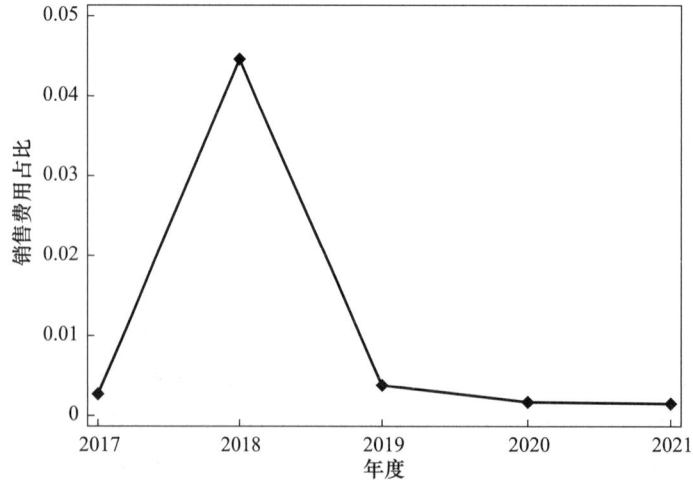

图15-4　2017—2021年驰宏锌锗销售费用占比

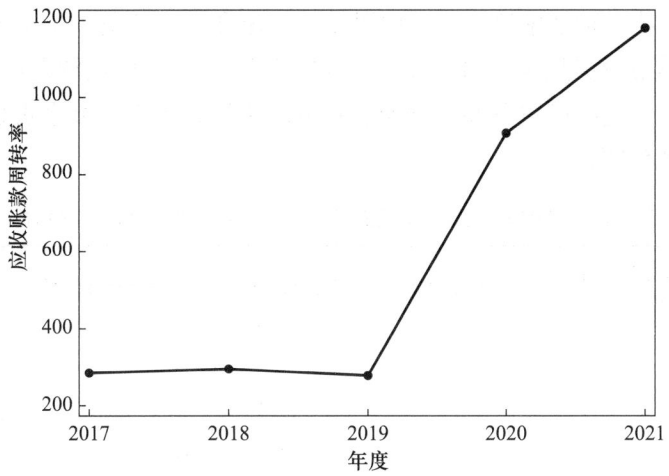

图 15-5　2017—2021 年驰宏锌锗应收账款周转率

供应商管理方面，驰宏锌锗持续识别、开发和引进与企业自身发展方向一致的供应商，严格优化采购模式，压减中间商，坚定不移地推行"去中间化"方针，着力引进优质终端供应渠道，不断加强与关键供方的关系建立和维护，致力于通过对双方资源和竞争优势的整合来开拓市场，降低产品前期的高额成本，提高效益，实现双赢。2017—2021 年应付账款周转率由 13.67% 降到 16.76%（图 15-6），供应商管理有一定成效。2021 年度供应商满意度达 99.38 分。

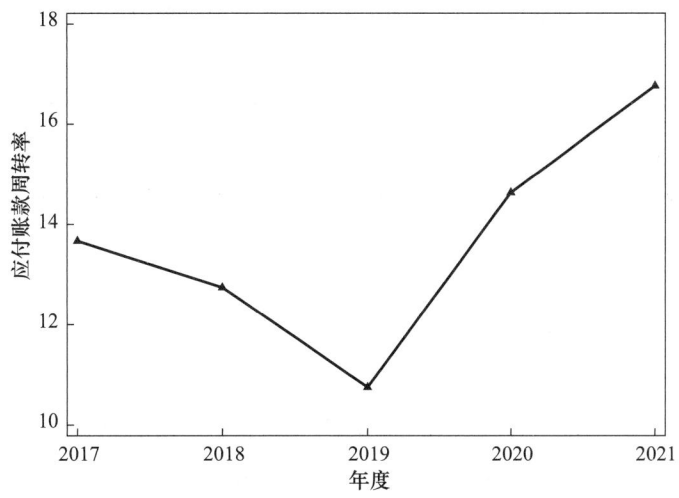

图 15-6　2017—2021 年驰宏锌锗应付账款周转率

3. 可持续发展能力

"双碳"背景下，公司可持续发展与其在环境、社会和治理（ESG）方面的表现和社会贡献程度密不可分。本文选取万得 ESG 评分和社会贡献率指标代表公司可持续发展能力。其中，社会贡献率等于公司向股东、国家和社会（员工）贡献值之和除以平均资产总额，详细数据见表15-1。2017—2021年驰宏锌锗可持续发展能力改善明显，ESG综合得分、环境维度得分和治理维度得分均呈增长趋势；社会贡献率由9.75%上升到10.53%，变化明显。

表15-1 2017—2021年驰宏锌锗ESG评分和社会贡献率指标

年度	Wind ESG综合得分	环境维度得分	社会维度得分	治理维度得分	社会贡献率（%）
2017	6.7200	2.4200	6.4700	6.3800	0.0975
2018	6.9800	2.4200	7.4200	6.3100	0.0878
2019	6.7100	3.5300	6.4900	6.2300	0.0821
2020	7.0600	4.7400	6.1000	6.5000	0.0702
2021	8.1400	7.9000	6.8500	7.8100	0.1053

【参考文献】

[1] 孙兴好，戴永务，刘丰波. 企业绿色治理对重污染行业上市公司企业竞争力的影响[J]. 福建农林大学学报（哲学社会科学版），2021，24（5）：39-51.

[2] 袁春生，牛世魁. 煤炭企业绿色治理分析评价[J]. 会计之友，2021（7）：101-108.

[3] 南开大学绿色治理准则课题组.《绿色治理准则》及其解说[J]. 南开管理评论，2017，20（5）：4-22.

[4] 李维安，张耀伟，郑敏娜，等. 中国上市公司绿色治理及其评价研究[J]. 管理世界，2019（5）：126-133.

[5] 李维安，徐建，姜广省. 绿色治理准则：实现人与自然的包容性发展[J]. 南开管理评论，2017，20（5）：23-28.

【思考题】

1. 对"双高"企业而言，绿色治理是否能够提高其市场竞争力？
2. 企业绿色治理体系还能够从哪些角度进一步完善？
3. 分析你所熟悉的企业中，是否存在在绿色治理方面做得比较成功的？它们是如何做的？

【深度链接】

云铝股份——中国绿色铝践行者

据统计，2020年我国有色行业二氧化碳排放量为6.6亿吨，占全国总排放量的比重约为5%，峰值预计达到7.5亿吨。其中，电解铝行业二氧化碳排放量为5.5亿吨，占有色行业总排放的83.3%。因此，有色金属行业"双碳"目标实现的关键是电解铝。

作为云南重要的电解铝企业之一，云铝股份率先发挥资源优势积极开展创新，实现转型升级，成为绿色铝践行者。云铝股份主要业务是铝土矿开采、氧化铝生产、铝冶炼、铝加工及铝用阳极炭素生产和销售，主要产品有氧化铝、铝用阳极炭素、重熔用铝锭、圆铝杆、铝合金、铝板带箔、铝焊材等。作为国家"环境友好企业"、国家"绿色工厂"，云铝股份始终坚持走绿色低碳发展道路。

（一）坚持科技创新引领绿色发展，率先淘汰落后产能

云铝股份坚持以科技创新推动公司高质量发展，淘汰落后产能，以技术创新助力绿色发展。2019—2021年研发投入分别为11.15亿元、11.79亿元和14.92亿元，逐年递增的研发投入为公司绿色发展增效蓄能。2021年公司累计申请专利86项，其中发明专利18项，实用新型专利68项；获授权专利76项，其中发明专利13项，实用新型专利63项。截至2021年年末，公司及所属各企业拥有有效专利515项，其中发明146项，实用新型366项，外观设计3项。云铝股份围绕中低品位铝矿资源高效利用、500千安大型电解槽新技术、铝工业智能制造技术、固废资源化利用开展技术攻关与应用，持续开展新技术、新材料、新产品的研发和推广应用，持续开展铝电解节能技术研究应用，电解铝的核心技术指标铝液交流电耗保持行业领先地位。公司采用电解铝液铸轧坯料生产0.0045毫米、0.005毫米超薄铝箔技术处于全球领先地位。公司持续推进固废资源的综合治理与利用等环保项目的实施，在行业首次利用氧化铝生产系统规模化处理铝电解铝灰，实现铝灰的资源化利用；电解铝废槽衬资源化利用、炭渣湿法浸出生产氟化铝技术均取得重大突破。同时，公司产品在轨道交通、航空、汽车、IT等铝消费新兴领域的产业应用上取得了新突破。这为公司在今后一段时期实施合金化战略，延伸产业链、提升价值链打下了良好的基础。

（二）综合利用资源优势，聚力打造绿色铝材一体化产业链

云铝股份坚持走绿色低碳发展之路，其绿色治理之路离不开云南省特殊的资源优势。至2021年12月，云南省全口径装机容量1.05亿千瓦，其中以水电为主的绿色能源装机0.771亿千瓦，占总装机容量的73.43%。根据云南省新能源相关规划，"十四五"期间，云南省规划新增风电装机1416万千瓦，新增光伏发电装机1249万千瓦。到2025年，全省风电装机达到2300万千瓦左右，光伏发电装机达到1600万千瓦左右，

清洁能源装机将持续增加。云铝股份依托云南省丰富的清洁水电能源，准确把握铝行业发展规律，打造绿色、低碳、清洁、可持续的绿色铝材一体化产业模式，构建了从铝土矿、氧化铝、电解铝到终端产品绿色铝材完整产业链，减少了中间原材料加工费用，控制上游原料成本，降低成本的同时协同效应更加凸显。2021年，云铝股份生产用电结构中绿电比例达到约85%，而依托绿色能源生产的绿色铝与煤电铝相比，碳排放仅为煤电铝的20%左右。

为做强做优绿色铝材一体化产业链，对标国际先进企业，减少碳排放，向负碳时代迈进，2020年，云铝股份加快实施昭通70万吨绿色铝项目、鹤庆40万吨绿色铝项目、文山50万吨绿色铝项目三大水电铝项目，借助其拥有的西南地区总量最大的高品质原铝资源，围绕优质水电铝资源，云铝股份集聚布局、延伸发展绿色低碳"水电铝加工一体化"产业，形成了在全国乃至全球都具有重要影响力的一体化铝产业基地。同时，云铝股份聚焦绿色铝材一体化产业链的资源综合利用，建立了国内唯一的电解铝固体废弃物资源综合利用基地，推进铝灰、电解炭渣、电解废槽衬等资源化项目稳定运行，稳步推进赤泥综合利用，实现超低、超净排放。